转轨体制下的全民医疗保险之路

经济学视角的分析

王贞 著

复旦大学出版社

序

"经世济民"是每一位经济学研究者心中的理想与情怀。将经济学的理论与实证方法应用于政策问题的研究,却并非易事。如何让研究真正对社会有所贡献,是我和我的团队一直在不断探索的方向。在过去的研究中,我们团队始终尝试运用经济学的视角去回答我国社会保障领域中的重要政策问题,而本书正是王贞博士在基本医疗保险改革方面所做的深入思考和探索的结晶。其中,有一些章节是在长期积累的研究成果上进行了改写。

关于中国基本医疗保险制度的研究已有不少,但本书是少数从经济学的视角出发,运用经济学的方法和工具深入剖析目前我国制度设计中存在问题的著作,同时也提出了若干关于政策改革的经济学思考。

中国的基本医疗保险制度起源于1994年初启动的"两江医改",历经三十年的发展,建立了世界上规模最大的全民医疗保障网,实现了全面覆盖的目标。但同时,我们也面临着"看病难、看病贵"等问题带来的困境。基本医疗保险不仅是一个民生保障问题,更是一个复杂的公共政策问题。在现实条件的约束下,如何通过合理的机制设计,高效利用医保基金,更好地保障人民的健康,是当前及未来亟待解决的核心议题。

我国现行的基本医疗保险制度虽根植于改革开放之前的历史基础,但改革开放后的制度调整主要以渐进式改革为导向,局部性调整较多,整体性规划受制于已有制度较难推进。这种"修修补补"的做法在很大程度上导致了现行制度在稳定性和有效性方面面临诸多挑战。特别是随着我国人口老龄化进程的加快,如何确保基本医疗保险制度的长期稳定发展,已经成为国家应对人口老龄化战略中的重要内容,也是在"健康中国2030"规划纲要中被明确提出的重点任务。事实上,关于基本医疗保险制度的研究,不仅在国内是热点话题,也受到国际社会的广泛关注。西方发达国家持续上升的医疗费用,促使经济学者不断探索背后的原因并寻求解决方案。

在此背景下，本书深入分析了我国现行的基本医疗保险制度，利用详实的数据和经济学的实证方法对以下几个核心问题进行了全面探讨：(1)我国基本医疗保险体系中的道德风险问题是否严重？(2)从经济学视角如何确定合理有效的医疗保障待遇？(3)基本医保中的门诊和住院待遇如何导致我国住院率居高不下？(4)零工经济对我国城镇职工和城乡居民医保制度的影响如何？(5)长期护理保险制度对医疗费用的影响？(6)医患矛盾为何会推高医疗费用？这些问题不仅是当前中国基本医疗保险市场中面临的突出问题，也是未来需重点解决的课题。尽管回答这些问题并提出相应的解决方案极具挑战性，但作者从经济学视角出发，基于详实的数据，利用严谨的研究方法，给出了独到的见解。

本书的部分内容源于王贞的博士学位论文的修改和完善，另一部分是他在博士后阶段及入职复旦大学以来的研究成果与思考。这本书汇集了他过去十年的研究结晶，也见证了他作为一位青年学者的成长过程。作为他曾经的导师，我非常欣慰地看到，他始终保持初心，专注于基本医疗保险制度的研究，并为中国健康事业的发展贡献自己的智慧与力量。

2024 年 9 月 1 日

前　言

从经济学视角理解转轨中的医疗保险制度

医疗保险关乎个人健康保障和家庭经济负担,社会医疗保险的出现和发展是人类经济社会进步的一大标志。社会医疗保险制度如何行稳致远,改善人类福祉,本质上是一个公共政策设计问题。无论是在中国还是国外,政府财政预算支出中有相当大比例专门用于提供各类保险项目,而其中医疗保险项目的支出往往较大。在中国,关于医疗领域的改革容易引起全社会的关注,这其中的原因一方面是医疗是生死攸关的大事,与诸如智能手机等普通消费品不同;另一方面,虽然食品和住房对个人健康也至关重要,但人们普遍认为这些产品应该由私人市场去提供,而医疗领域则普遍认为应由政府承担更多责任。

本书从经济学的视角出发,对中国基本医疗保险制度的演变与发展进行了深入的解构与分析,并利用经济学理论和实证工具对政策领域中的一系列重要争论进行分析。这本书一方面力求回答我国基本医疗保险领域改革过程中一系列政策难题,另一方面以基本医疗保险制度为例,展现了经济学在公共政策制定中的分析范式。经济学之于公共政策,是探索如何在现实世界的各种约束中寻求更优解。正如美国批评家佩里的名言,诗歌创作是戴着镣铐跳舞,公共政策的制定也并非一蹴而就,而是需要在众多现实约束中寻求平衡与突破。从经济学视角探究公共政策设计就恰如戴着镣铐跳舞,需要在现实的桎梏中寻找智慧的优雅,在纷繁复杂的现实世界中另辟蹊径。

公共政策设计的目标是寻找利益相关方的"最大公约数"。在这个意义上,基本医疗保险制定的改革是要寻求各方的共赢,它天然是一个公共经济学的政策优化问题。公共医疗保险制度中讨论的核心议题无外乎"收"和"支"两大问题,从"收"的方面来看,并非一味提高保费或增加财政投入,而是需要兼顾参保者支付意愿、财政约束以及基金平衡等方面,甚至要考虑企业经营和个人劳动力供给等因素;从"支"的方面来看,核心是如何"花好钱",如何实现医保资源的优化配置,这其中还需要涉及到与医疗、医药的联动等。本书无意于勾勒出整个医疗、医保和医药领域的全景图,而是围绕几个有代表性的问题展开。

一、从医疗保险制度的起源说起

人类社会的发展史是一部与疾病斗争的历史。在原始社会时期,人类为了抵御未知的风险而形成部落,这其中也包括抵御疾病的冲击,这种以部落形成的社会网络是最早期的保险形态;具有现代保险雏形的是海上保险,最早出现在古罗马时代(公元前260年—前146年),古罗马人为了解决军事运输问题,收取商人24%—36%的费用作为后备基金,以补偿船货损失。社会保险最早起源于19世纪末的德国,时任德国"铁血宰相"的俾斯麦为了缓解工人阶级的不满情绪、维护社会稳定,首次创立以蓝领工人为对象的健康保险。

时至今日,医疗保险已经成为世界各国人民主要的医疗费用支付工具,是一项重要的福利制度。据世界卫生组织(World Health Organization)统计,2024年全球有大约72个国家已经建立了全民医疗保险制度,但世界上仍有一半的人没有被医疗保险覆盖。2018年,在所有的经合组织(OECD)国家中,平均个人需要自付的费用占总医疗费用约20.1%,这个比例不足其收入的2.0%,[①]即便是在发展中国家,这一比例在2018年时也已达到了约44.0%。因此,医疗保险已经成为世界各国人民就医看病不可或缺的保障形式,它既关乎到个人的健康和医疗负担,也关乎整个社会的和谐稳定。

医疗保险的原理基于风险分散和集体互助的概念,其核心思想是通过集体的力量来减轻个体因疾病带来的经济负担。在这一制度下,众多参保人共同缴纳保险费,形成一个风险池。当其中某个参保人遭遇疾病时,可以从这个风险池中获得资金支持,以支付医疗费用。这种方法体现了"同舟共济"的精神,即社会成员之间相互支持,共同应对健康风险。

医疗保险能够持续运行下去的理论依据也很直观,即所谓的"大数法则"。大数法则是医疗保险原理的数学基础。根据这一法则,当样本量足够大时,样本中的事件发生概率将趋近于预期的概率。在医疗保险中,这意味着随着参保人数的增加,可以更准确地预测整个人群中患病的平均概率。保险管理机构利用这一概率来设定保费,确保保费收入能够覆盖所有参保人的预期医疗费用,

---

① 数据来源于 OECD 官网,详细参见 https://stats.oecd.org/Index.aspx?ThemeTreeId=9 和 https://stats.oecd.org/Index.aspx?DataSetCode=AV_AN_WAGE。

同时还能维持保险管理机构的运营。这样,保险制度就能够在财务上实现自我维持,为参保人提供稳定的医疗保障。

然而,尽管医疗保险的原理在理论上是可行的,但是由众人缴费形成的风险池具有"公共品"的性质,① 经济学原理告诉我们,这将会产生道德风险问题。此外,由于个人的健康状况在人群中存在异质性,而保险管理机构与个人健康状况之间存在严重的信息不对称,经济学原理指出这将会产生逆向选择问题。简言之,道德风险(Moral Hazard)发生在保险购买之后,当个体知道自己已经得到保障时,可能会改变其行为,比如减少预防措施或过度使用医疗服务。这种行为增加了保险管理机构的赔付成本,可能导致保费上涨,从而影响整个保险制度的可持续性。而逆向选择(Adverse Selection)是指在保险市场中,高风险个体比低风险个体更有可能购买保险,因为他们更可能从保险中获益。这导致保险管理机构难以区分高风险和低风险的参保人,从而可能设定一个平均的保费,这对于低风险个体来说可能过高,而对于高风险个体来说可能过低。结果,低风险个体可能会选择不参保或减少保险额度,而高风险个体则倾向于过度保险,这最终可能导致保险市场的失衡。

在实践中,为了应对医疗保险中逆向选择和道德风险等问题,采取了一系列措施。首先,实施等待期可以防止已经知道自己健康状况不佳的人购买保险,从而减少保险公司的风险。设置起付线和共付段能够鼓励参保者在非必要情况下不轻易使用医疗服务,从而降低医疗资源的浪费。封顶线的设定则是为了保护参保者不会因为极端的医疗费用而陷入经济困境。此外,风险评估和差异化定价是根据参保者的健康状况和风险水平来设定保费,这样可以更公平地分配风险和保费负担。

然而,尽管这些措施在一定程度上缓解了问题,但它们并不能从根本上解决医疗费用上涨对医疗保险的挑战。随着医疗技术的进步和个人医疗需求的提高,医疗费用的增长速度往往超过了保险费率的调整速度。此外,医疗保险还需要遏制医疗机构的诱导需求行为,控制医药市场中存在的诱导行为,以减少不必要的医疗检查和治疗,降低整体医疗费用。

总体而言,随着经济社会的发展和医疗服务市场主体的多元化,个人医疗服务需求的增长,医疗保险问题变得更加复杂。为了更好地改革医疗保险制

---

① 在经济学中,公共品(Public Goods),是一种既非排他性又非竞争性的商品,由一个人使用既不会妨碍其他人使用,也不会降低其他人的可使用性。

度,满足居民的健康需求,我们需要从复杂的社会现实中厘清关键的问题。经济学提供了独特的视角和研究方法,有助于我们理解现实情况,并提出有价值的政策建议。通过经济学的分析,我们可以更有效地设计和实施医疗保险政策,确保制度的可持续性,同时提高医疗服务的质量和效率,最终造福于广大人民。

二、从转轨视角看中国医疗保险制度改革

理解中国医疗保险制度的改革,必须将其置于中国经济体制转轨的历史背景下。中国的社会保障体系,尤其是医疗保险,与经济结构紧密相连。与中国经济体制从计划经济向市场经济转轨一样,医疗保险制度也经历了从计划经济背景下的模式向市场经济背景下的模式转变。这一转变过程中,许多计划经济时期的特征被保留下来,随着市场经济的发展,这些遗留的计划经济时期的特征逐渐成为制约医疗保险制度发展的瓶颈。因此,从转轨的视角出发,不仅能更准确地发现和理解当前医疗保险制度中的问题,还能为制度的优化和改革提供历史和现实的深刻洞察。

改革开放前,中国的医疗保险体系主要由城市地区的劳保医疗和公费医疗以及农村地区的合作医疗构成。劳保医疗主要为国营企业的职工及其直系亲属提供免费或部分免费的医疗服务,而公费医疗则为机关事业单位工作人员和大专院校学生提供国家全额支付的医疗服务。[①] 在农村地区,农村居民在自愿互助的基础上,根据当地的经济状况由集体和个人募集基金,从而对集体内的每个个人进行健康保障,而当时赤脚医生是农村地区医疗的主要提供者。[②] 由于原来的劳保医疗、公费医疗存在大量的浪费,给企业和财政带来了沉重负担,且不利于提高效率和激励机制的建立。因此,随着国企改革的深入,这些制度逐渐暴露出不适应市场经济要求的问题。农村家庭联产承包责任制的推广,使得原本依附在人民公社工分制度下的合作医疗制度走向解体,公社体系的瓦解导致原有的集体经济支撑的合作医疗失去了运作基础。因此,劳保医疗和公费

---

① 虽然城镇地区建立起了医疗保障制度,但是查阅早期的资料可以发现,到制度运行的后期,受制于积弱的经济,城镇地区医疗保障体系基本处于"有体系无能力,有免费无医疗"的状态。
② 赤脚医生在中国 20 世纪 60 年代中期出现,主要存在于农村地区。他们是一些没有固定编制、经过一定医疗知识和技能培训的医护人员,通常由乡村或基层政府批准和指派。赤脚医生的特点是"亦农亦医",即在农忙时期参与农业生产,农闲时期则提供医疗服务。

医疗逐步转变为城镇职工基本医疗保险,农村合作医疗也经历了重大变革,新型农村合作医疗保险应运而生,以适应农村人口流动和医疗需求的变化。

正如世界卫生组织前总干事陈冯富珍所指出的,医疗卫生改革不仅是发达国家面临的问题,更是全球性的挑战。没有任何一个国家的医疗制度是完美无缺的,每个国家都需要根据自身的国情,在现有制度的基础上不断探索和改革。中国在经济领域的改革理念——"摸着石头过河",同样适用于医疗保险制度的改革。在转轨初期,一些制度设计是必要的,它们有助于改革的平稳过渡。但随着时间的推移,这些制度需要不断地调整和完善以适应新的经济和社会环境。中国的医疗保险体制改革就是这样一个不断演进的过程,它不仅为自身国家的医疗保障提供了稳定的框架,也为其他处于经济体制转轨中的国家提供宝贵的经验。

在探讨中国基本医疗保险制度的转型与发展时,我们往往借鉴了发达国家的经验和框架。然而,这种参照并非完全适用于中国的实际情况。中国的医疗保险制度是在特定的历史背景和经济转轨过程中形成的,其设计中不可避免地保留了诸多计划经济时期的特征。这些特征在当前市场经济体制下,往往成为制约医保基金有效配置和利用的障碍。因此,我们认为,应将中国医疗保险制度的研究放置于历史和转轨的双重视角之下。通过深入分析和识别那些源自转轨前的历史遗留问题,我们可以更加精准地定位阻碍医保基金优化配置的关键因素。在此基础上,采用"渐进式改革"的策略,逐步推进制度的创新和完善,不仅能够促进医保基金的高效运行,还能为政策制定者和学术界提供更为深刻和有价值的洞见。这种方法论的转变,将有助于构建一个更加适应中国国情、更具可持续性和包容性的医疗保险体系。

本书深入审视了我国现行的基本医疗保险制度,并对其现状进行了综合性评估,具体观点总结为以下几个方面:

第一,医疗保险所引发的道德风险是推动医疗费用和医保基金增长的关键因素之一。在经济体制转轨之前,劳保医疗和公费医疗普遍存在资源浪费现象。同时,随着企业经营效益的下滑,医疗保障制度逐渐呈现出"有制度而无实质保障"的状态。改革过渡到职工医疗保险后,虽然制度设计开始借鉴国际上广泛接受的保险模式,但道德风险是否存在及其影响程度仍然是一个待解的问题。为了深入探讨这一问题,本书利用具体数据对中国某城市老年人的道德风险进行了测算。在学术研究中,道德风险通常通过医疗服务需求的价格弹性来衡量,而准确测量这一弹性需要依赖于恰当的方法论。本书的测算不仅提供了一种切实可行的测算方法,也为我们理解道德风险提供了新的视角。尽管数据的限制使得我们只能针对中国的一个大城市进行分析,但测算结果显示,改革后的职工医保道德风险相对较小,特别是在与国际水平进行比较时,我国的道德风险处于较低的范围。这一发现对于我们评估和优化医疗保险制度具有重要的参考价值。

第二,社会保险设计中最为根本的议题是如何确定最优的待遇水平,医疗保险制度设计中亦然。理论上,最优的医疗保险待遇水平应基于风险分担所带来的福利提升与道德风险所导致的效率损失之间的权衡;然而,如何在实证层面做出准确判断,这一问题仍需进一步的研究与探讨。自中国改革开放以来,基本医疗保险待遇水平持续提升,对于确定最优待遇水平的探讨显得尤为重要。在经济学领域,我们尝试通过特定的分析框架来回答这一问题。以提高职工医保中老年人的待遇为例,本书深入探讨了如何在经济学的视角下审视和解决这一问题。具体而言,在改革开放之前,我国职工医保的前身——公费医疗和劳保医疗主要服务于机关事业单位及国有企业的职工。鉴于转轨前的制度背景,在制定职工医保政策时,特别规定了退休职工无须缴纳医疗保险费,并可享受更为优厚的医疗保险待遇。因此,在我国的大多数医保统筹区,退休职工通常会获得更高的住院报销比例。然而,如何确定提高待遇的最优幅度,仍是需要深入研究和审慎决策的重要课题。

第三,我国基本医疗保险制度的构建源自1994年"两江"试点的改革经验,该经验在全国范围内推广时,大多数地区选择由统筹基金仅支付住院费用,而门诊费用则由个人账户支付或个人自付。这一设计主要是出于对制度建设初期门诊服务中道德风险较大的担忧,加之初期筹资能力有限,制度的重点自然放在了防范大病可能引发的住院服务导致的家庭灾难性医疗支出上。然而,随着时间的推移,住院待遇的不断提升以及居民对医疗服务需求的日益增长,门诊待遇的不足逐渐促使患者倾向于选择待遇更优的住院服务,以此作为替代。这种做法无疑推高了住院率,加重了医疗负担。特别是对于那些本可以通过门诊服务解决的疾病,却因住院服务的资源消耗更高而转为住院治疗,严重降低了医疗资源配置的效率。正因如此,我国医疗卫生领域长期存在一个显著的特征,即住院率水平始终居高不下。这一现象反映出我国医疗保险制度在设计和实施过程中需要进一步优化,特别是合理有序地提高门诊待遇水平,以更合理地引导医疗资源的有效利用。

第四,随着信息技术的飞速发展,零工经济作为一种新兴的经济模式,正以迅猛的势头在全球范围内扩散,并逐步成为劳动力市场的关键部分之一。这一现象给我国现有的医疗保险体系带来了前所未有的挑战和需求。我国的医疗保险体系继承了计划经济时期国有企业的劳保医疗和农村合作医疗的遗绪,形成了目前职工医保与城乡居民医保并存的格局。然而,随着灵活就业人数的持续上升,现行政策虽然允许灵活就业人员自由选择加入职工医保或城乡居民医保,但两者之间显著的待遇差异(这种差异部分源自于转轨前两种制度待遇的固有差距)可能导致灵活就业人员倾向于选择职工医保,从而产生逆向选择的问题。通过精确的因果推断和计量经济学分析,本书揭示了一个重要发现:在城镇职工医保中,自愿参保的灵活就业人员的医疗开支显著高于那些强制参保的群体,增幅大约为78%。这一发现对于我们理解和改进现行医疗保险体系具有重要的启示意义。

第五,改革开放前的中国,尚未形成针对老年人失能情况的全面照顾政策。在计划经济体制下,社会福利主要通过单位制度实施,即个人所依附的国有企业或机关事业单位负责提供养老和医疗服务。失能老年人的照护主要依靠家庭成员和单位的有限支持。在农村,家庭和社区互助成为老年人失能照护的主要形式。随着中国老龄化问题的日益严峻,为应对老龄化带来的照护挑战,中国开始探索实施长期护理保险(长护险)政策。在试点阶段,长护险并未作为独立的险种存在,而是与基本医疗保险紧密关联,资金筹措主要来源于基本医疗保险基金,待遇支付也与基本医疗保险相互独立。一个关键问题是长护险政策是否会对医疗费用产生替代效应。如果长护险能够替代部分医疗费用,那么从基本医疗保险基金中划拨资金给长护险就显得更加合理。同时,对于新建立的长护险制度,如何设计补偿模式以更有效地满足老年人的照护需求,也是亟待进一步研究和完善的课题。这不仅关系到老年人的福祉,也关系到整个社会保障体系的可持续性和效率。

第六,在深入探讨医保制度设计及其基金配置效率的过程中,我们不可避免地需要关注医疗和医药的作用。中国医改中提出的"三医联动"理念特别强调了这一点,即通过医疗、医保、医药三个领域的协同改革,实现医疗服务体系的整体优化。在这一过程中,医保改革扮演着关键角色,它不仅引导着医药和医疗改革的方向,而且体现了市场经济中通过购买服务来调节市场结构的思路。鉴于篇幅的限制,本书并未深入讨论如何实现或优化三医联动的具体框架。但是,从供给方的角度出发,本书提供了一个案例研究,展示了如何在实践中实现三医联动的格局。在供给方的讨论中,我们通常关注供给如何诱导需求,而相对较少关注的是供给方的防御性医疗动机。在医患关系紧张的背景下,医生为了避免引发恶性医患纠纷,可能会在治疗过程中采取过多的医学检验和治疗措施。本书发现,防御性医疗现象确实存在,并且它在一定程度上导致了医保基金支出的浪费。因此,为了更有效地实现三医联动,我们必须从防御性医疗这一角度出发,进一步完善政策设计。这不仅有助于提升医疗服务的质量,还能确保医保基金的可持续性和有效利用。

三、从经济学视角看公共政策分析范式

在探讨公共政策分析的范式时,经济学提供了一个独特且有力的视角,尤其是在医疗保险政策设计这一复杂领域。正如在奥巴马医改中,麻省理工学院经济学教授、奥巴马政府技术顾问团成员乔纳森·格鲁伯(Jonathan Gruber)在政策设计中发挥了关键作用,他运用经济模型分析了不同政策选项的潜在影响,特别是在设计健康保险交易所方面提供了专业的见解。格鲁伯的工作强调了个人强制保险令在实现风险池平衡中的重要性,并对补贴、医疗补助扩展和预防保健等的成本效益进行了评估。尽管他的一些言论引发了争议,但这也凸显了经济学家在向公众传达复杂政策细节方面的作用。

经济学理论为公共政策分析提供了一个分析框架,使我们能够识别和理解政策变化对个体行为和市场结果产生的影响,帮助政策制定者理解和预测政策变化可能带来的各种后果。例如,根据经济学中的不对称信息理论,提高公共医疗保险的待遇可能会导致道德风险问题,即参保者可能会因为保险覆盖而增加对医疗服务的使用,从而可能导致整体医疗费用的上升。这种增加的使用可能是非必要的,从而造成资源的浪费。另一方面,提高医疗保险待遇也有明显的益处。它可以提高个人的健康水平,降低因疾病带来的经济负担。因此,政府在决策时需要权衡提高待遇所带来的健康改善与可能导致的医疗费用增加之间的利弊,以达到成本效益最大化的目标。

虽然理论模型可能无法完全捕捉现实世界的复杂性,例如在考虑成本时可能忽视了提高公共医疗保险待遇对私人保险市场的潜在挤出效应,在考虑收益时可能忽略了健康的溢出效应,如可能会增进家庭成员乃至整个社区的健康水平。但模型的核心价值在于简化现实,突出最重要的因素。评价一个经济模型的好坏,不应仅仅基于其与现实世界的契合度,而更应关注其是否提供了有力的分析框架,是否能够启发我们思考问题,以及是否能够基于实证数据进行验

证。通过这种方式,经济学理论帮助政策制定者从复杂的现实世界中抽象出关键的考量因素,为他们提供了一个明确的决策方向。它不仅揭示了公共医疗保险设计中固有的权衡,还为如何在有限的资源下实现最大的社会福利提供了理论依据。因此,经济学理论在公共政策分析中的作用不可或缺,它为政策制定者提供了一种系统的方法论,使他们能够在复杂的决策环境中做出更加明智和有效的政策选择。

经济学理论无法直接回答政策应该如何选择,但是经济学实证研究,尤其是因果分析,对于深入理解和评估医疗保险等公共政策的效果至关重要。在分析政策影响时,简单的相关性分析往往不足以揭示政策变动的真实效果,因为相关性并不直接等同于因果关系。例如,如果研究发现拥有医疗保险的人群健康状况较差,这一发现可能会误导政策制定者认为医疗保险对健康改善作用有限。然而,这种相关性可能仅仅是因为健康状况较差的人群更有可能购买医疗保险,而非医疗保险本身未能提升健康水平。为了准确评估医疗保险对健康的影响,必须进行因果分析,这种分析能够揭示政策变动对特定结果的直接效应,而这些正是科学决策应该依赖的实证依据。

为了实现因果分析,经济学家通常会使用诸如随机对照实验、准自然实验等方法,以此可以控制其他变量的干扰,从而更准确地估计诸如医疗保险对健康、医疗服务使用和保险覆盖率的影响。这些方法使研究者能够模拟出如果没有政策变动,情况将会如何,从而提供更可靠的证据来支持或反驳政策的有效性。

实验研究是实证经济学中用于确定政策或干预措施效果的一种方法。它通过随机分配研究对象到实验组和控制组,以模拟随机实验的条件,从而尝试消除偏差,得到更准确的因果关系估计。例如,著名的兰德医疗保险实验(RAND Health Insurance Experiment)利用实验研究的方法评估医疗保险对医疗服务使用、健康结果等方面的影响。实验设计包括了大约2 700名成年参与者,他们被随机分配到不同的保险计划中,这些计划有着不同的自付比例和保险覆盖范围。通过这种方式,研究者能够观察到当保险条件改变时,参与者的医疗服务使用和健康状况如何变化。

实验研究的优点固然明显,特别是在因果分析方面的表现。它能够减少或消除其他变量的干扰,因为随机分配有助于确保实验组和控制组在干预之前是相似的;提供更可靠的证据,因为它可以更准确地衡量政策变动对特定结果的影响。同时,它的缺点也较为突出,在经济学领域,进行可控的实验研究具有挑战性,有时可能面临道德和技术问题,且往往耗资较大;在有些实验设计中,实验组的人知道自己是实验对象,可能改变他们的行为,影响研究结果;此外,也有些实验结果的推广性有限,特定实验环境下得到的结果可能无法直接应用于更广泛的情境或人群,实验的时间限制可能导致参与者行为的短期化,无法准确反映长期政策效果。

鉴于实验研究所面临的各种现实的约束,经济学家的另一种因果分析的手段是利用准实验研究(Quasi-Experiment Studies)的方法,模仿随机实验的某些特征,以便在自然环境中估计因果关系。这种方法利用外部环境或政策变化自然形成的"实验"条件,将研究对象划分为受到政策或环境变化影响的实验组和未受影响的控制组。实验与准实验的差别是,实验研究明确地把人们随机分成实验组或控制组,而准实验则利用观察数据,依赖研究人员无法掌控的环境,自然地形成随机分配。

成功的准实验研究关键在于尽可能地模拟随机实验的设置,以确保研究结果的可信度。准实验研究的成功关键在于实验组的分配是否接近随机,为此,经济学者通常采用几种经典的研究设计方法。首先,双重差分模型(Difference-in-Differences)通过比较实验组和控制组在干预前后的变化差异,来估计干预的净效应。这种方法的优势在于能够控制时间不变的未观测因素,以及随时间变化的共同趋势。其次,工具变量(Instrumental Variables)方法利用与结果变量无关但影响实验组分配的第三方变量,来解决内生性问题。这种方法适用于当实验组的分配受到某些不可观测因素的影响时。最后,断点回归(Regression-Discontinuity)设计则利用某个预先设定的阈值(如政策规定的收入门槛)来分配实验组和控制组,通过比较阈值附近的个体差异来估计干预效果。

准实验研究相较于传统实验研究的优点在于,它们能够在现实世界的环境中评估政策效果,无须人工控制条件。此外,准实验研究通常利用现有的数据和自然事件,使得在无法实施随机实验的情况下,研究者仍能够进行因果推断。更重要的是,准实验研究的样本往往具有更广泛的代表性,如全国范围的准实验能够提供具有全国性代表的推断结果。然而,准实验研究也存在明显的局限性。最大的挑战在于可能无法完全控制所有的混杂变量,特别是在政策或环境变化普遍适用的情况下,难以找到合适的控制组进行比较,这可能导致估计结果存在偏差。因此,研究者在设计准实验时必须巧妙地构造方案,以确保结果的准确性和可靠性。

总体而言,经济学在公共政策分析中更侧重于通过量化模型和统计方法来分析政策影响。经济学强调个体行为的理性选择和市场机制的作用,例如,在医疗保险政策分析中,经济学可能更关注价格弹性、道德风险和逆向选择等问题。相较于其他学科,经济学分析在政策的社会和文化影响,以及政策具体的实践方面关注较少。因此,我们在分析时需要整合不同学科的见解,结合不同学科的视角,从而形成对政策影响的全面评估。

四、关于本书

本书汇集了我过去十年间,围绕中国医疗保险制度所做的思考与研究。我的学术旅程始于博士阶段,在导师封进教授的悉心指导下启航,她不仅引领我踏入这一研究领域,更激发了我对医疗保险制度改革的浓厚兴趣。随着研究的逐步深入,我意识到医疗保险问题的复杂性,以及我的工作可能只是对现实世界的一瞥,是对庞大而复杂现实世界的微小拼图。正如美国著名的健康经济学家艾米·芬克尔斯坦(Amy Finkelstein)和利兰·艾纳夫(Liran Einav)在他们的书中指出,他们的研究专注于那些可以用科学严谨方法回答的狭窄问题,希望他们的工作能够为医疗改革的实践者提供帮助。同样,本书虽可能对现实世界的理解贡献有限,但期望书中所展现的经济学研究方法和范式,能够启发读者的思考。

本书旨在为对经济学和社会保障感兴趣的大学生、实践部门的从业人员以及相关领域的研究人员提供参考。对于大学生而言,书中的现实案例有助于他们将理论知识与实践相结合;对于从业人员,本书提供了新的视角,尽管本书中部分政策启示可能未充分考虑体制机制的约束,但希望这些思路能够引发新的思考;对于研究人员,书中的研究方法和内容能够为未来的研究提供基础或启发新的研究方向。

本书的不足之处主要体现在三个方面:首先,医疗保险制度改革应与医疗服务体系和药品制度改革相结合进行综合分析,但本书主要从医疗保险的角度出发,对医疗服务和药品制度的讨论相对有限;其次,本书的视角偏向学术研究,政策建议主要基于数据分析和实证研究,可能未能充分考虑到政策执行过程中的体制机制约束;最后,书中的研究结论和政策建议均基于特定地区,其在全国范围的适用性需谨慎考量。这些局限为未来的研究提供了进一步探索的空间。

目 录

第一章 中国医疗保险体系的历史与发展 ……………………… 1
 第一节 新中国成立初期(1949—1978) ……………………… 1
 第二节 改革开放后徘徊探索期(1978—2009) ……………… 5
 第三节 新一轮医改的启动与实施(2009—至今) …………… 10

第二章 中国医疗保险体系的现状与挑战 ……………………… 16
 第一节 快速增长的医疗卫生费用 …………………………… 17
 第二节 医保基金的运行压力与可持续性 …………………… 19
 第三节 基本医疗保险的待遇水平 …………………………… 23
 第四节 医疗服务供给体系的现状与问题 …………………… 33

第三章 医疗保险中的道德风险与医疗费用增长 ……………… 38
 第一节 城镇职工医保中的退休待遇制度 …………………… 40
 第二节 研究设计:断点处差分估计 …………………………… 42
 第三节 退休待遇提高对医疗服务利用的影响 ……………… 47
 第四节 稳健性检验 …………………………………………… 58
 第五节 结论与政策启示 ……………………………………… 67

第四章 最优医疗保险待遇的经济学分析 ……………………… 69
 第一节 研究设计:成本收益福利分析框架 ………………… 71
 第二节 退休待遇提高对个人自付医疗费用的影响 ………… 75
 第三节 成本收益分析结果 …………………………………… 82
 第四节 结论与政策启示 ……………………………………… 87

第五章 门诊待遇的非线性特征与中国高住院率 ………………… 89
第一节 城乡居民医保与住院率 ……………………………… 92
第二节 实证设计：事件研究法 ……………………………… 97
第三节 封顶线对医疗服务利用的影响 …………………… 101
第四节 扩展性讨论：成本收益分析 ……………………… 116
第五节 结论与政策启示 …………………………………… 119

第六章 零工经济下的医疗保险制度 ……………………………… 122
第一节 制度背景：零工经济下的医疗保险制度 ………… 123
第二节 研究设计：不对称信息的检验 …………………… 126
第三节 不同参保组别的医疗费用对比 …………………… 133
第四节 结论与政策启示 …………………………………… 141

第七章 长期护理保险对医疗费用的替代效应 …………………… 142
第一节 长期护理保险试点现状 …………………………… 143
第二节 数据及实证策略 …………………………………… 147
第三节 长护险实施对医疗服务利用及费用的影响 ……… 151
第四节 补偿模式对比与成本收益分析 …………………… 160
第五节 结论与政策启示 …………………………………… 164

第八章 防御性医疗动机视角下的医患矛盾 ……………………… 166
第一节 防御性医疗动机的理论基础 ……………………… 168
第二节 典型医闹事件和医闹指数 ………………………… 172
第三节 医患矛盾对医疗服务利用及费用的影响 ………… 177
第四节 防御性医疗成本核算及政策讨论 ………………… 188
第五节 结论与政策启示 …………………………………… 193

第一章

中国医疗保险体系的历史与发展

亦欲以究天人之际,通古今之变,成一家之言。

——(汉)司马迁

对历史的探究是一切社会科学研究的起点,经济学的分析也不例外。从历史中,我们发现许多现实中理所当然的制度设计往往是历史遗留的产物。回顾历史有助于我们拨云见日,找出现实中制度设计的问题。理解中国医疗保险制度的改革,必须将其置于中国经济体制转轨的历史背景中。中国的社会保障体系,尤其是医疗保险制度,与经济结构紧密相连。随着中国经济体制从计划经济向市场经济转轨,医疗保险制度也经历了从计划经济模式向市场经济模式的转变。在这一过程中,许多计划经济时期的特征被保留下来,逐渐成为制约医疗保险制度发展的瓶颈。通过转轨的视角,我们不仅能更准确地识别和理解当前医疗保险制度中的问题,还能为制度的优化和改革提供历史和现实的深刻洞察。

本章将回顾中国医疗卫生体系从建国初至今的发展历程,探讨这些制度设计的由来,并为未来的制度改革提供方向。中国医疗保险体系的发展可以分为三个阶段:新中国成立之初(1948—1978年)、改革开放后的徘徊探索期(1978—2009年),以及新一轮医改的启动与实施(2009年至今)。每个阶段的医疗卫生体系的变迁既反映了经济增长与健康需求之间的关系,也展示了我国特定经济体制改革的效果。

第一节 新中国成立初期(1949—1978)

在新中国成立之初,我国面临战后满目疮痍的局面:工业领域萎靡不振,农业发展停滞不前,货币贬值严重,生产设施遭受严重破坏,众多工厂停工,大量工人失业,商业秩序混乱,人民生活陷入困境。此时中央政府的首要任务是:在维护社会稳定的同时,迅速恢复和推动生产,促进经济发展,确保人民的基本生活需求得到满足,生存得到保障。由于新中国选择了社会主义发展道路,但缺乏自身的实践经验,唯一可以参考的模式是前苏联依托计划经济体制实行的国家保障模式,该模式在初期实施时取得了显著成效。因此,中央政府以坚定的决心承担起国家责任,并通过企事业单位及其他基层组织,迅速启动社会救济、劳动保险等社会保障制度的建设。这一举措,从一开始就奠定了国家——单位保障制度模式的基本框架。

到了1956年,我国已经初步建立了一套与计划经济体制相适应、以国家为主导责任主体、具体政策由城乡各单位组织实施的较为完整的社会保障制度。在这个制度中,国家(通过政府)与单位在社会保障制度的实施过程中日益紧密地结合在一起,形成了一个强有力的社会保障网络,为人民提供了基本的生活保障和安全网。

一、 城镇地区的医疗服务及保障体系

在新中国成立之初,医疗卫生体系与国家其他领域一样,遵循国家计划,采取集中化管理,借鉴了前苏联的"国家福利模式"。在这一模式下,医院作为全民所有的国家资产,为在国有企事业单位工作的劳动者提供免费医疗服务,包括看病和开药的费用,全部由企业或国家承担。进一步地,中国政府制定并推行了"面向工农兵、预防为主、团结中西医、卫生工作与群众运动相结合"的四项卫生工作方针。这些方针不仅为中国卫生事业的发展指明了方向,而且"预防为主"的理念尤为关键,它贯穿了中国公共卫生事业发展的始终。围绕"预防为主"的核心理念,中国政府自上而下地构建了全国性的卫生防疫体系。各省(直辖市、自治区)、市、县逐步成立了卫生防疫站,并在国家卫生部公共卫生局(1953年更名为卫生防疫司)的统一领导下,负责包括急性和慢性传染病、环境卫生、食品卫生、学校卫生、劳动卫生和卫生监督在内的各项卫生防疫工作。这一系列措施为初步建立中国的公共卫生体系奠定了坚实的基础。

随着城市化进程的加快和国有企业数量的增加,享受国家职工医疗福利的人群不断扩大,政府在医药上的支出逐渐增加,财政负担日益沉重。同时,国家还需要对国有医院进行财政补贴以维持其运行。然而,从1954年起,政府取消

了对医院的直接补贴,允许医院通过药品加成来弥补财政拨款的不足,即医院在药品的进销过程中可以获取 15% 的利润。

在医疗保障方面,初期的医疗保障体系主要包括公费医疗、劳保医疗和合作医疗(参见表 1 所示)。公费医疗和劳保医疗主要面向城镇地区的人员。1952 年,卫生部发布了《国家工作人员公费医疗预防实施办法》,这成为新中国成立后第一份关于医疗保障的行政法规。该制度主要保障机关事业单位的工作人员以及在读的大专院校学生,国家免费为这部分人群提供医疗卫生服务。公费医疗制度是一种"强制性雇主责任制度",实行辖区管理,由区县政府统筹、审核和监督使用各单位的公费医疗经费。其主要保障对象包括国家机关和事业单位工作人员、离退休人员、二等乙级以上革命残废军人和高校在校学生。公费医疗经费主要由国家财政按人头拨付给各级卫生行政部门,实行专款专用,不足部分由地方财政补贴。①

表 1　中国早期的医疗保障体系

	医保类型	建立时间	结束时间	保障人群	缴费方式	保障方式
城镇地区	劳保医疗	1951 年	1998 年	国企职工及其家属	个人按工资比例缴费	免费或半费医疗
	公费医疗	1952 年	1998 年	机关事业单位及大专院校学生	无需缴纳费用	免费医疗
农村地区	合作医疗	1968 年	80 年代初期解体	农村居民	个人自愿参加缴纳	合作基金支付

注:资料为作者自行整理。

1951 年 2 月,中华人民共和国政务院颁布了《中华人民共和国劳动保险条例》(以下简称《劳保条例》),建立了新中国第一项基本医疗保障制度——劳保医疗。劳保医疗主要保障百人以上的国营企业职工及其直系亲属。在职职工可享受免费医疗服务,而其直系亲属则享受半费医疗。该制度采用"强制性雇主责任制度",企业按职工工资总额的一定比例缴纳费用,全部由企业或资方负担。《劳保条例》规定,每月缴纳的劳动保险金中,30% 存入中华全国总工会户内作为劳动保险总基金,70% 存入各企业工会基层委员会户内作为劳动保险基

---

① 葛延风、贡森:《中国医改:问题·根源·出路》,中国发展出版社 2007 年版。

金。因此,劳保医疗资金的管理和支付完全按照计划经济的方式安排,个人负担极小,主要由财政和企业包办职工的医疗保障事务。①

尽管早期的制度建设以高福利和免费医疗为基本特征,但在实际运行中仍面临诸多问题,最为突出的就是医疗浪费与保障程度不足并存。无论是公费医疗还是企业劳保医疗制度,都未能体现个人在自身健康上的费用负担,这在一定程度上导致了医疗费用和药品费用的大量浪费,甚至出现套骗公家药品的行为。资源浪费增加了国家财政和企业经营的负担。此外,劳保医疗经费由企业从福利基金中提取,保障程度取决于企业的经济效益。经济效益好的企业基本能提供全免费医疗,而效益差的企业往往连基本医疗都难以保障,劳保实际上成为了企业的自我保险。②

二、农村地区的医疗服务及保障体系

在中国的医疗保障体系发展史中,相较于城镇地区的迅速进步,农村地区的医疗保障制度起步较晚,保障水平也相对薄弱。为了改变这一状况,中国在农村卫生事业上进行了三项重要的制度创新:培养"赤脚医生"、实施"农村合作医疗"制度和构建"三级医疗卫生网"。

"赤脚医生"是20世纪60至70年代中国农村特有的现象,他们是一群具有一定医疗知识和技能的非正式医疗工作者。③ 由基层政府指派和领导,他们没有正式编制和固定薪酬,通常需要一边从事农业劳动以维持生计,一边为当地居民提供医疗服务。这个群体多数来自医学世家或知识分子中略懂医理的人,因他们常常赤脚在田间劳作,故得名"赤脚医生"。他们为中国早期的公共卫生事业做出了不可磨灭的贡献,以低成本的服务模式迅速解决了农村基层的医疗问题,显著提升了农村居民的健康水平。④

除了"赤脚医生"之外,"农村合作医疗"和"三级医疗卫生网"也在农村卫生

---

① 邹长青、田月、郇波、孙昌赫、袁兵怡、赵航、朱京海:《中国医疗保障制度发展的历史演进(1949年~1978年)——兼论医疗保障政策史》,《医学与哲学(A)》2018年第6期,第81—86页。
② 虽然城镇地区建立起了医疗保障制度,但是查阅早期的资料可以发现,受制于积弱的经济,城镇地区医疗保障体系基本处于"有体系无能力,有免费无医疗"的状态。
③ 关于早期中国农村地区的医疗保障制度研究,参见:李德成:《合作医疗与赤脚医生研究(1955—1983年)》,浙江大学2007年版。
④ Liu Y., "The Impact of Early Childhood Access to Community Health Workers: Evidence From China's Barefoot Doctors", *Working Paper*, 2021.

事业中发挥了重要作用,被世界卫生组织和世界银行称赞为"以最小的投入获得最大的健康效益"。农村合作医疗是一种由农民自愿参与,通过个人缴费、集体扶持和政府资助共同筹资的医疗互助制度,主要针对大病统筹,有效减轻了农民因病致贫和因病返贫的问题。而三级医疗卫生网则是由农村的县、乡、村三级医疗卫生机构构成的服务网络,以县级医疗卫生机构为龙头,乡镇卫生院为主体,村卫生室为基础,共同承担预防保健、基本医疗、卫生监督、健康教育和计划生育技术指导等任务,实现了"小病不出村、一般疾病不出乡、大病基本不出县"的愿景。

在"预防为主"的方针指导下,通过这三项制度的实施,中国早期的公共卫生事业得到了快速发展。在资源有限和传染病高发的背景下,中国政府依靠计划型体制的优势,通过计划分配、全国性的组织动员和人民的参与,合理配置了有限的卫生资源,有效解决了公共卫生问题,保障了居民的健康。随着改革开放,农村地区的合作医疗因无法继续维持而不得不面临崩溃,因此在相当长的一段时间内,农村地区的居民面临的是自费医疗服务。[①]

第二节　改革开放后徘徊探索期(1978—2009)

1978年,中国开启了改革开放的征程,将国家发展的重心转向经济建设。在这一历史性转折点上,医疗卫生事业也迎来了改革的春风。改革的核心理念是放权让利,通过扩大医院的自主权,激发医疗系统的活力和效率。这一改革思路与国有企业改革的模式不谋而合,体现了当时推动经济和社会全面进步的总体战略。

1979年元旦,时任卫生部部长钱信忠在接受新华社记者采访时明确提出,要"运用经济手段管理卫生事业"。这一表态标志着医疗卫生事业改革的正式启动。改革主要围绕三个方面展开:首先是公立医院改革,公立医院改革是放权让利的具体体现。政府逐步减少对医院的直接干预,赋予医院更多的经营自主权,允许医院根据市场需求调整服务价格和经营策略,从而提高医疗服务的质量和效率。医院通过这种自主经营,能够更灵活地应对市场变化,提高资源

---

① 截至1991年,全国范围内约94.6%的农村需要靠自费看病(李薇,1996),参见:李薇:《我国社会医疗保障制度的发展前景》,《经济与法》1996年第3期,第27—28页。

利用效率,满足群众多样化的医疗需求。

其次是城镇医疗保险体系改革,城镇医疗保险体系的改革标志着从传统的公费医疗制度向现代医疗保险制度的转变。改革的目标是建立一个覆盖城镇职工和居民的医疗保险体系,通过个人缴费、单位资助和政府补贴相结合的方式,为城镇居民提供基本的医疗保障。这种混合筹资模式不仅减轻了国家财政的负担,还增强了保险基金的可持续性,扩大了医疗保障的覆盖面。

第三是新型农村合作医疗保险的建立,在农村地区,改革者们着手建立了新型农村合作医疗保险制度。这一制度以农民自愿参与为基础,通过个人缴费、集体扶持和政府资助相结合的筹资方式,为农村居民提供基本的医疗保障,有效缓解了农村居民因病致贫、因病返贫的问题。新型农村合作医疗的推广,使得农村居民的医疗可及性大大提高,健康水平得到显著改善。

这一阶段的医疗卫生事业改革,不仅是对医疗体制的一次深刻调整,也是对医疗保障体系的一次重大创新。通过放权让利、扩大医院自主权,改革极大地激发了医疗系统的内在活力,提高了医疗服务的质量和效率。同时,通过城镇医疗保险体系的改革和新型农村合作医疗保险的建立,改革为亿万中国人民提供了更加公平、可持续的医疗保障。改革开放后的医疗卫生事业改革,为促进社会公平正义、提高人民健康水平做出了重要贡献,为中国医疗卫生事业的发展奠定了坚实的基础。

一、 放权让利的公立医院改革

1978年,中国开始进行改革开放,将重心放在经济建设上,医疗卫生事业也借此契机开展改革。1979年,卫生部、财政部、国家劳动总局联合发布了《关于加强医院经济管理试点工作的意见》,标志着我国医疗改革第一阶段的开始。该文件强调要加强医院的经济管理,实行"全额管理、定额补助,结余留用"的制度,[①]以提高医院的运营效率,减轻国家财政负担。

1992年,卫生部发布了《关于深化卫生改革的几点意见》,进一步提出要加强经营开发,增强卫生经济实力,支持有条件的单位办成经济实体或实行企业化管理,实现自主经营、自负盈亏。这一转变从集中管理到鼓励自主经营的政策,旨在通过促进医院间的竞争,使市场在提高医疗服务体系效率方面发挥更

---

① 《关于加强医院经济管理试点工作的意见》,卫生部、财政部、国家劳动总局,1979年。

大作用。①

自1985年起,各地开始在医疗机构中试行经济承包责任制和院长负责制,目的是扩大医疗机构在人事、财务和经营管理方面的自主权。这一改革首次打破了公立医院政府办、政府管的模式,探索所有权与经营权的分离。然而,尽管经营管理者拥有了一定的管理自主权,但仍然面临有责无权和有责无利的问题,缺乏必要的条件和内在动力。同时,人事制度和分配制度等方面的限制也使改革效果有限。

总体来看,目前我国公立医院的管理自治程度仍较低。卫生主管部门对公立医院的监督往往表现为直接的行政干预,医院的财政、资产以及人事调配等管理权均由卫生行政主管部门直接决定,限制了医院的决策权。调查发现,医院内部管理者手中约束员工的工具相对有限,他们缺乏聘用和解雇员工的权利,也难以利用奖金进行激励。因此,管理者只能依靠劝说等非强制性手段来调动医疗和护理人员的积极性,以提高医疗服务的质量和数量。

具有强烈行政管理色彩的管理模式,使得医疗机构无法按市场规律确定服务价格,导致医院的挂号费、手术费和治疗费等定价低廉。这种状况促使医院和医生通过其他途径获取收入,例如让病人多住院、多检查、多用药、用贵药等手段,以获取更大的经济利益(蔡江南,2007)。② 与此同时,医疗机构的投入品市场化程度却日益提高,医药和医疗器械行业的竞争不断加剧。以药品为例,药价管理从改革开放前的全部管制,到目前实行政府指导价、政府定价和市场调节价三种形式,其中约60%的药品价格由企业自主确定。同样,医疗器械行业也经历了从国家垄断到市场主导的转变。这些行业的竞争更多表现为营销竞争而非价格竞争。

通过上述改革,中国医疗卫生事业在放权让利的过程中逐步探索出一条新的发展路径,但仍面临诸多挑战。改革的目标是通过市场机制提高医疗服务的效率和质量,同时保障人民群众的基本医疗需求。

二、城镇医疗保险体系的改革

建国之初,中国建立了公费医疗和劳保医疗保障制度。然而,随着国家从

---

① 《关于深化卫生改革的几点意见》,卫生部,1992年。
② 蔡江南、胡苏云、黄丞、张录法:《社会市场合作模式:中国医疗卫生体制改革的新思路》,《世界经济文汇》2007年第1期,第1—9页。

计划经济向市场经济转型,传统的医疗保障制度逐渐失去了其基础,医疗保障的制度背景开始发生重大变化。在改革开放不断深入的过程中,医保制度的改革也逐步展开。

20世纪80年代初期,一些企业和地方自发地对传统医疗保障制度进行改革探索。例如,采取医疗费用定额包干或对超支部分按一定比例报销,以及实行医疗费用支付与个人利益挂钩的办法等。这些改革实践为职工个人负担医疗费用进行前期铺垫,逐步向适度自费制度过渡。1984年4月28日,卫生部和财政部联合发布《关于进一步加强公费医疗管理的通知》,开始探索从传统公费医疗制度向通过社会统筹方式进行的医疗保险制度转变。

1988年3月25日,经国务院批准,由卫生部牵头,国家体改委、劳动部、卫生部、财政部、医药管理总局等八个部门共同参与的医疗制度改革方案研究开始展开。同年7月,推出了《职工医疗保险制度设想(草案)》。1989年,卫生部和财政部颁布《关于印发〈公费医疗管理办法〉的通知》,对公费医疗开支范围内的自费项目进行了说明。同年3月,国务院批准通过了国家体改委《关于1989年经济体制改革要点的通知》,提出在丹东、四平、黄石、株洲等地进行医疗保险制度改革试点,并在深圳、海南进行社会保障制度综合改革试点。1994年,国家体改委、财政部、劳动部、卫生部共同制定了《关于职工医疗制度改革的试点意见》,并经国务院批准在江苏省镇江市和江西省九江市展开了著名的"两江试点"。①

1998年,国务院发布了《国务院关于建立城镇职工基本医疗保险制度的决定》,明确了医疗保险制度改革的目标任务、基本原则和政策框架,要求在全国范围内建立覆盖全体城镇职工的基本医疗保险制度。这标志着我国城镇职工医疗保险制度进入了全面发展阶段,覆盖了城镇地区所有用人单位,并实行强制参保原则,个人和用人单位共同缴纳费用,实行风险共担原则,从根本上解决了原有劳保医疗和公费医疗的弊端。自建立以来,城镇基本医疗保险制度覆盖面不断扩大,为保障城镇职工健康和促进社会和谐稳定发挥了重要作用。

为了实现医疗保险制度的全面覆盖,针对城镇地区没有正规就业单位的居民、儿童和学生,2007年中国政府决定开展城镇居民基本医疗保险制度试点。

---

① "两江试点"初步建立了医疗保险"统账结合",即社会统筹与个人账户相结合的城镇职工医疗保险模式。经过扩大试点,这一模式也取得了良好的社会反应。与此同时,全国不少城市按照"统账结合"的原则,对支付机制进行了一些改革探索。

试点从 2007 年下半年开始,2008 年总结经验并继续推广,预计到 2009 年在全国范围内推开。其主要覆盖城镇地区的非就业人员,包括不属于城镇职工医保制度覆盖范围的其他城镇居民。通过这一举措,中国在居民医疗保险覆盖方面实现了制度的全覆盖,基本摆脱了上个世纪医疗保障体系薄弱的困境。

如图 1 所示,中国医疗保险制度的改革经历了从公费医疗和劳保医疗保障制度,到以城镇职工和居民为主体的医疗保险体系的转变。通过不断的探索和试点,中国逐步建立起覆盖全体居民的医疗保险制度,为保障人民健康、促进社会和谐稳定做出了重要贡献。

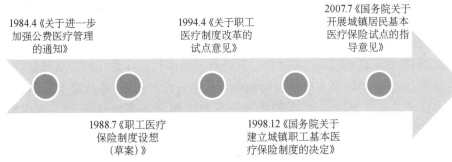

图 1　中国城镇医疗保险体系的改革历程

三、农村合作医疗的重建

20 世纪 80 年代初,农村经济体制改革启动,推行家庭联产承包责任制,使家庭重新成为农业生产的基本经营单位,导致集体经济逐渐瓦解。随着集体经济的解体,以集体经济为基础的合作医疗失去了主要的资金来源。此外,合作医疗在运行过程中存在管理不善和监督不力的问题,导致其大范围崩溃,农村医疗保障陷入空白状态。许多农民因病致贫、因病返贫问题凸显。同时,经济发展和生活水平的提高,使部分地区农民对医疗卫生的需求上升,农民对健康问题愈加关注,而传统的合作医疗制度因重治疗轻预防,难以满足需求。城镇医疗保障制度的逐步完善,也推动了农村地区新的医疗保险制度的建立。

为了填补农村医疗保障的空白,2003 年,国务院颁布《关于建立新型农村合作医疗制度的意见》,计划到 2010 年前建立覆盖全国农村居民的新型农村合作医疗制度。该制度采取个人或家庭自愿参保的方式,通过个人缴费、集体扶持和政府补贴筹集资金,保障待遇则依据风险共担原则。

2016年,国务院发布《关于整合城乡居民基本医疗保险制度的意见》(国发〔2016〕3号),将新型农村合作医疗和城镇居民医保合并为城乡居民医保(简称"居民医保")。到2020年,居民医保参保人数达到10.2亿,其中70%以上为农村居民。

城乡居民医保制度的整合分为两个阶段:第一阶段(2016年以前)由各地级市自发进行两项保险的整合。这个阶段的整合主要包括统一保险经办部门和医保信息系统,合并城居保和新农合的资金池,并使用统一的医保药品目录和定点医疗机构。截至2015年底,约1/5的地级市完成了这项整合,基本实现了"四统一"。第二阶段(2016年以后)在中央的统一推动下进行城乡居民医保的全面整合。2016年1月,国务院出台《关于整合城乡居民基本医疗保险制度的意见》,明确要求将城镇居民基本医疗保险和新型农村合作医疗两项制度整合,建立统一的城乡居民基本医疗保险制度。从整合内容来看,各地基本按照"六统一"的要求进行,即统一覆盖范围、统一筹资政策、统一保障待遇、统一医保目录、统一定点管理和统一基金管理。

通过这两个阶段的整合,城乡居民医保制度逐步统一,为全国城乡居民提供了更加公平和可持续的医疗保障,解决了城乡医疗保障不平衡的问题,提升了全体居民的健康保障水平。

第三节 新一轮医改的启动与实施(2009—至今)

2009年,中国政府启动了新一轮医药卫生体制改革,这一重大举措是在经济快速发展背景下应对医疗保障体系不完善、医疗资源分配不均以及看病难看病贵等突出问题的必要之举。当时,中国面临的医疗问题不仅影响了人民的健康福祉,还制约了社会的和谐稳定。为了破解这些难题,政府决定通过系统性的变革,建立覆盖全民的基本医疗卫生制度,提高医疗服务的效率和质量,确保人民群众能够获得公平、可及、有效的医疗卫生服务。新医改的启动,标志着中国医疗卫生事业进入了一个新的发展阶段,旨在实现人人享有基本医疗保障和健康服务的目标。

新医改的核心内容涉及多个方面,包括建立全民医保体系、推行基本药物制度、改革公立医院、加强基层医疗卫生服务、促进公共卫生服务均等化、实施医保支付方式改革、建立药品供应保障体系以及推动医疗卫生信息化建设。这些措施构成了一个全面、协调、可持续的医疗卫生体系改革框架。

自 2009 年新医改实施以来，中国医疗卫生事业取得了显著成效。全民医保体系基本建立，覆盖率稳定在 95% 以上，大大减轻了居民的医疗负担。基本药物制度的实施，有效保障了群众基本用药的安全和有效，减少了药物滥用和医保资金浪费。公立医院改革提升了医疗服务的效率和质量，分级诊疗和医联体建设推动了医疗资源下沉，增强了基层医疗服务能力。医保支付方式改革通过多种支付模式的探索，有效控制了医疗费用的不合理增长，提高了医疗服务的性价比。药品供应保障体系的建立，降低了药品价格，提高了药品供应的效率和透明度。此外，医疗卫生信息化建设显著改善了医疗服务流程，提升了患者的就医体验。本节内容重点阐释全民基本医保网的建立，以及覆盖城乡的医疗卫生服务体系的建立。

一、"新医改"的基本成效：健康水平的提高和就医负担的下降

进入 21 世纪后，随着公共医疗保险体系的逐步健全，以及城乡医疗卫生服务的持续改善，中国居民的健康水平显著提升。从图 2 可以看到，中国人口的预期寿命和婴儿死亡率都发生了积极变化。自 2000 年以来，中国的预期寿命稳步上升，从 21 世纪初的 71.4 岁增加到 2015 年的 76.3 岁，增长了 6.9%。与

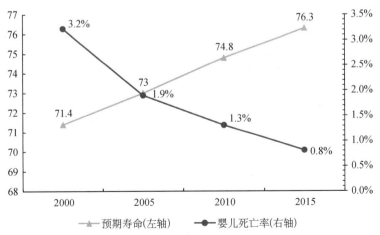

注：数据来源于《中国卫生和计划生育统计年鉴》

图 2　中国预期寿命与婴儿死亡率变动

此同时,婴儿死亡率显著下降,到 2015 年已降至 0.81%。这些关键健康指标不仅超过了同期中高收入国家的平均水平,还提前实现了联合国千年发展目标。①

完善的医疗保障体系不仅提升了居民的健康水平,更显著减轻了看病就医的负担。从图 3 所示的中国卫生支出及居民个人负担变动趋势来看,自 2000 年以来,中国的卫生总费用迅速增长,从 2000 年的 4 586.63 亿元增至 2016 年的 37 274.65 亿元(以 2000 年为基期的不变价计算),增长了约 7.1 倍。在这一期间,中国的基本医疗保险制度逐步完善,政府和社会卫生支出的增长速度也十分迅猛,分别增加了约 14.8 倍和 12.1 倍。本文将个人负担比例定义为个人卫生支出占个人和社会卫生支出之和的比例。通过分析,可以看到过去 16 年中居民个人医疗负担的变化趋势。21 世纪初期,居民的医疗支出中,个人负担比例接近 70%。随着全面医疗保险体系的建立,到 2016 年,个人负担比例已降至约 41.1%,下降了约 41 个百分点,低于中央政府规定的 50% 标准。这表明中国医疗保障体系的不断完善,极大地缓解了居民个人的医疗负担,发挥了重要作用。

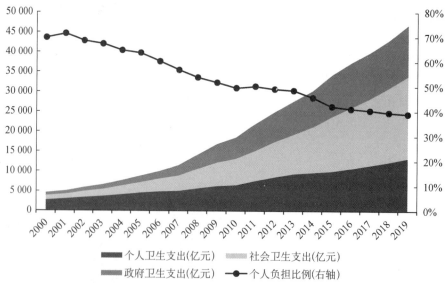

注:(1)数据来源于 2020 年《中国卫生和计划生育统计年鉴》;(2)其中各项卫生支出均以 2000 年为基期,进行不变价调整;(3)此处定义个人负担比例=个人卫生支出/(个人卫生支出+社会卫生支出);(4)社会卫生支出包括社会医疗保障支出等其他支出,个人卫生支出包括了享受各种医疗保险制度的居民就医时自付的费用。

图 3　中国卫生支出及居民个人负担变动趋势图

---

① 参见刘延东:《深化卫生与健康事业改革发展奋力开创健康中国建设新局面》,《求是》2017 年第 16 期。

二、覆盖全民的基本医保网

2009年标志着中国新一轮医药卫生体制改革的起点，也是加速建立全民医保体系的关键时刻。中共中央和国务院于当年3月17日发布了《关于深化医药卫生体制改革的意见》，正式拉开了新医改的序幕。这一文件明确了"保基本、强基层、建机制"的基本原则，并设定了人人享有基本医疗卫生服务的目标。文件强调，加速建立和完善以基本医疗保障为主体，辅以多种形式的补充医疗保险和商业健康保险的多层次医疗保障体系，以覆盖城乡居民。

为了实现这一目标，国家发展改革委等六部门于2012年8月24日发布了《关于开展城乡居民大病保险工作的指导意见》，随后，国务院办公厅于2015年8月2日发布了《关于全面实施城乡居民大病保险的意见》，在基本医疗保险体系的基础上引入了大病保险制度。此外，民政部等四部门于2009年6月11日发布了《关于进一步完善城乡医疗救助制度的意见》，并且国务院办公厅于2015年4月21日转发了民政部等部门的《关于进一步完善医疗救助制度全面开展重特大疾病医疗救助工作意见的通知》，以完善医疗救助制度。为了确保因身份不明或无能力支付医疗费用等原因而无法及时获得治疗的人群能够得到救助，国务院办公厅于2013年2月22日发布了《关于建立疾病应急救助制度的指导意见》，从而建立了疾病应急救助制度。

借助新医改的契机，中国政府已经建立了覆盖全球人口最多的多层次全民医保网络，基本完善了公共医保体系。目前，中国的医疗保障体系被概括为"三横三纵"结构，如图4所示。基本医疗保险作为主要保障层次，具有覆盖面广、基本保障和普惠特点，具体包括城镇职工医保、城乡居民医保（由城镇居民医保和新农合合并而成）。基本医疗保障的托底层次是医疗救助制度和疾病应急救治制度，它们帮助困难群众参与基本医疗保险，并对其无法支付的个人医疗费用提供帮助。为了进一步防止因病致贫、因病返贫的情况，更高的保障层次包括大病保险制度，专门保障参加基本医疗保险的群体。此外，为了满足多样化和更高层次的医疗需求，还引入了补充保险或商业健康保险供参保者选择。

注:资料为作者根据相关政策自行整理

图 4 中国社会医疗保障体系

三、覆盖城乡的医疗卫生服务体系

自"新医改"启动以来,基层医疗卫生基础设施建设得到了显著加强,医疗服务的可及性和质量都有了明显提升。以乡镇卫生院为例,自新医改实施后,诊疗人次和住院人数显著增加,每万农业人口床位数从 2009 年的 10.50 张上升到 2019 年的 14.80 张。村卫生室的诊疗人次也有所增加,2018 年,有 10.53% 的村卫生室作为乡镇卫生院的分点,比 2009 年的 7.18% 有了大幅提升,显示出农村医疗卫生条件在逐步改善。[①]

在城市社区卫生服务中心(站),新医改实施后,其诊疗人次和住院人数的增加尤为明显,特别是诊疗人次增加了超过一倍。近年来,通过定向在岗医师培训和全科医生的培养等多种途径,基层医疗机构医师的专业水平得到了提升。高校医学生也有更多机会到基层医疗机构进行工作锻炼。国家根据需求,加快培养短缺专业的医师,系统提升贫困地区医师队伍的服务能力。新医改实施以来,中央财政大力支持多所医学院校,为中西部农村基层医疗卫生机构培养全科医学人才。截止到 2018 年,全国定向培养的医学生已超过 5 万名,其中近 90% 的毕业生按协议到乡镇卫生院服务。培训合格的全科医生共有 30.9 万名,每万人中有 2.22 名全科医生。与此同时,国家集中组织三级医院对口帮扶

---

① 数据来源:《中国卫生健康统计年鉴》。

贫困县级医院，系统提升贫困地区的医师队伍服务能力。①

在优化基层医师准入管理方面，国家针对城乡基层和紧缺专业，对医疗资源稀缺的边远地区实施了乡村全科执业助理医师资格考试，并单独划定合格分数线，有效缓解了医师短缺问题。这一系列措施表明，新医改大力推动了基层医疗卫生服务的发展，显著提升了城乡居民的健康保障水平。

---

① 参见董志勇、赵晨晓：《"新医改"十年：我国医疗卫生事业发展成就、困境与路径选择》，《改革》2020年第9期，第149—159页。

第二章

中国医疗保险体系的现状与挑战

> 我的想法是争取工人阶级,或者应该说是,贿赂他们,将国家视为一个为他们而存在并希望为他们提供福利的社会机构。
>
> ——奥托·冯·俾斯麦(Otto Von Bismarck)

新医改以来,中国在医疗保险领域取得了显著成就,其中最引人注目的便是全民覆盖的医疗保险体系的建立。这一体系覆盖了城乡居民,基本实现了人人享有基本医疗保障的目标,标志着中国在医疗卫生服务领域迈出了坚实的步伐。然而,这一基本医疗保险体系的建立,并非一蹴而就。它是在改革前计划经济体制下的保险体系设计基础上发展而来,随着经济和社会的发展,面临了一系列新的问题和挑战。具体来说,卫生总费用的快速增长,给医疗保险基金带来了不小的压力。随着人口老龄化的加剧,医保基金的运行压力日益凸显,其可持续性问题成为了社会关注的焦点。此外,基本医疗保险待遇的界定问题也不容忽视。如何合理确定待遇水平,既保障民众的基本医疗需求,又避免资源的浪费,是医疗保险制度设计中的一大难题。同时,目前的医疗保险体系中存在着职工基本医疗保险和居民基本医疗保险的分割,这种分割在一定程度上造成了待遇上的不平等,亟需通过改革加以解决。

总的来说,中国医疗保险面临着诸多挑战,需要政府和社会各界的共同努力来解决。本章所提到的这些现状与挑战仅是中国医疗保险面临挑战的部分写照,它们为我们提供了一个重要的背景,帮助我们更好地理解后文将要探讨的内容。只有不断完善医疗保险制度,才能更好地满足人民群众的医疗需求,实现全民健康保障的目标。

第一节 快速增长的医疗卫生费用

过去20年,中国医疗费用经历了快速的增长。自2000年以来,我国卫生总费用从4 586.63亿元激增至2019年的46 775.7亿元(经过2000年不变价调整),增长了约9.2倍(参见图3)。这一时期,我国医疗卫生体制也取得了显著的发展和进步,特别是在2003年抗击非典疫情之后,我国对医疗卫生领域的短板有了深刻的认识,并在此基础上启动了新一轮的医药卫生体制改革。改革的核心原则是"保基本、强基层、建机制",旨在实现人人享有基本医疗卫生服务的目标。这一改革涵盖了医疗服务的供需两个方面。需求方主要指患者及其医疗保险,而供给方则涉及医院和医生,在我国主要是公立医院。改革措施包括建立全民覆盖的公共医疗保险体系和完善城乡医疗卫生服务体系。供给方和需求方都会导致医疗费用快速上涨。

如图5所示,我国人均卫生费用从2000年的361.9元增长至2019年的4 702.8元,平均增速约为13%,略高于同期我国GDP的12.2%增速。人均医疗费用占人均GDP的比重持续上升,2019年已达到6.6%。虽然与OECD国家相比,我国医疗费用支出占GDP的比重较低,但快速增长的趋势需要引起政

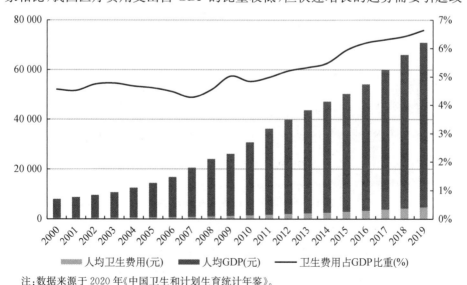

注:数据来源于2020年《中国卫生和计划生育统计年鉴》。

图5 中国人均GDP和人均卫生费用变动趋势图

策制定者和学术界的关注。随着医疗费用的快速增长,医保基金的可持续性问题逐渐凸显。人口老龄化、慢性病患者增加等因素,都对医保基金的长期平衡带来挑战。此外,医疗资源分布不均、医疗服务效率不高等问题,也对医疗费用的控制构成了障碍。

从国际视角来看,中国在医疗卫生领域的投入与发达国家相比还存在一定差距。如图6所示,中国、美国、日本三国的医疗费用占GDP的比重随时间的变化揭示了这一差异。截至2020年,中国、日本、美国的医疗费用占GDP的比重分别约为5.6%、10.9%和16.9%,而OECD38国家的平均医疗支出占GDP的比重大约为8.8%,韩国为8.1%。这些数据直观地反映了各国在医疗卫生领域的不同投入水平。美国以高达1.1万美元的人均医疗支出领先,OECD38国家的人均医疗支出为4 100美元,相比之下,中国的人均医疗支出为800美元。这些数据不仅揭示了中国与发达国家在医疗卫生投入上的差距,也反映了中国在控制医疗成本方面取得的成效。

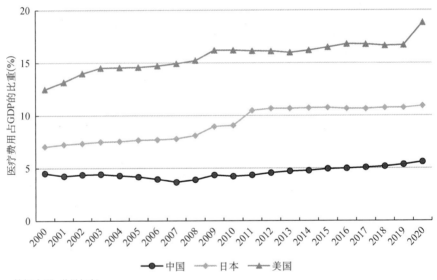

数据来源:世界银行

图6 不同国家医疗费用占GDP的比重

中国的医疗卫生总费用占GDP的比重相对较低,仅为5%左右。这一现象可能与中国庞大的人口规模、医疗资源分配的优化以及医疗服务价格的合理控制有关。中国政府一直致力于提高医疗服务效率,通过医疗制度改革、药品集中采购、医保控费等措施,有效控制了医疗费用的增长。

然而,随着中国经济社会的快速发展和人口老龄化的加剧,未来医疗费用的增长压力仍然存在。经济社会的发展带来了居民对高质量医疗服务需求的增加,而人口老龄化则意味着对医疗卫生服务的需求将持续增长。这就需要中国在保持医疗成本控制的同时,不断提升医疗服务的质量和效率,以满足人民日益增长的健康需求。

第二节 医保基金的运行压力与可持续性

医保基金可持续运行的压力日益增加,城镇职工医疗保险当期收不抵支的统筹区达100个,累计收不抵支的统筹区达28个。居民医保当期收不抵支的统筹区达111个,累计收不抵支的统筹区为4个。[①] 从其他国家的经验看,社会医疗保险长期运行需满足两方面要求:一方面应能有效减轻疾病造成的费用负担,另一方面应保持医保基金的长期稳定平衡。在经济增长放缓的趋势下,要实现这两方面的目标更为艰难。总体来看,我国医疗服务需求方面临的主要问题是包括基本医保基金支出不断增加,同时医保基金的筹资却不断放缓。

一、城乡居民医保基金平衡压力大

截至2019年,城乡居民基本医疗保险制度覆盖人数达10.24亿,占基本医疗保险参保人数的75.7%,是中国乃至世界规模最大的公共医疗保险。我国于2016年统筹整合新农合和城镇居民基本医保建立城乡居民医保制度,[②]需要认识到新制度尚在初期,仍面临诸多挑战,需要政策层和学术界共同改进完善。近年来,城乡居民基本医保制度基金运行压力不断增大,如图7所示为整合制度前后医保基金运行情况。从图中可以发现,"以收定支"的原则下,城乡居民医保基金均保持收入大于支出的状况,但是医保基金的结余率却不断下降,且仍未见稳态出现。随着居民的健康需求不断增加,医保待遇不断提升,特别是抗癌药物进入医保目录以及高血压糖尿病用药的进一步保障,若不针对现行城

[①] 李常印、郝春彭、李静湖、熊先军:《基本医疗保险基金结余及动态平衡》,《中国医疗保险》2012年第6期,第35—38页。

[②] 参见2016年国务院颁发的《国务院关于整合城乡居民基本医疗保险制度的意见》(国发〔2016〕3号)。

乡居民基本医保制度进行再优化,可以预见基金运行或面临较大风险。

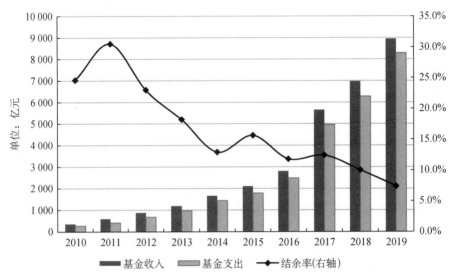

图 7　2010—2019 年城乡居民基本医疗保险基金运行情况

从医保基金的收入端来看,目前财政补贴占比偏高,筹资结构失衡。如图 8 所示为城乡居民基本医保财政补贴占基金收入的比重,特别是在城镇居民医保

图 8　2011—2018 年城乡居民医保财政补贴及财政收入增速情况

建立初期,政府补贴高达82.1%(2011年),高政府补贴模式有利于初期吸引参保、迅速扩面、做大医保基金池。但截至2018年,两级财政补贴占比仍达71.3%,可见目前城乡居民基本医保基金过度依赖政府补贴。但是,随着近年来我国财政增速水平不断下降,财政对医保的可负担性不断减弱,再叠加人口老龄化、医疗费用快速增长等挑战,将导致城乡居民医保运行面临潜在风险。

二、人口老龄化与职工医保基金

总体来看,我国职工医保统筹基金账户结余可以满足基金安全运行的需要,但地区间差异很大。而且从未来趋势看,基金收支平衡的压力不容忽视,2018年上半年医保基金月收入开始出现比去年同期负增长的情况,经济放缓的影响正在显现。首先,缴费人数增长趋缓,随着经济增长放缓,正规就业人数增长放缓,职工医保在岗职工增长率从2010年的16%下降到2016年的1.7%(图9),且缴费工资增长趋缓。其次,面对经济下行压力,近年来为减轻企业负担,一些省份的社保缴费率有所下降,就医保而言,上海市2017年单位缴纳比例从10%降至9.5%,天津则从11%下降至10%,杭州从11.5%下降至10.5%。

数据来源:《中国卫生和计划生育统计年鉴》,2013—2017年;《中国卫生统计年鉴》,2008—2012年;《中国统计年鉴》,2017年。

图9 2002—2016年经济增长率与城职保缴费人数增长率

从医保基金支出情况看,我国医保基金遵循"以收定支"的原则,但随着医保覆盖面的扩大和保障程度的逐步提高,医保基金平衡的压力不断增大。人均基金支付增长速度加快,2008年之后尤为明显,以职工医保为例,2016年人均基金支出为2 806元,为当年城镇居民人均消费支出的16%,比2004年增长了3倍(图10)。

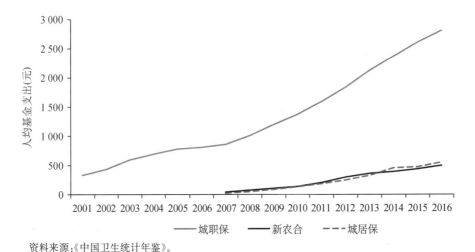

资料来源:《中国卫生统计年鉴》。

图10 医疗保险人均基金支出变化(城职保2001—2016;城居保和新农合2007—2016)

在人口老龄化的影响方面,与发达国家相比,我国人口老龄化对医疗费用的影响有两方面的特点。第一,我国医疗卫生体制处于不断发展和变化之中,对不同时期出生的人将可能产生不同影响。第二,伴随着人口老龄化不断加深,城乡间老年人的医疗支出差距将逐步缩小。根据封进等(2015)的研究结论,相对于2010年,各年由不同因素带来的医疗费用的相对水平。[①] 计算表明,1990—2010年,由人口年龄结构和城乡差距缩小造成的医疗费用增长,年均增速为2.7%,贡献了这期间年均实际增长率13.3%的大约1/5。预计在2010—2030年,由上述因素所导致的医疗费用年均增长将在2.2%左右,较很多发达国家人口老龄化导致的医疗费用增长仍大。更需要重视的是,由城乡65岁以上老人的医疗需求带来的医疗费用增长,将达到年均5.2%。

---

① 封进、余央央、楼平易:《医疗需求与中国医疗费用增长——基于城乡老年医疗支出差异的视角》,《中国社会科学》2015年第3期,第85—103页和第207页。

第三节 基本医疗保险的待遇水平

基本医疗保险待遇水平的确定是公共医疗保险制度设计中的核心问题之一。这不仅关系到政策制定的方向,也是经济学理论探讨的关键议题。如何设定基本医疗保险的待遇水平,直接涉及到医疗资源的分配效率、公民健康权益的保障以及医疗保险制度的可持续性。

在全球范围内,不同国家制定了不同的公共医疗保险待遇水平,存在差异。以英国为例,其实行全民医疗保险制度,政府为所有公民提供基本医疗服务,主要由公立医院提供,也有部分私立医院参与。英国的公共医疗保险待遇水平相对较低,一些高成本的治疗方法可能需要患者自费。相对而言,加拿大的公共医疗保险待遇水平较高,政府为公民提供广泛的基本医疗服务,大多数医疗服务对患者是免费的。美国则采取了混合医疗保险制度,包括公共医疗保险和私人医疗保险。老年人、低收入人群和残疾人可以享受政府提供的公共医疗保险,而其他人则需要购买私人医疗保险。美国的公共医疗保险待遇水平相对较低,许多医疗服务需要患者自费。

在中国,党的十九大报告提出了要"全面建成覆盖全民、城乡统筹、权责清晰、保障适度、可持续的多层次社会保障体系"。其中,"保障适度"成为新时代确定医疗保障制度保障水平的重要原则。这意味着中国的医疗保险待遇旨在在保障公民基本医疗需求的同时,考虑制度的可持续性,避免过度保障导致的资源浪费。然而,学术界对于基本医疗保险待遇水平是否适宜仍存在不同的观点。这种争议的存在,反映了基本医疗保险待遇水平确定的复杂性。一方面,待遇水平的设定需要考虑国家的经济发展水平、医疗资源的供给状况、人口结构的变化等多种因素;另一方面,还需要平衡不同利益相关方的诉求,确保制度的公平性和可持续性。本节内容重点对中国目前待遇水平的现状进行描述分析。

一、基本医疗保险待遇保障程度现状

根据世界卫生组织发布的《2010年世界卫生报告——卫生系统筹资:实现

全民覆盖的道路》和《2013年世界卫生报告：全民健康覆盖研究》的标准，[①]衡量医疗保险待遇保障程度的关键指标包括政府卫生支出占GDP的比重以及个人卫生现金支出占全国卫生总支出的比重。以下将结合这些国际标准，对中国基本医疗保险待遇保障程度的现状进行分析。

如图11所示，以广义政府卫生支出占GDP的比重为例，世界卫生组织提出的卫生支出目标是广义政府卫生支出占GDP的比重不低于5%。在中国，广义政府卫生支出包括政府支出和社会支出。2001年，中国的广义政府卫生支出占GDP的比重不到2%，远低于世界卫生组织的标准。2009年启动新医改时，这一比例上升至3.15%左右。到2020年，该比例达到了5.15%，首次突破5%。但受疫情影响，2021年这一比例回落至4.86%。对比国际数据，2000—2016年，高收入国家的广义政府卫生支出占GDP的比重从4.5%提高到6.1%，中高收入国家从2.9%提高到3.7%。尽管中国近年来有所提升，但与高收入国家相比，仍有进一步提升的空间。

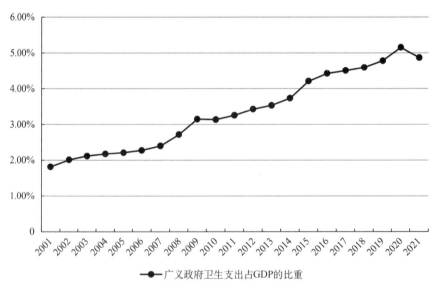

数据来源：《中国卫生健康统计年鉴》，广义政府卫生支出包括政府卫生支出和社会卫生支出。

图11 中国广义政府卫生支出占GDP的比重趋势图

[①] 参见 World Health Organization. (2010). The world health report: health systems financing: the path to universal coverage. World Health Organization.
World Health Organization. (2013). The world health report 2013: research for universal health coverage. World Health Organization.

如图 12 所示,从个人卫生现金支出占全国卫生总支出的比重来看,世界卫生组织建议,个人卫生现金支出占全国卫生总支出的比重应在 15%—20%。2017 年,中国的这一比例为 28.8%,显著高于国际标准。2021 年,这一比例有所下降,为 27.6%,但仍然高于世界卫生组织建议的范围。根据 2017 年世界卫生组织发布的报告,高收入国家的个人卫生现金支出占卫生总支出比重从 2000 年的 21% 下降到 2015 年的 18%,中高收入国家从 38% 下降到 31%。相比之下,中国的这一指标仍然较高,表明居民个人在医疗费用上的负担仍有改善空间。

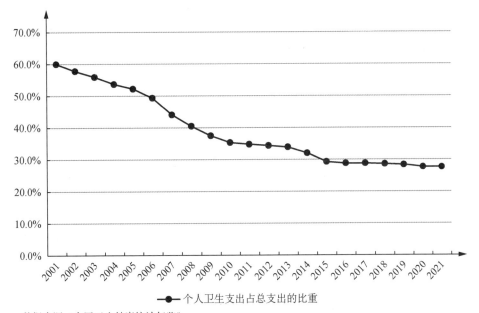

数据来源:《中国卫生健康统计年鉴》。

图 12 个人卫生支出占总支出的比重趋势图

中国的医疗保障水平在不断提升,但仍面临诸多挑战。广义政府卫生支出占 GDP 的比重虽然有所增加,但与高收入国家相比仍有差距。个人卫生现金支出占全国卫生总支出的比重虽有下降,但仍高于国际标准,居民的医疗负担依然较重。从宏观指标看,中国的医疗保险待遇保障程度有待进一步提升。作为中高收入国家,中国在提高政府和社会在医疗卫生方面的支出,降低个人现金卫生支出的比例方面仍需努力,以实现更高水平的全民健康覆盖。

上述是从宏观视角对中国医疗保障水平做出了判断,现从宏观视角的判断转向基本医疗保险待遇水平这一更加微观的角度。我们进一步分析医疗保障的实际效果,此处主要考察个人在医疗机构和药店支付的医疗服务和药品的花费中,有多少比例是由医疗保险支付的。由于在中国,医疗保险的报销主要针对政策范围内的药品和医疗服务,政策范围外的部分不予报销,同时报销规则中存在诸如起付线、封顶线等限制,因此,最为客观的考察方式是通过医保基金支出占总医药费的比重来衡量。其中,职工医保的医保基金支出不包括个人账户的支出。

根据国家医保局公布的数据(图13),2019年后,职工医保和居民医保的实际支付比例基本相当,在60%左右,个人自付部分约为40%。其中,职工医保的待遇水平略高于居民医保。但根据世界卫生组织的标准,目前40%的个人自付比例仍然较高。以2022年为例,职工医保参保人员人均需要自付的年医疗费用为1 882元,相应的居民医保自付金额为703元。相较于当年的人均可支配收入而言,这一比例相对较低。值得注意的是,职工医保和居民医保在统筹基金实际支付比例上,待遇基本相近,这在一定程度上说明,两者待遇的差距在逐渐缩小。

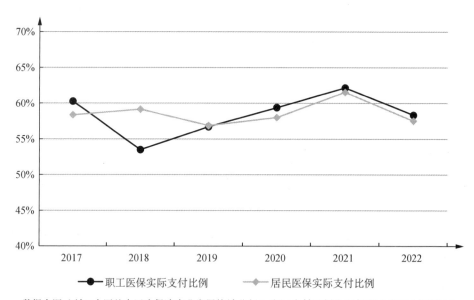

数据来源:历年《全国基本医疗保障事业发展统计公报》,实际支付比例为医保基金支出(不包括个人账户占总医药费用的比重。

图13 基本医疗保险实际报销支付比例

综上所述,从宏观和微观两个角度来看,中国的基本医疗保险待遇保障程度在不断提升,但仍面临一定挑战。在宏观层面,政府和社会在医疗卫生方面的支出比例有待进一步提高;在微观层面,个人自付比例仍然较高,需要通过进一步改革,降低居民的医疗费用负担。未来,中国应继续优化医疗保险制度设计,增加政府卫生支出,降低个人现金卫生支出比例,以实现更高水平的医疗保障,确保全民健康权益得到更好保障。这不仅是健康中国战略的重要组成部分,也是提升国民幸福感和社会稳定的重要举措。

二、中国与世界其他国家的比较

医疗保障水平在国际上的对比具有一定的复杂性,这是由于各国医疗卫生体制、医疗保险市场以及人口年龄结构等方面存在显著差异。为了更科学地进行国际的比较,本部分采用世界卫生组织(WHO)统计的数据,这样可以确保不同国家统计口径的可比性。我们选取了部分发达国家和中等收入水平的国家进行比较,包括美国、英国、德国、澳大利亚、墨西哥、巴西、韩国、日本和印度。主要对比了前文所述的两个指标:政府医疗费用支出占GDP的比重和居民个人医疗费用负担占医疗总费用的比重。

图14展示了世界主要经济体政府卫生支出占GDP的比重。根据WHO的统计数据,英国、德国、美国和日本的政府在卫生领域的投入居于前列,基本在GDP的10%上下波动。相较之下,印度和墨西哥的投入水平较低,印度在GDP的1%上下波动,中国和墨西哥则在3%上下波动。大部分国家在2020年新冠疫情后政府在医疗卫生领域的投入均有增加,而中国保持平稳。总体来看,中国在国际上处于中低水平。

图15反映了这些主要经济体个人卫生支出占总支出的比重,主要衡量个人医疗费用负担的程度。图中显示,个人负担最轻的前四个国家分别是美国、德国、日本和英国,个人所负担的医疗费用比重均低于15%。负担水平相对较高的国家是印度、墨西哥和中国,其中印度和墨西哥的个人自付比例在40%以上,中国则在35%上下波动。总体来看,中国的个人医疗负担处于中等偏下水平,特别是与发达经济体和新型经济体相比,仍有进一步降低个人医疗负担的空间。

为了更全面地进行国际比较,以2021年为分析时间点,如图16、图17所示,

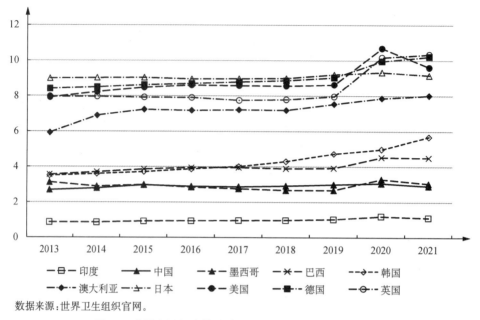

数据来源：世界卫生组织官网。

图 14　世界主要经济体政府卫生支出占 GDP 的比重（%）

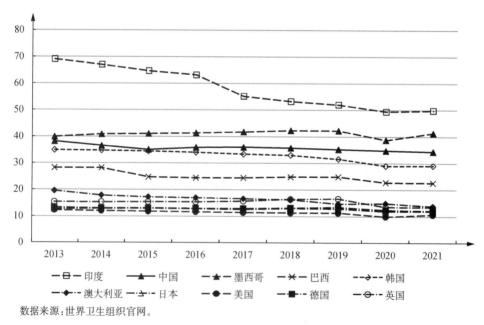

数据来源：世界卫生组织官网。

图 15　世界主要经济体个人卫生支出占总支出的比重（%）

我们选取了经合组织(OECD)和亚洲的部分国家共50个进行横向比较。[①] 利用这些国家的数据,我们绘制了2021年的散点图,分别展示政府卫生支出占GDP比重、个人卫生支出占GDP比重与人均GDP之间的关系。从图中可以发现,无论是政府投入方面还是个人医疗负担方面,中国与平均水平相比仍存在一定距离,表现为偏离线性拟合线较远。这表明,给定中国目前的经济发展阶段和人均GDP,仍有进一步提高医疗保障投入的空间。通过对比国际主要经济体的医疗保障水平,可以看出中国在政府卫生支出和个人医疗费用负担方面均有提升空间。虽然中国在政府卫生支出占GDP比重方面已接近国际中等水平,但个人医疗费用负担仍然较高,需要进一步降低。

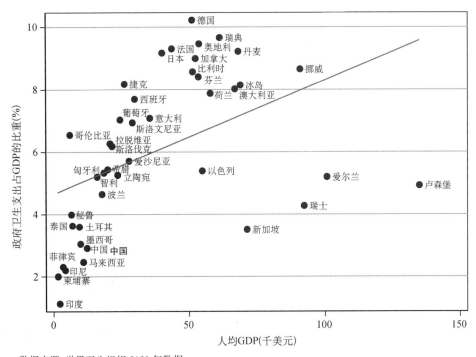

数据来源:世界卫生组织2021年数据。

图16 各经济体政府卫生支出占GDP的比重与人均GDP的关系

① 这些国家包括澳大利亚、奥地利、比利时、巴西、柬埔寨、加拿大、智利、中国、哥伦比亚、哥斯达黎加、捷克、丹麦、爱沙尼亚、芬兰、法国、德国、希腊、匈牙利、冰岛、印度、爱尔兰、以色列、意大利、日本、老挝、拉脱维亚、立陶宛、卢森堡、马来西亚、墨西哥、荷兰、新西兰、挪威、秘鲁、菲律宾、波兰、葡萄牙、韩国、新加坡、斯洛伐克、斯洛文尼亚、西班牙、瑞典、瑞士、泰国、土耳其、英国、美国和越南。

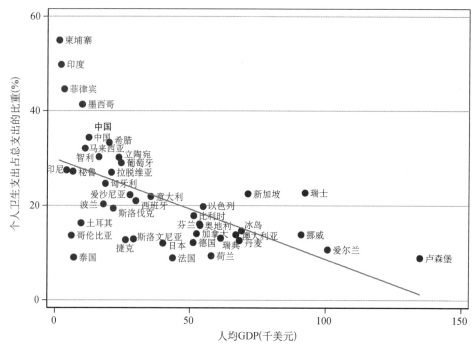

数据来源:世界卫生组织 2021 年数据。

图 17　各经济体个人卫生支出占比与人均 GDP 的关系

三、不同就业状况的待遇水平

我国现行的基本医疗保险体系基于改革开放前的社会医疗保障体系,因此在制度设计上具有鲜明的转轨特征。改革开放之前,基本医疗保险制度存在城乡之间和就业部门之间的分割。城乡分割主要体现在公费医疗和劳保医疗主要针对城镇居民,农村居民则基本没有保险。而就业部门分割则表现为公费医疗和劳保医疗仅保障国有企业或机关事业单位的人员,城镇无业人员没有相应的医疗保障制度。在就业部门内,退休职工和在职职工之间也存在待遇差异。

城镇职工医疗保险是在公费医疗和劳保医疗的基础上建立的,主要覆盖城镇就业人员,实行强制参保原则,由个人和单位共同缴费建立医疗保险基金,以保证参保人在发生医疗费用后得到经济补偿。此外,城镇职工医保还允许灵活就业人员自愿参保,根据自身情况选择是否参加。

城镇居民医保主要覆盖城镇地区非就业人员,包括不属于城镇职工医保覆盖范围的其他人员。城镇居民医保自2007年起在全国各地陆续开展试点,截至2011年底实现全覆盖。与城镇职工医保不同,城镇居民医保采取个人或家庭自愿参保,并以家庭缴费为主,政府适当补贴。

新农合主要覆盖农村居民,采用个人或家庭自愿参保的方式,资金来源包括个人缴费、集体扶持和政府补贴。2016年,城镇居民基本医疗保险和新农合整合,建立了统一的城乡居民基本医疗保险(简称城乡居民医保)制度,覆盖城镇及乡村灵活就业或无业人员。

如表2所示,早期这三类医保政策在缴费标准和待遇水平上存在显著的差异。从筹资水平来看,根据人社部中国社会保险事业管理中心的《2015年全国医疗生育保险运行分析报告》指出,城镇职工医保在职职工人均缴费4223元,而城镇居民医保人均筹资515元,各级财政补贴403元;以《关于做好2017年新型农村合作医疗工作的通知》(国卫基层发〔2017〕20号)为例,2017年财政对新农合的人均补助标准定为450元,在上一年的基础上提高了30元,而参保农民个人缴费标准在上一年的基础上提高30元,原则上全国平均的缴费水平需要达到180元左右。从医保待遇水平来看,三类保险的报销封顶线各不相同,且与具体的统筹区有关。其2014年目录内的住院报销比例分别是,城镇职工医保为80%,新农合为75%,城镇居民医保为70%;从人均基金支出来看,城镇职工医保支出远大于城镇居民医保和新农合。从报销门诊费用的县的数量,报销门诊大病和慢病的县的数量以及目录内药品种类的对比来看,均可以发现城镇职工医保的待遇水平要大于城镇居民医保和新农合的待遇。全国主要地区城镇职工医保住院报销比例如表3所示。

表2 基本医疗保险政策早期制度对比

对比内容	城镇职工医保	新农合	城镇居民医保
政策时间	1998年	2003年	2007年
覆盖人群	城镇职工	农村居民	城镇居民、自雇及灵活就业人群
筹资渠道和水平	雇主和雇员共同缴费(雇主缴费率为6%,雇员缴费率为2%),2015年人均缴费4223元	政府补贴(约80%)和个人缴费(约20%),2016年人均筹资150元,各级财政补贴420元	政府补贴(约70%)和个人缴费(约30%),2015年人均筹资515元,各级财政补贴403元

(续表)

对比内容	城镇职工医保	新农合	城镇居民医保
住院报销比例(2014,目录内)	80%	75%	70%
报销门诊费用的县的数量(2013)	100	79	58
报销门诊大病和慢病的县的数量(2013)	100	89	83
目录内药品种类(2013)	2 300	800	2 300
报销封顶线	本市职工社会平均工资的6倍	当地农民人均纯收入的6倍	当地人均可支配收入的6倍
人均基金支出(2016)	2 806.1	393*	552.9

注：本表根据相关政策资料由作者自行整理；* 新农合人均基金支出为2014年统计数据。

由此可见，城镇职工医保目前在缴费水平以及待遇水平上，都高于城镇居民医保和新农合，而新农合和城镇职工医保则在缴费水平，财政补贴以及待遇水平上相差不大。而且随着《国务院关于整合城乡居民基本医疗保险制度的意见》（国发〔2016〕3号）的颁布，两者之间的待遇、缴费以及财政补贴差距将会进一步缩小。

我国职工医保的前身是公费医疗和劳保医疗，主要保障机关事业单位和国有企业职工。因此，在制定职工医保时，特别规定退休职工无须缴纳医疗保险费用，并可享受更加优厚的医疗保险待遇。大部分医保统筹区对退休职工提供更高的住院报销待遇。

参考国际经验，几乎没有经济体将退休年龄与医保待遇挂钩。虽然一些国家对老年人有一定的待遇优惠，但仅有少数福利国家在老年人退休时提高基本医保待遇。大部分国家医保待遇提高的年龄相对退休年龄较晚。研究发现，退休后时间成本的下降使得医疗服务费用增加。如果在退休时提高医保待遇，可能导致退休效应和价格效应叠加，增加医疗服务费用，甚至可能出现道德风险问题，加重医保基金运行压力。

总体而言，城镇职工医保在缴费和待遇水平上均高于城镇居民医保和新农合。新农合和城镇居民医保在缴费、财政补贴和待遇水平上差距不大，并随着政策的整合逐渐缩小。未来，随着医保制度的进一步改革，不同就业状态人群的医疗保障待遇差距有望进一步缩小，提高全民医疗保障水平。

表3 全国主要地区城镇职工医保住院报销比例

地区	费用段	在职人员			退休人员		
		一级医院	二级医院	三级医院	一级医院	二级医院	三级医院
北京市	0.13万—3万	90%	87%	85%	97%	96.1%	95.5%
	3万—4万	95%	92%	90%	98.5%	96.1%	97%
	4万—10万	97%	97%	95%	99.1%	99.1%	98.5%
	10万—30万	85%	85%	85%	90%	90%	90%
天津市	5.5万以下	85%	85%	85%	90%	90%	90%
	5.5万—15万	80%	80%	80%	80%	80%	80%
上海市	起付标准—最高限额	85%	85%	85%	92%	92%	92%
南京市	起付标准—最高限额	97%	95%	90%	98%	97%	93%
杭州市	起付标准—4万	88%	84%	82%	92%	88%	86%
	4万—36万	92%	90%	88%	96%	94%	92%
广州市	起付标准—最高限额	90%	85%	80%	93%	89.5%	86%
成都市[a]	起付标准—最高限额	94%	92%	87%	96%	94%	89%

注：作者根据各地区医保政策自行整理；a：成都市实行分年龄段住院的报销不同，其中在职人员指的是50—60周岁人员的报销比例，退休人员指的是60—70周岁人员的报销比例。

第四节 医疗服务供给体系的现状与问题

在我国当前的医疗服务市场中，存在几个显著特征，这些特征对医疗费用的合理控制产生了深远的影响。首先，大型公立医院作为医疗服务的主要提供者，掌握着丰富的医疗资源。然而，与此同时，基层医疗机构的发展相对滞后，导致医疗资源在不同层级医疗机构之间的分配存在不均衡。尽管分级诊疗的理念已被提倡多年，但在实践中，这一制度尚未得到广泛而有效的实施。其次，许多地区的医疗服务市场呈现出一种垄断现象，大型公立医院在市场中占据主导地位。它们不仅缺少来自其他公立医院的竞争，也缺乏来自民营医疗机构的竞争压力。这种缺乏竞争的环境，可能导致服务效率和创新动力的不足，同时也可能影响到医疗费用的控制。民营医疗机构在这一体系中显得相对弱小，难以形成有效的竞争和补充。

在接下来的内容中,我将对这些现状进行详细的阐述,分析它们如何影响医疗费用的控制,并探讨可能的解决策略和改进措施。

一、公立三级医院占据绝对优势

如图 18 所示,在我国的医疗体系中,三级医院凭借其在资源分配上的绝对优势,占据了医疗服务市场的主导地位。原本旨在建立的各层级医院间的合作关系,实际上却逐渐演变成了一种等级分明的架构。在这一架构中,医院的层级越高,其拥有的资源越丰富,医疗服务质量相对越有保障,但随之而来的,是医疗服务成本和费用的相应提高。三级医院的平均医疗费用显著高于低层次医院,2016年三级医院的门诊次均费用达到了二级医院的 1.5 倍,一级医院的 2 倍之多。

尽管三级医院的医疗质量普遍优于二级或一级医院,但这并不意味着所有患者都需前往三级医院就医。如图 19 所示,目前,不同层级的医疗机构之间尚未建立起有效的分工合作机制,反而在一定程度上形成了竞争关系。对于患者而言,由于信息的不对称性,三级医院凭借其品牌优势,往往能够吸引患者即使支付更高的费用也愿意前来就诊。自 2012 年起,我国医疗机构的就诊人次增

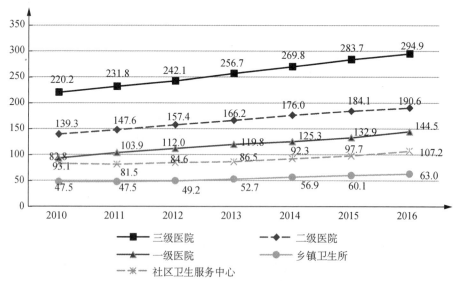

资料来源:《中国卫生统计年鉴》《中国卫生和计划生育统计年鉴》。

图 18 各级医疗机构门诊均次费用变化(元)

长趋势开始放缓,这一变化与我国经济增长和财政收入增速的减缓几乎同步。然而,值得注意的是,三级医院的就诊人次增长速度,在多年中始终大幅领先于二级医院和基层医疗机构,反映出患者对高级别医疗服务的偏好与依赖。

资料来源:《中国卫生统计年鉴》《中国卫生和计划生育统计年鉴》。

图19 各级医疗机构诊疗人次年增幅(%)

二、民营医院与公立医院

在我国的医疗体系中,三级医院凭借其在资源分配上的绝对优势,占据了医疗服务市场的主导地位。自2009年新医改以来,我国对社会资本办医采取越来越开放的政策,尽管出台了多个政策文件鼓励社会资本进入医疗服务领域,但实际操作中,相关政策的落实仍存在诸多问题。例如,医疗用地、税收政策、医保政策的公平性方面尚有欠缺,医疗人才的缺乏更是制约民营医院发展的核心问题。[①] 社会观念普遍认为民营医院过分追逐利益,采用虚假广告和过度治疗等不正当方法,加上我国的管理体制重审批轻监管,给民营医院可乘之机。尽管如此,民营医院以就诊人次度量的市场份额逐步上升,门诊份额由2010年的8%上升到2016年的13%,住院份额由8%上升到16%(图20)。

理论上,社会资本进入医疗领域可以通过满足多样化和层次化的医疗需

---

① 统计口径:民营医院是指经济类型为国有和集体以外的医院,包括联营、股份合作、私营、台港澳投资和外国投资等医院。

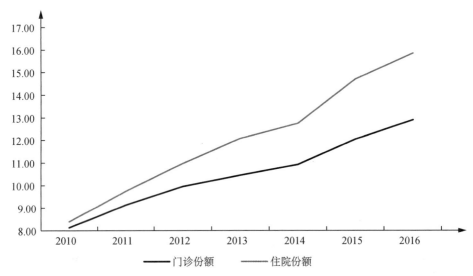

注：(1)市场份额是值就诊人次占总人次的比重；(2)数据来源于《中国卫生统计年鉴》《中国卫生和计划生育统计年鉴》。

图 20 民营医院市场份额变化

求，补充公共医疗服务的不足。在很多国家，基本医疗服务由公立医院提供，低收入者通常去公立医院就医，民营医院则提供更为多样化的服务，满足更高需求，费用也较公立医院高。这种模式既保障了低收入者的医疗可及性，也形成了竞争性的市场。

然而，我国的情况有所不同。政府投入越多的地区，民营医院的市场份额越小，说明民营医院的引入更多是因为政府投入不足。在医疗资源相对薄弱的地区，原有的公立医院通过产权改革变为非公立医院，社会资本通过拍卖重组收购公立医院，便捷地获得经营权。一部分民营医院采取低价策略，填补公立医院未覆盖的低端市场，质量较低。

社会资本补充医疗资源具有积极意义，但也带来了一些问题。首先就是市场分割问题，民营医院与公立医院之间存在市场分割，无法直接与资源雄厚的公立医院竞争，民营医院在吸引医疗人才方面始终处于劣势。一部分社会资本选择进入高端医疗领域，以专科服务取胜，另一些民营医院则采用低价策略。

其次是住院率较高。很多民营医院的住院率比公立医院高，需加强医保对民营医院的监管。医保控费的重点是公立大医院，但监督的重点是民营医院。最后是选择性服务：民营医院挑选更多利润较高的病人。研究发现，控制了疾病种类后,民营医院的收费更高,但医疗质量并无差异。而公立医院接收了更多的重病人,所以简单地比较会发现公立医院住院次均费用更高。

总体而言,我国的医疗服务供给体系在现阶段仍面临诸多问题。大型公立医院资源集中,基层医院发展不足,民营医院虽有发展但存在诸多制约。未来,需要通过深化医疗体制改革,优化资源配置,加强对民营医院的监管,促进公立和民营医院的良性竞争,从而实现更高效、公平的医疗服务体系。

第三章

医疗保险中的道德风险与医疗费用增长

道常无为而无不为。侯王若能守之,万物将自化。

——(春秋)老子

医疗保险中的道德风险一直是学术界和政策层关注的重点问题。道德风险指的是在保险关系中,由于信息不对称,保险购买者可能采取更高风险的行为,或在获得保险后减少自我防护,从而增加保险赔付风险和成本。在中国,医疗费用快速增长的背景下,基本医疗保险体系已实现全覆盖,这在很大程度上缓解了居民因病致贫的问题。然而,随之而来的道德风险及其对医疗费用增长的影响成为亟待解决的问题。

2018年,国务院政府工作报告指出,要实施健康中国战略,提高基本医保和大病保险的保障水平。然而,提高医疗保障水平的同时,如何合理控制医疗费用增长,成为医保政策面临的挑战。提高医疗保障水平可以增强患者对医疗服务的可及性,降低灾难性医疗支出风险,改善国民健康状况,但同时也会增加道德风险,导致医疗费用上涨,威胁医保基金的长期稳定。

估算患者医疗行为对医保费用分担的反应,即医疗服务利用的价格弹性,是衡量道德风险的重要指标。然而,这一研究面临以下挑战:首先,在非随机控制实验条件下,很难识别费用分担对医疗服务利用的因果效应,其主要原因是逆向选择的影响。其次,寻找合适的准实验条件也十分困难。

本书以医疗服务需求较大的老年群体为研究对象,使用医保系统记录的实际报销数据,利用A市城镇职工医保在退休后住院报销比例提高作为政策断点,通过断点处差分方法(Difference-in-Discontinuities or RD+DD),实证检验报销比例对医疗服务利用的影响,有效避免了上述问题。结论表明,对于男性患者,退休前后其住院人数和住院总天数均发生非连续向上跳跃。报销比例每提高1个百分点,住院人数增加约0.24%,住院总天数增加约0.43%。

与本文直接相关的文献主要研究费用分担对老年人医疗服务利用的影响。钱德拉(Chandra)等人(2010)通过加州补充保险自付比例的提升作为政策实验,①发现退休人员就诊和购买药品的行为显著减少,其价格弹性与兰德实验的结论相似。重冈(Shigeoka)(2014)发现,日本公共医保政策在70岁后自付比例的下降显著促进了老年人的住院和门诊行为,减轻了个人医疗费用负担。② 赵绍阳等(2015)利用我国某城市城乡居民基本医疗保险参保者的"自然实验",评估了报销水平变动对住院服务利用率和自付费用的影响。③ 目前,国内关于城镇职工医保基金支出方面的研究较少。

在我国医疗保险全覆盖的背景下,研究保障水平提高对医疗服务利用的影响更具现实意义。本文主要做了以下贡献:第一,利用实际报销数据,并以A市城职保在退休时作为政策断点,通过断点处差分方法解决了逆向选择和多维处理效应的问题。第二,研究健康问题频发的老年群体,考察不同疾病、不同等级医院、不同利用频率患者的医疗服务利用敏感性。第三,研究城镇职工医保,其基金收支规模在2016年超过城乡居民医保的3倍,④且城职保在达到规定缴费年限后,退休人员可免费享受医保待遇。因此,相对于城乡居民医保,城职保的基金规模更大,基金平衡压力更高,研究必要性更强。

本书的发现对我国医疗保险制度改革具有重要政策含义。首先,在宏观经济下行和人口老龄化加速的双重压力下,如何满足居民的就医需求,同时合理控制政府医疗卫生支出,成为医疗保险制度改革的重要目标。其次,我国医保制度规定给予退休人员更高的医保待遇,⑤本文发现这一政策特征虽然加强了退休后医疗服务利用,但其影响相对较小。

---

① Chandra A., Gruber J. and McKnight R., "Patient cost-sharing and hospitalization offsets in the elderly", *American Economic Review*, vol. 1, no. 100(2010), pp.193-213.
② Shigeoka H., "The effect of patient cost sharing on utilization, health, and risk protection", *American Economic Review*, vol. 7, no. 104(2010), pp.2152-2184.
③ 赵绍阳、臧文斌、尹庆双:《医疗保障水平的福利效果》,《经济研究》2015年第8期,第130—145页。
④ 根据中国统计年鉴,2016年底,城镇职工医保基金收入为10 273.7亿元,基金支出为8 286.7亿元;城乡居民医保基金收入为2 810.5亿元,基金支出为2 480.4亿元。
⑤ 《国务院关于建立城镇职工基本医疗保险制度的决定》(国发〔1998〕44号)第六条指出,对退休人员个人负担医疗费的比例给予适当照顾。不仅如此,全国大部分地区的城乡居民医保针对60岁以上的老人,均有不同程度的医疗待遇提升。

第一节　城镇职工医保中的退休待遇制度

本节内容主要介绍我国的强制退休制度及其伴随的医保待遇调整。我国的强制退休制度在全国各地区是统一的,确保了退休年龄和基本政策的一致性。然而,退休后医保待遇的提升幅度在不同地区却存在显著差异。本节将以A市和B市为例,具体介绍这两地在退休制度实施后的医保待遇调整情况,分析不同地区在提高退休人员医保待遇方面的政策差异及其影响。

一、强制退休制度

中国现行的法定退休年龄制度主要依据《国务院关于安置老弱病残干部的暂行办法》和《国务院关于工人退休、退职的暂行办法》(国发〔1978〕104号)。此外,劳动和社会保障部于1999年发布《关于制止和纠正违反国家规定办理企业职工提前退休有关问题的通知》(劳社部发〔1999〕8号),对企业职工退休进行了补充说明。根据这些政策文件,我国强制执行退休制度,即达到退休年龄的单位或个人必须办理退休手续。我国的法定退休年龄对于企业、事业单位和党政机关、群众团体的工人和干部执行不同的标准。

具体而言,对于工人,男性满60周岁,女性满50周岁;对于干部,男性满60周岁,女性满55周岁。对于从事井下、高空、高温、特别繁重体力劳动或其他有害身体健康工作的人员,退休年龄为男性满55周岁、女性满45周岁;因病或非因工致残,由医院证明并经劳动鉴定委员会确认完全丧失劳动能力的人员,隶属企业的退休年龄为男性满55周岁、女性满45周岁,隶属党政机关、事业单位的退休年龄为男性满50周岁、女性满45周岁。

此外,对于111个资本结构试点城市的破产国有企业职工,可以在正常退休年龄基础上提前5年退休,而本文研究的城市A市和B市也在此名单中。[①] 总体来看,A市男性的正常退休年龄为60岁,提前退休年龄可能是55岁或50岁;女性的正常退休年龄为55岁(干部)和50岁(工人),提前退休年龄为45岁。

---

① 劳动部、国家经贸委、财政部于1997年颁发《关于在企业"优化资本结构"试点城市建立再就业服务中心的通知》(劳部发〔1997〕252号),明确指出了破产企业的职工可以提前退休。

二、城镇职工医保退休待遇

如表4所示,对于参加A市城镇职工基本医疗保险的参保人员,其住院待遇在退休人员和在职职工之间存在差异。根据2013年10月A市人民政府发布的职工基本医疗保险办法,在职职工住院所发生的由统筹基金支付的医疗费用设有起付标准,起付标准为1 500元;[①]在职职工一年内住院发生的医疗费用累计超过起付标准的部分,由统筹基金支付85%。对于退休人员,住院所发生的由统筹基金支付的医疗费用也设有起付标准,2000年12月31日前退休的起付标准为700元,2001年1月1日后退休的起付标准为1 200元;退休人员一年内住院所发生的医疗费用累计超过起付标准的部分,由统筹基金支付92%。对于两类参保人员,统筹基金最高支付限额为34万元。

因此,在职人员的住院费用需要个人自付15%,而退休后个人自付比例降至8%,即退休后个人自付费用减少约47%,医保待遇明显提升。如果仅以A市城职保的住院患者作为研究对象,利用断点回归设计估计医疗服务利用的价格弹性,可能面临断点处同时伴随退休效应所引起的多维处理效应问题。为此,本文使用B市城职保住院样本作为对照组,以区分并估计报销比例对医疗服务利用的影响。

表4　A市城镇职工医保住院待遇水平(2013年12月)

人群类别		起付标准	统筹基金支付比例	统筹基金支付最高限额
在职	所有职工	1 500元	85%	34万元
退休	2000年12月31日前	700元	92%	
	2001年01月01日后	1 200元	92%	

如表5所示,与A市的政策相比,B市的统筹基金起付标准按医院级别确定,社区医院为160元,一级医院为200元,二级医院为400元,三级医院为800元;统筹基金支付比例则取决于患者年龄。50—60周岁和60—70周岁,统筹基金支付比例每增加10岁,支付比例增加2个百分点。60岁前后的统筹基金支

---

① 统筹基金起付标准是指:参保人一年内在定点医疗机构住院所发生的医疗费用,由统筹基金支付前,个人需要自负的金额。

付比例仅相差 2 个百分点,因此可以将 B 市城镇职工住院样本视为在 60 岁前后仅存在退休效应,而没有费用分担的价格效应。[1]

表 5　B 市城镇职工医保住院待遇水平(2009 年 1 月)

人群类别	起付标准	统筹基金支付比例				统筹基金支付限额
		社区医院	一级医院	二级医院	三级医院	
50 周岁以下	社区医院 160 元 一级医院 200 元 二级医院 400 元 三级医院 800 元	95%	92%	90%	85%	上一年市平均工资 4 倍
50—60 周岁		+2%	+2%	+2%	+2%	
60—70 周岁		+4%	+4%	+4%	+4%	
70—80 周岁		100%	+6%	+6%	+6%	
80—90 周岁		100%	100%	+8%	+8%	

注:作者根据《B 市城镇职工基本医疗保险办法》(2009 年 1 月)自行整理。

第二节　研究设计:断点处差分估计

本节内容主要介绍研究中所使用的数据及样本,以及关于断点处差分方法的理论分析和实证策略,其中理论分析部分涉及较多公式推导,主要论证断点处差分估计方法的适用条件,不感兴趣的读者可跳过。

一、数据及样本

本文使用的数据来源于中国医疗保险研究会的中国基本医疗保险参保人员医疗服务利用调查数据。该数据在全国范围内抽取调查城市,主要收集了各地区不同级别医院的医保病人管理数据,从 2013—2015 年每年进行一次调查,形成混合截面数据。调查内容包括参保人员享受待遇的详细信息,如门诊或住院患者的个人信息、疾病信息、参保类型及医疗服务利用情况等。

这一数据对本文的研究有三大优势:首先,作为官方管理数据,它准确记录了参保人员的医疗利用、支出和医保报销等信息,这是微观回访调查数据无法

---

[1] 忽略 60 岁后 2 个百分点的提升,将会使得后文所得到的结果更为保守。

替代的；其次，数据中的样本均为享受医保待遇的人员，其代表性能够很好地满足关于医疗服务利用的相关研究；最后，数据样本量较大，可以有效支持断点回归设计方法的使用。[①]

数据的抽样过程包括以下几个步骤：首先，提取享受待遇（门诊及住院）的患者，并按年龄排序和编号；其次，根据所需样本数量计算抽样间隔，并随机生成初始样本序号；然后，按间隔机械抽样形成患者编号数据；最后，根据抽取的患者编号信息，提取一年内所有享受待遇的信息，形成最终的抽样数据。因此，每条观测值代表一个患者的一次住院记录，记录中包含患者的出生日期和住院日期，从而可以计算出患者住院时的月份年龄。

根据研究目的，本文选取 A 市样本作为研究对象，以 B 市样本作为对照组，分别选取城镇职工基本医疗保险住院患者信息。由于 A 市的政策从 2014 年起实施，本书删去 A 市 2013 年的样本。考虑到女性样本的退休年龄较为复杂，参照其他利用退休制度进行断点回归设计的研究，本文将女性样本剔除，主要研究男性样本。最终，本文将样本限制在 55—65 岁，共得到 16 174 条观测记录，每条记录代表一次住院人次。

二、理论分析

参照格伦比(Grembi)等(2016)，构建断点处差分(Difference-in-Discontinuities or RD+DD)的实证策略，为了便于理解该实证方法，本部分进行理论分析说明。[②]

根据本文的研究目的，在 A 市退休断点处同时伴随两个处理效应的发生。定义退休后所伴随的工作状态、健康状况的变化为"退休效应"，而医保待遇的提高为"价格效应"。为了简便起见，定义 $R_{a,j}$ 为退休效应，且当 $R_{a,j}=1$ 时为年龄组 a 在地区 j 受到退休效应的影响，而当 $R_{a,j}=0$ 时即为不受影响；定义 $M_{a,j}$ 为医保待遇提高所带来的价格效应，当 $M_{a,j}=1$ 时为年龄组 a 在地区 j 处于高待遇状态，$M_{a,j}=0$ 为低待遇状态。对于退休效应而言，无论对于 B 市还是 A 市只要其法定年龄大于等于 60 岁后都面临强制退休，因此这一效应对

---

① 但该数据仅包括了有限的个人信息，如性别、年龄，同时也不包括患者的受教育程度以及收入情况。
② Grembi V., Nannicini T. and Troiano U., "Do fiscal rules matter?", *American Economic Journal: Applied Economics*, vol. 8, no. 3(2016), pp.1-30.

于大于 60 岁的年龄组中一直存在。而价格效应则只针对 A 市存在,即根据 A 市的医保政策 60 岁之后,将面临待遇水平更高的保障程度,而 B 市则可以视为不存在这一效应。因此,将驱动变量和处理变量之间的关系可以表示为:

$$R_{a,j} = \begin{cases} 1 & if\ age > 60 \\ 0 & otherwise \end{cases} \tag{3-1}$$

$$M_{a,j} = \begin{cases} 1 & if\ age > 60\ and\ j = 1 \\ 0 & otherwise \end{cases} \tag{3-2}$$

此处,j 代表地区,且当 $j=1$ 时为 A 市,否则为 B 市。进一步定义 $Y_{a,j}(r,m)$ 是当 $R_{a,j}=r$ 和 $M_{a,j}=m$ 时可观测到的结果变量,其中 r 和 m 的取值分别为 0 或 1。因此数据中可观测到的结果变量可以表示为:

$$\begin{aligned}Y_{a,j} = & R_{a,j}M_{a,j}Y_{a,j}(1,1) + R_{a,j}(1-M_{a,j})Y_{a,j}(1,0) + \\ & (1-R_{a,j})M_{a,j}Y_{a,j}(0,1) + (1-R_{a,j})(1-M_{a,j})Y_{a,j}(0,0)\end{aligned} \tag{3-3}$$

而本文目的是识别 $M_{a,j}$ 对 $Y_{a,j}$ 的因果效应,即仅识别价格效应,如果仅针对 A 市数据在退休处进行断点回归估计,则所得到的估计效应为:

$$\begin{aligned}\hat{\tau}_{RD} & \equiv \lim_{age \to 60^+} E[Y_{a,j} \mid age=60, j=1] - \lim_{age \to 60^-} E[Y_{a,j} \mid age=60, j=1] \\ & = \lim_{age \to 60^+} Y(1,1) - \lim_{age \to 60^-} Y(0,0) = Y(1,1)^+ - Y(0,0)^- \\ & = [Y(1,1)^+ - Y(1,0)^-] + [Y(1,0)^+ - Y(0,0)^-] \\ & = E[Y(1,1)_{a,j} - Y(1,0)_{a,j} \mid age=60, j=1] + E[Y(1,0)_{a,j} - \\ & \quad Y(0,0)_{a,j} \mid age=60, j=1]\end{aligned} \tag{3-4}$$

即所得到的效应是退休效应($E[Y(1,0)_{a,j} - Y(0,0)_{a,j} \mid age=60, j=1]$)和价格效应($E[Y(1,1)_{a,j} - Y(1,0)_{a,j} \mid age=60, j=1]$)的叠加,因此若针对 A 市仅使用断点回归设定,则会造成潜在的估计偏误。为了克服这一识别问题,本文加入 B 市的样本从而可以解决这一估计问题。具体而言,由于 B 市的医保待遇在退休前后没有发生变动,那么 B 市在退休前后仅存在退休效应,而不存在价格效应,从而可以构建断点处差分的估计量为:

$$\hat{\tau}_{RD} \equiv \left(\lim_{age \to 60^+} E[Y_{a,j} \mid age=60, j=1] - \lim_{age \to 60^-} E[Y_{a,j} \mid age=60, j=1] \right) -$$
$$\left(\lim_{age \to 60^+} E[Y_{a,j} \mid age=60, j=0] - \lim_{age \to 60^-} E[Y_{a,j} \mid age=60, j=0] \right)$$
$$= (Y^- - Y^+) - (\tilde{Y}^- - \tilde{Y}^+)$$
$$(3-5)$$

从上式可以发现,断点处差分使用了年龄和地区两个变异,从而可以很好的识别价格效应对医疗服务利用以及医疗费用所带来的影响,从直觉来看类似于将断点回归(RD)和双重差分(DID)进行结合后的估计形式。但这一估计方法需要一定的假设才能成立。具体需要包括以下三个假设:

假设 1:所有潜在结果 $E[Y_{a,j}(r,m) \mid age=60, j=1]$ 和 $E[Y_{a,j}(r,m) \mid age=60, j=0]$ 必须在退休年龄 60 岁处连续,其中 r 和 m 的取值分别为 0 或 1。

假设 2:退休效应在不同地区之间是可比的,即需要满足:

$$Y(1,0) - Y(0,0) = \tilde{Y}(1,0) - \tilde{Y}(0,0) \tag{3-6}$$

命题 1:在假设 1 和假设 2 成立的情况下,断点处差分估计量将会识别得到局部的平均处理效应(Local ATE),即:

$$E[Y_{a,j}(1,1) - Y_{a,j}(1,0) \mid age=60] \tag{3-7}$$

从上式可以发现,所识别的因果效应是退休群体的医疗服务需求敏感性,即条件于 $R=1$ 的情况下的因果效应。为了进一步得到更加一般的估计效应,需要更进一步的假设。

假设 3:在 60 岁附近退休效应和价格效应相互独立,互不影响,即满足如下关系:

$$Y(1,1) - Y(1,0) = Y(0,1) - Y(0,0) \equiv Y(1) - Y(0) \tag{3-8}$$

在假设三的情形下,命题 1 的结果则可以拓展为:

$$E[Y_{a,j}(1,1) - Y_{a,j}(1,0) \mid age=60] = E[Y_{a,j}(0,1) - Y_{a,j}(0,0) \mid age=60]$$
$$\equiv E[Y_{a,j}(1) - Y_{a,j}(0) \mid age=60]$$
$$(3-9)$$

而这一拓展后的结果才是在标准断点回归设计下所得到的局部处理效应。

而这一假设的潜在含义是指,退休效应和价格效应之间并没有交叉的影响,即二者之间并不存在相互加强或者相互减弱的作用,否则所得到的结论只能应用于特定的情况之下。

三、实证策略

基于以上的理论分析,可以构建简约型断点处差分的回归方程为:

$$\log(Y_{a,j,t}) = \delta_0 + f(age_{a,j,t}) + Post60_{a,t}(\gamma_0 + f(age_{a,j,t})) + \\ D_{a,t}[\alpha_0 + f(age_{a,j,t}) + Post60_{a,t}(\beta_0 + f(age_{a,j,t}))] + \\ \xi_{a,j,t}$$

(3-10)

其中 $Y_{a,j,t}$ 是指第 t 年 j 地区的年龄组 age 中的住院人数或住院总天数;[①] $Post60$ 是指年龄是否超过 60 岁,若年龄大于 60 岁,则变量取为 1,否则为 0;D 是指地区,若 A 市样本则取 1,否则为 0;$f(age)$ 是指年龄的多项式,其中月份年龄使用入院时间减出生时间计算,本文主要使用二次多项式,且年龄的多项式与是否大于 60 岁进行交乘,ξ 是指估计的残差项。其中 β_0 为断点处差分的估计量,所识别的是医保待遇变动的因果效应,且识别的是断点处严格遵守法定退休年龄退休的人群的效应。

由于本文所使用的数据是享受待遇的参保人员,所观测到的样本都是住院患者,为了计算医疗服务利用,本文将数据依据年龄(月份)组进行加总,从而计算每个组内的住院人数以及住院总天数,作为该年龄组的医疗服务利用。[②] 对于男性而言,正常退休年龄是 60 岁,依据经验设计,所选取的样本年龄范围为 55—65 岁,在后文中会不断缩小样本年龄区间进行稳健性检验,同时回归方程控制年份的固定效应。

---

① 由于本文数据是人次住院记录,更为准确讲,应该是住院人次数,但为了方便表述后文均称之为住院人数。

② 这一做法的潜在假设是全样本个体的住院率是随着年龄进行平滑地变动。

第三节 退休待遇提高对医疗服务利用的影响

本节内容主要介绍实证结果,并根据所估计的结果计算医疗服务需求的价格弹性,并核算医疗费用增长的幅度。

一、图形结果分析

根据前文分析的 A 市城镇职工医保政策,对于患者而言,退休后的医保待遇水平有所提高。在进行回归分析前,本文先以图形的形式展示年龄和实际报销比例之间的非连续跳跃关系,以便直观理解本文断点的选取。如图 21 所示,显示了样本年龄和实际医保报销比例之间的关系。由于政策规定的医保报销比例是指政策范围内的报销比例,本文中的医保报销比例等于本次住院基金支付费用除以基金支付费用和政策范围内个人自费的总和。

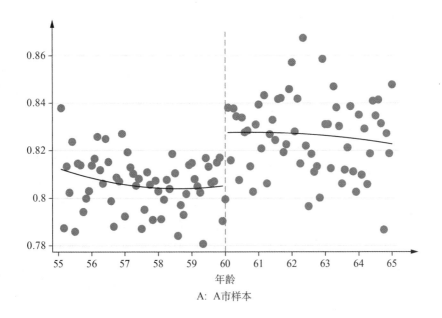

A:A 市样本

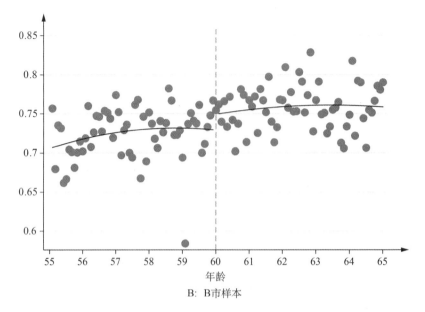

B：B市样本

注：(1)图A样本基于2014—2015年A市数据,图B样本基于2013—2015年B市数据；(2)医保报销比例＝基金支付费用/(基金支付费用＋政策范围内个人自费)；(3)图中的每一个点代表的是每个年龄组(以月计算)内的平均医保报销比例；(4)拟合线是来自于平均医保报销比例对是否大于60岁、年龄的二次多项式、是否大于60岁和多项式交乘的回归模型。

图21 实际医保报销比例和年龄

图中的每个点表示各年龄组(以月份表示)的平均医保报销比例,拟合线是平均医保报销比例关于年龄的二次多项式,并包括是否大于60岁及其与二次多项式的交乘项,表示了拟合值和年龄之间的关系。其中,图21A显示了A市样本的情况。图中显示,60岁前后报销比例发生非连续跳跃,即退休后医保报销比例高于退休前,平均提高约2.3个百分点。虽然政策规定退休前后的报销差距为7个百分点,但由于实际住院中的病情、药品以及诊断的差异,导致实际报销差异往往小于政策报销差异。图中还显示,60岁后的报销比例系统性高于60岁前的报销比例,说明以60岁为政策断点是合理的。

同样地,对于B市样本,年龄和实际医保报销比例如图21B所示。与A市样本相比,B市住院患者在退休前后实际报销比例并没有显著跳跃,这与前文所述的B市职工医保住院政策一致。虽然政策规定报销比例在60岁后提高2个百分点,但实际报销比例低于政策报销比例,因此并没有显著跳动。这说明,B市在男性退休前后,其医保待遇水平差异并不大。

二、对医疗服务利用的影响

本部分主要检验 A 市城镇职工医保住院患者,由于退休后报销比例的提升对于医疗服务利用所造成的影响。由于退休后工作状态、健康等变化(统称为退休效应)同样会影响患者的医疗服务利用,因此本文使用 B 市样本作为对照组。为了区分退休效应和价格效应对于医疗服务利用的影响,这一部分首先展示了 A 市在退休前后退休效应和价格效应对医疗服务利用的混合影响,然后利用断点处差分的方法估计并得到价格效应的影响。

(一) 混合效应估计

本部分主要以 A 市城镇职工住院患者作为研究对象,检验在退休断点前后,退休效应和价格效应对于患者医疗服务利用的影响,医疗服务利用的主要指标包括住院人数对数和住院总天数对数。如图 22 是患者年龄与医疗服务利用的关系。图中的每个点代表的是每个年龄组(以月计算)内,住院人数对数(住院总天数对数)对调查年份效应回归之后的残差均值。图中的拟合线是来自于,住院人数对数(住院总天数对数)的残差对是否大于 60 岁、年龄的二次多项式,以及二次多项式与是否大于 60 岁的交乘项回归。

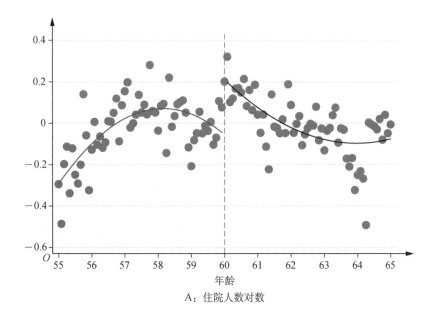

A: 住院人数对数

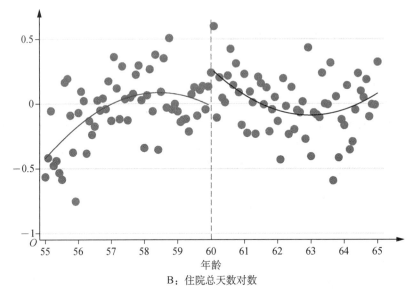

注:(1)样本基于 2014—2015 年 A 市数据;(2)其中图 A(B)中的点代表,每个月份年龄组内,住院人数对数(住院总天数对数)对年份固定效应回归之后的残差均值;(3)其中图 A(B)中的拟合线是来自于住院人数对数(住院总天数对数)对是否大于 60 岁、年龄的二次多项式、是否大于 60 岁和多项式交乘后的回归模型。

图 22 医疗服务利用与年龄(A 市)

从图中可以清楚发现,无论是住院人数还是住院总天数在 60 岁后,都发生了显著的向上跳跃,即在退休之后医疗服务利用显著增加。这一增加是由退休效应和价格效应共同引起,即退休后闲暇时间更多或健康变差导致医疗服务利用增加,同时退休后面临更高的保险报销比例也导致了医疗服务利用的增加,进一步估计退休效应和价格效应所导致的住院人数增加约 31.1%,住院天数增加约 31.2%。①

(二) 价格效应的影响

本部分进一步加入 B 市样本,以 B 市城镇职工医保住院患者作为对照组,

---

① 使用简约断点回归方程 $\log(Y_{a,t}) = f(age) + \beta Post60_{a,t} + f(age) \cdot Post60_{a,t} + \mu_{a,t}$ 进行估计,其中 $Y_{a,t}$ 是指 t 年年龄组 age 中的住院人次数或住院总天数;$Post60$ 是指患者年龄是否超过 60 岁,若患者的年龄大于 60 岁,则变量取为 1;$f(age)$ 是指年龄的二次多项式,且年龄的多项式与是否大于 60 岁进行交乘;$\mu_{a,t}$ 是指估计的残差项,并控制年份固定效应。其中 β 为退休效应和价格效应引起的医疗服务利用增加,估计所得到的系数分别为 0.271 和 0.271 7,标准误差分别为 0.063 和 0.104,即在 1% 水平上显著。

考察价格效应对医疗服务利用的影响。如图 23 出示了剔除退休效应后,由价格效应所引起的住院人数和住院总天数的增加。图中的每个点代表年龄组内

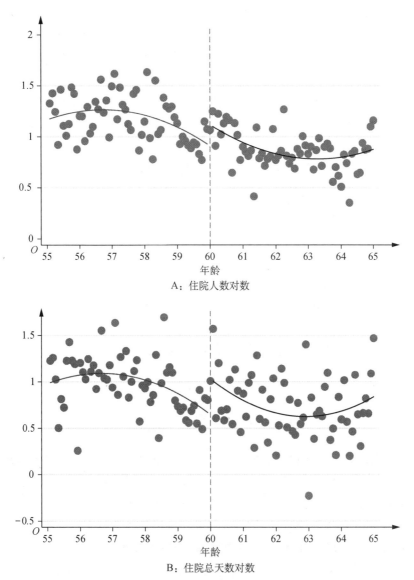

A:住院人数对数

B:住院总天数对数

注:(1)样本包括了 2014—2015 年 A 市和 2013—2015 年 B 市数据;(2)其中图 A(B) 中的点代表,每个月份年龄组内,住院人数对数(住院总天数对数)A 市减 B 市的差值;(3)其中图 A(B)中的拟合线是来自于住院人数对数(住院总天数对数)的差值对是否大于 60 岁、年龄的二次多项式、是否大于 60 岁和多项式交乘后的回归模型。

图 23　医疗服务利用与年龄(断点处差分结果)

A市和B市的住院人数对数(住院总天数对数)差值,而图中的拟合线是来自于,住院人数对数(住院总天数对数)差值对是否大于60岁、年龄的二次多项式,以及二次多项式与是否大于60岁的交乘项回归。从图中可以清晰地发现,无论是住院人数对数还是住院总天数对数,在60岁后均有不同程度的向上跳跃,这表明个人医疗费用分担的下降,将会使得个人的医疗服务需求增加。

表6报告了本文断点处差分的估计结果。每一列代表的是不同的被解释变量,每个空格汇报的是RD+DD的估计结果,圆括号汇报的是标准误,方括号汇报的是样本数量。其中第A行汇报的是,价格效应导致的住院人数增加约23.0%($=\exp(0.2067)-1$),住院天数增加约46.2%($=\exp(0.3795)-1$)。与上文中所得到的混合效应引起的住院人数和住院总天数相比,价格效应是引起老年人医疗服务利用增加的主要原因,而退休效应的作用相对较小。进一步,定义医疗服务需求的价格弹性由下式计算:

$$\varepsilon = \frac{(Y_1-Y_0)/Y_0}{(P_1-P_0)/P_0}$$

其中Y为医疗服务利用,分别指住院人数和住院总天数;$(Y_1-Y_0)/Y_0$为60岁后的医疗服务增加的比例,P为医疗服务的价格,此处使用医保自付比例来衡量,其中P_1是60岁后的自付比例为8%,P_0是60岁前的自付比例为15%。因此,可以计算得到医疗服务需求的价格弹性为:

$$\varepsilon(住院人数)=\frac{0.2067}{(8\%-15\%)/8\%}\approx -0.236$$

$$\varepsilon(住院天数)=\frac{0.3795}{(8\%-15\%)/8\%}\approx -0.434$$

老年人是医疗服务利用最频繁的群体,但是对其价格弹性研究的文献却比较少,而老年群体和非老年群体间价格弹性的大小是不确定的。如果老年群体相较于年轻群体收入更低,并且面临信用约束,那么老年群体的价格弹性更大;反之,如果老年群体的健康状况更差,那么其价格弹性就越小。如表6所示,其中重冈(Shigeoka)(2014)利用日本数据,基于住院人数估计了住院需求的价格弹性,所得到的数值为-0.16。[①] 钱德拉(Chandra)等人(2010)利用美国数据,检验了公共补充险(Supplemental Medicare Insurance)的参保者其门诊价格弹

---

① Shigeoka H., "The effect of patient cost sharing on utilization, health, and risk protection", *American Economic Review*, vol. 7, no. 104(2014), pp.2152-2184.

性在 −0.07 至 −0.10。① 阿隆·戴恩（Aron-Dine）等人（2013）再次利用兰德实验的数据估计了医疗需求弹性，所得到的弹性区间为 −0.1 至 −0.5，但兰德实验中将 62 岁以上的样本排除。② 而赵绍阳等（2015）利用我国某城市区县的医保报销数据，所得到的弹性为 −0.45。③

表6 不同子样本的 RD+DD 估计值

	住院人数的对数	住院总天数的对数
A. 全样本		
	0.206 7**	0.379 5**
	(0.101)	(0.161)
	[600]	[600]
B. 按住院次数分		
1 次住院	−0.009 6	0.161 7
	(0.141)	(0.240)
	[600]	[600]
2—5 次住院	0.392 6**	0.483 5
	(0.160)	(0.330)
	[559]	[559]
5 次以上住院	0.233 3	1.212 3***
	(0.189)	(0.468)
	[470]	[470]
C. 按医院等级分		
三级医院	0.119 6	0.092 3
	(0.143)	(0.251)
	[598]	[598]

---

① Chandra A., Gruber J. and McKnight R., "Patient cost-sharing and hospitalization offsets in the elderly", *American Economic Review*, vol. 1, no. 100(2010), pp.193-213.
② Aron-Dine A., Einav L. and Finkelstein A., "The RAND health insurance experiment, three decades later", *Journal of Economic Perspectives*, vol. 1, no. 27(2013), pp.197-222.
③ 需要特别指出的是，由于不同国家之间的制度背景存在极大的差异，因此医疗服务价格弹性的跨国比较需要十分谨慎。并且不同的研究所基于的地区、样本以及保险政策存在差异，因此绝对数值的比较潜在的经济学意义不大。

(续表)

	住院人数的对数	住院总天数的对数
二级医院	0.246 0*	0.311 9
	(0.128)	(0.251)
	[598]	[598]
一级以及其它医院	0.206 7**	0.379 5**
	(0.101)	(0.161)
	[600]	[600]
D. 按疾病种类		
恶性肿瘤	0.491 8***	0.956 7***
	(0.176)	(0.362)
	[511]	[511]
心脏病	0.376 0**	0.705 7
	(0.185)	(0.469)
	[488]	[488]
脑血管疾病	0.350 3*	0.286 6
	(0.210)	(0.510)
	[367]	[367]
脑出血类	0.227 0	−2.311 8
	(0.392)	(1.943)
	[87]	[87]
脑梗塞类	0.375 7**	0.639 2
	(0.182)	(0.504)
	[282]	[282]
呼吸系统疾病	0.149 8	0.632 2
	(0.237)	(0.424)
	[542]	[542]
消化系统疾病	−0.010 3	−0.255 8
	(0.191)	(0.328)
	[534]	[534]

(续表)

	住院人数的对数	住院总天数的对数
骨骼肌肉系统和结缔组织疾病	0.127 7	0.245 4
	(0.201)	(0.417)
	[473]	[473]

注：(1)第一行两列分别是两个不同的被解释变量；(2)表中所汇报的是 RD+DD 的估计结果；(3)回归方程如(5—10)，且控制年份效应，样本区间是 55 岁—65 岁；(4)方括号中汇报的是样本数量，圆括号中汇报的是稳健标准误，且*代表在10%水平上显著，**代表在5%水平上显著，***代表在1%水平上显著；(5)A、B、C、D 子表所汇报的是不同子样本的断点估计结果；(6)疾病种类的划分根据第 10 版国际疾病分类(ICD-10)。

为了考察不同人群对医疗服务价格的敏感性，本文利用 RD+DD 的实证设定，分别按一年内住院次数、医院等级和不同病种进行分样本回归，结果如表 6 的 B、C、D 所示。表中汇报了不同被解释变量、子样本的 RD+DD 估计值、标准误和样本数量。

表 B 显示，一年内住院次数越多的个体对医疗服务价格的敏感性越高。这可能是因为住院频率高的患者医疗支出更多，因此对价格更敏感。这一结果与重冈(Shigeoka)(2014)的发现一致，即医疗利用越频繁的个体对价格越敏感。[①] 表 C 显示，不同等级医院就医的患者对医疗服务价格的敏感度。结果表明，医院等级越低，价格敏感度越高。三级医院的患者对价格不敏感，可能是因为三级医院的医疗资源更优质、服务价格更高，选择这些医院的患者支付能力更强，对价格不敏感。而在低等级医院就医的患者对价格更敏感。

为了进一步考察不同病种患者对医疗服务价格的反应，本文依据国际疾病分类(ICD-10)的 3 位代码表进行疾病分类，选取了 6 类疾病，共 8 个病种。[②] 表 D 显示了 8 个病种的分样本回归情况。患有恶性肿瘤和心脏病的患者对医疗服务价格更敏感，这一结论与卡德(Card)等人(2008，2009)和重冈(Shigeoka)(2014)的研究相似。[③] 恶性肿瘤和心脏病的治疗通常费用昂贵且过程复杂，因此患者在这类疾病中表现出较高的价格敏感性。而脑血管疾病、呼吸系统疾病、

[①] Shigeoka H., "The effect of patient cost sharing on utilization, health, and risk protection", *American Economic Review*, vol. 7, no. 104(2014), pp. 2152-2184.

[②] ICD-10 编码分类可具体参见：http://www.wolfbane.com/icd/icd10.htm。

[③] Card D., Dobkin C. and Maestas N., "The impact of nearly universal insurance coverage on health care utilization: evidence from Medicare", *American Economic Review*, vol. 5, no. 98(2008), pp. 2242-2258.

(转下页)

消化系统疾病和骨骼肌肉疾病等主要通过用药或卧床休息治疗,费用相对较少,因此价格敏感性较低,这一发现也与卡德(Card)等人(2008,2009)和重冈(Shigeoka)(2014)的研究一致。①

(三) 医疗费用增长核算

1. 提高待遇促进基层医疗服务利用

目前,我国的分级诊疗体系尚未形成。公立医院中三级医院的数量增长远超一二级医院,2016年三级医院数量比2010年增长了63%,而二级和一级医院数量同期下降了约3%。② 医疗资源配置、服务供给和患者选择都向高层级医院倾斜,形成了马太效应。有效的分级诊疗可以引导患者向基层医疗机构就医,有助于降低医疗费用和医保基金压力。

表7根据本文数据展示了不同层级医院的次均住院费用、日均住院费用和慢性病比例。一级和二级医院的次均住院费用和日均住院费用均低于三级医院。相对于三级医院,增加基层医院的使用对医疗费用的推升作用有限。慢性病患者比例在基层医院更高,主要承担了慢性病治疗任务。③ 进一步数据显示,对于一级医院,退休职工(60—65岁)较在职职工(55—60岁)患慢性病的比例增加7%,二级医院这一比例增加4%。因此,提升退休职工的住院待遇将促进基层医院的医疗服务利用,降低慢性病患者的医疗负担。

2. 医保待遇提高对医疗费用影响有限

根据本文计算的价格弹性,职工保险待遇的提高对医疗费用的高速增长解释作用不大。图24显示了中国城镇职工医保患者平均自付比例的变动趋

(接上页)Card D., Dobkin C. and Maestas N., "Does Medicare save lives?", *The quarterly journal of economics*, vol. 2, no. 124(2009), pp.597-636.

Shigeoka H., "The effect of patient cost sharing on utilization, health, and risk protection", *American Economic Review*, vol. 7, no. 104(2014), pp.2152-2184.

① Card D., Dobkin C. and Maestas N., "The impact of nearly universal insurance coverage on health care utilization: evidence from Medicare", *American Economic Review*, vol. 5, no. 98(2008), pp. 2242-2258.
Card D., Dobkin C. and Maestas N., "Does Medicare save lives?", *The quarterly journal of economics*, vol. 2, no. 124(2009), pp.597-636.
Shigeoka H., "The effect of patient cost sharing on utilization, health, and risk protection", *American Economic Review*, vol. 7, no. 104(2014), pp.2152-2184.

② 数据来源于《中国卫生和计划生育统计年鉴》。

③ 此处慢性病仅选取典型几类病种,包括高血压病、脑血管疾病、慢性下呼吸道疾病、糖尿病。

势。平均自付比例从 2000 年的 49.2% 下降至 36.8%，降幅约 25.3%。根据价格弹性估算，住院人数可能增长约 6%。同期，卫生总费用增长约 9.1 倍，医院诊疗人次数增长约 1.5 倍，医院入院人数增长约 4.2 倍，个人卫生支出增长约 3.9 倍。初步推断，医疗保险并非过去 20 年医疗费用高速增长的主要原因。

表 7　分等级医院情况对比

医院类型	次均住院费用(元)	日均住院费用(元)	慢性病比例(60—65 岁)
三级医院	15 179.8	2 391.3	10.7%
二级医院	13 130.4	1 380.6	24.2%
一级医院	12 227.6	1 114.7	37.7%

注：根据基本医疗保险参保人员医疗服务利用调查数据(A 市)计算得到。

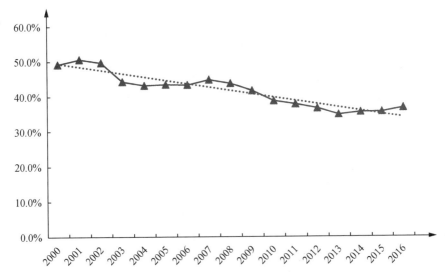

注：数据来源于《中国劳动统计年鉴》《中国卫生和计划生育统计年鉴》；此处定义患者平均自付比例＝城镇人均医疗保健支出/(城镇人均医疗保健支出＋人均医保基金支出)。

图 24　城镇职工医保患者平均自付比例的变动趋势

由于数据的可得性，以上分析可能存在疏漏。首先，计算职工医保患者平均自付比例时，城镇人均医疗保健支出可能包括未参保的城镇户口人员或参加城镇居民医保的人员，这部分人员的自付医疗费用下降幅度更快，因此计算的平均自付比例下降幅度可能被高估。若使用高估的下降幅度仍发现职工保险对医疗费用高速增长解释有限，则进一步支持本文的结论。其次，价格弹性的计算基于 A 市老年人群体，经验上老年人的价格弹性更大，且老年人是医疗服务利用的主要群体，因此对本文判断影响不大。A 市的医疗保障和人均收入水平较高，其价格弹性可能低于全国平均水平。最后，本书比较的是全国层面的卫生总费用、医院诊疗人次数、医院入院人数及个人卫生支出，尽管更为合理的是与职工医保参保者群体的相关指标进行比较，但职工医保的基金收支规模大于城乡居民医保，因此全国总体卫生费用和医疗服务利用变动趋势与职工医保趋势应相差不大。

第四节　稳健性检验

本节稳健性检验包括了六个部分。首先，针对研究设计中假设 1 和假设 2 成立的检验。其次，变换了 RD＋DD 估计中关于年龄多项式的选择，以及所估计年龄的范围，从而说明结论的稳健性。再次，考察了男性其他可能的退休年龄，并针对不同退休年龄进行安慰剂检验。然后，为了排除以退休为断点的可预期问题，本文也进行了甜甜圈（Donut-hole）检验。最后，本书针对论证的结论的适用性进行了讨论。

一、连续性检验（假设 1）

虽然无法直接证明假设 1，但可以通过提供间接证据说明其合理性。首先，驱动变量不能被操纵可作为假设 1 成立的间接证据。本文的驱动变量是年龄，且研究对象为城镇职工医保群体，因此在现实中操纵年龄以影响退休的可能性极低。其次，若假设 1 成立，则无论是 B 市样本还是 A 市样本，在 60 岁附近应满足断点回归的连续假设。由于本文数据的个人信息有限，无法直接验证连续性假设，因此使用城镇住户调查数据（UHS）检验其他变量在退休年龄附近的连续性。

使用 UHS 数据有以下三点考虑：首先，本文研究对象是 A 市城镇职工医保参保人员，并以 B 市作为对照组，必须使用两地的调查数据，而 UHS 数据正好涵盖;其次,UHS在A市和B市的样本量足以满足检验需求;最后,UHS数据包含丰富的个人特征变量,可用于连续性检验。

如表8所示,检验了A市和B市样本在60岁时个人特征的连续性,数据来源于2010—2014年UHS调查。与主回归分析相似,仅选取男性样本。由于数据中不包含个人医保险种信息,为确保样本参加的是城职保,将无固定职业者、家务劳动者、丧失劳动能力者、待分配者、失业人员和在校学生删除。表中第一列是待检验的不同因变量,样本年龄区间从[55,65]变为[59,61],表中汇报的是断点估计值。结果显示,个体特征在断点附近没有显著变化,从而满足连续性要求。

表8 连续性检验

A. A市	年龄范围				
	+/−5	+/−4	+/−3	+/−2	+/−1
是否小学及以下学历	−0.004 8	0.019 6	−0.003 9	0.000 9	0.027 3
	(0.021)	(0.022)	(0.004)	(0.001)	(0.027)
是否初中学历	0.144 7	0.241 1	0.399 1	0.259 9	−0.016 1
	(0.174)	(0.222)	(0.332)	(0.180)	(0.173)
是否高中/中专学历	−0.128 9	−0.107 2	−0.252 5	−0.124 4	0.171 1
	(0.159)	(0.206)	(0.315)	(0.165)	(0.165)
是否大学及以上学历	−0.011 0	−0.153 6	−0.142 8	−0.136 4	−0.182 4
	(0.137)	(0.170)	(0.255)	(0.143)	(0.146)
是否已婚	0.012 1	0.000 8	−0.086 2	−0.030 0	−0.015 7
	(0.056)	(0.071)	(0.077)	(0.050)	(0.052)
是否汉族	−0.012 8	0.017 3	0.066 6	0.021 0	0.000 0
	(0.013)	(0.017)	(0.067)	(0.021)	(0.000)
样本数量	505	418	335	181	136
B. B市	年龄范围				
	+/−5	+/−4	+/−3	+/−2	+/−1
是否小学及以下学历	−0.037 7	−0.045 9	−0.057 8	−0.037 2	−0.045 7
	(0.114)	(0.137)	(0.201)	(0.159)	(0.125)

(续表)

B. B 市	年龄范围				
	+/−5	+/−4	+/−3	+/−2	+/−1
是否初中学历	0.257 5	0.323 2	0.105 0	0.113 6	0.143 7
	(0.177)	(0.222)	(0.342)	(0.240)	(0.180)
是否高中/中专学历	−0.188 9	−0.280 1	−0.259 3	−0.169 4	−0.063 2
	(0.138)	(0.180)	(0.282)	(0.182)	(0.137)
是否大学及以上学历	−0.030 9	0.002 8	0.212 1	0.092 9	−0.034 7
	(0.159)	(0.196)	(0.283)	(0.200)	(0.165)
是否已婚	0.023 5	0.018 7	0.035 9	0.021 7	0.036 0
	(0.074)	(0.087)	(0.125)	(0.073)	(0.055)
是否汉族	0.018 7	0.028 5	−0.023 2	0.000 0	0.000 0
	(0.019)	(0.028)	(0.023)	(0.000)	(0.000)
样本数量	472	408	325	237	139

注：(1)第一列分别是不同的因变量；(2)回归方程变量包括是否大于60岁、年龄的二次多项式、是否大于60岁和多项式的交乘项，样本年龄区间依次从[55,65]变为[59,61]；(3)表中所汇报的是变量是否大于60岁的系数；(4)括号中汇报的是稳健标准误，且*代表在10%水平上显著，**代表在5%水平上显著，***代表在1%水平上显著。

二、可比性假设（假设2）

使用B市作为本文的对照组，需确保B市和A市职工的退休效应是可比的，即假设2。虽然假设2的成立无法直接证明，但可以提供间接证据。在中国，城镇职工基本医疗保险主要保障住院费用，对门诊的保障几乎没有。因此，门诊病人在退休前后的就医行为只受退休效应影响，不受价格效应影响。如果B市和A市职工的退休效应是可比的，意味着两地职工在退休前后，门诊就诊行为没有显著差异。根据这一推论，本文利用主回归方程(3-10)的设定，将被解释变量变为门诊人数的对数，并选取不同的多项式和不同年龄区间，得到表9的估计结果。结果显示，RD+DD的估计系数基本不显著，即A市和B市职工在退休前后，门诊就诊行为没有表现出差异，这验证了本文的推论。

表 9 可比性检验

	门诊人数的对数	
	二次多项式	三次多项式
年龄 55—65	−0.190 2*	−0.118 7
	(0.097)	−0.128
	[599]	[599]
年龄 56—64	−0.073 2	−0.300 6**
	(0.108)	(0.135)
	[479]	[479]
年龄 57—63	−0.215 0*	−0.206 8
	(0.117)	−0.149
	[359]	[359]
年龄 58—62	−0.174 2	−0.200 7
	(0.136)	−0.191
	[239]	[239]

注:(1)第一列是变换不同的年龄范围;(2)第二列和第三列是变换不同的年龄多项式;(3)表中所汇报的是 RD+DD 的估计值;(4)方括号中汇报的是样本数量,圆括号中汇报的是稳健标准误,且 * 代表在 10%水平上显著,** 代表在 5%水平上显著,*** 代表在 1%水平上显著。

三、变换实证设定

在实证研究中,关于年龄多项式阶数的选取并没有统一标准,通常采用二次或三次多项式。为了检验本文结果的稳健性,这里将主回归方程的年龄多项式变为三次多项式。同时,本文也变换不同的年龄区间进行敏感性分析,年龄区间从 55—65 岁依次缩减为 58—62 岁,估计结果如表 10 所示。

表 10 不同实证设定下的 RD+DD 估计值

	住院人数的对数	住院总天数的对数
A. 二次多项式		
年龄 55—65	0.206 7**	0.379 5**
	(0.101)	(0.161)

(续表)

	住院人数的对数	住院总天数的对数
年龄 55—65	[600]	[600]
年龄 56—64	0.198 8*	0.296 3*
	(0.110)	(0.179)
	[480]	[480]
年龄 57—63	0.249 3**	0.230 8
	(0.125)	(0.209)
	[360]	[360]
年龄 58—62	0.300 1**	0.281 6
	(0.150)	(0.261)
	[240]	[240]
B. 三次多项式		
年龄 55—65	0.215 9*	0.224 9
	(0.129)	(0.215)
	[600]	[600]
年龄 56—64	0.318 2**	0.293 8
	(0.141)	(0.241)
	[480]	[480]
年龄 57—63	0.329 7**	0.417 3
	(0.163)	(0.279)
	[360]	[360]
年龄 58—62	0.075 9	0.351 5
	(0.193)	(0.334)
	[240]	[240]

注：(1)第一行两列分别是两个不同的被解释变量；(2)表中所汇报的是 RD+DD 的估计结果；(3)第二列代表不同的样本年龄范围；(4)子表 A、B 分别采用不同阶数的年龄多项式；(5)方括号中汇报的是样本数量，圆括号中汇报的是稳健标准误，且 * 代表在 10% 水平上显著，** 代表在 5% 水平上显著，*** 代表在 1% 水平上显著。

从表中可以看出，无论采用二次多项式还是三次多项式，住院人数的对数始终保持显著水平,且系数大小稳定,结果非常稳健。对于住院天数而言,在二次多项式设定下,变换样本年龄区间,结果仍然具有一定稳健性;但随着样本年龄区间进一步缩短以及变换为三次多项式后,其显著水平消失。这可能是因为数据更适用于二次多项式。总体而言,变换不同的实证设定,并缩短样本年龄区间,并没有对本文结论构成严重挑战。

四、其他可能的退休年龄

根据前文分析,男性正常退休年龄为 60 岁,提前退休年龄可能为 55 岁或 50 岁,本文将断点分别设在 55 岁和 50 岁,利用 RD+DD 检验住院人数和住院总天数的变动情况。图 25A 和 B 展示了,当退休年龄断点为 55 岁时,年龄与住院人数对数和住院总天数对数之间的关系;图 C 和 D 展示了当断点为 50 岁时的关系。结果显示,无论是 55 岁还是 50 岁,医疗服务利用在断点前后均没有显著跳升。

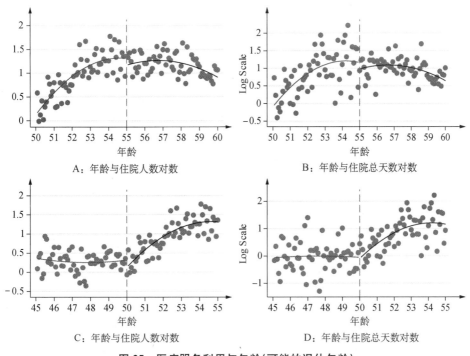

图 25 医疗服务利用与年龄(可能的退休年龄)

表 11 展示了不同年龄断点下 RD+DD 的估计值。为确保稳健性,回归样

本分别限制在断点左右五年和两年。上述结果表明,在55岁和50岁处,医疗服务利用在断点前后均没有显著跳升,表明样本中提前退休的人较少。表B进一步进行了安慰剂检验,结果发现除年龄断点为59岁外,其他所有年龄断点均不显著,这与理论预期一致,即断点只在60岁处显现。当断点设在59岁时,无论是住院人数的对数还是住院总天数的对数,均出现了显著下降。这与本文结论不矛盾,因为临近退休时,为了享受更高的医保待遇,可能存在治疗拖延现象,导致退休前一年住院治疗人数突然减少。

表 11　不同年龄断点的 RD+DD 估计值

	住院人数的对数		住院总天数的对数	
	+/−5	+/−2	+/−5	+/−2
A. 可能的退休年龄				
年龄:55 岁	−0.136 8	0.135 7	−0.160 9	−0.048 5
	(0.130)	(0.176)	(0.220)	(0.307)
	[600]	[240]	[600]	[240]
年龄:50 岁	−0.195 9	0.028 6	−0.067 7	0.233 3
	(0.149)	(0.228)	(0.244)	(0.389)
	[600]	[240]	[600]	[240]
B. 安慰剂检验				
年龄:59 岁	−0.264 5**	−0.460 6***	−0.329 8*	−0.529 7**
	(0.107)	(0.162)	(0.181)	(0.268)
	[600]	[240]	[600]	[240]
年龄:58 岁	0.068 5	0.300 7	−0.047 4	0.214 4
	(0.116)	(0.185)	(0.214)	(0.336)
	[600]	[240]	[600]	[240]
年龄:57 岁	0.143 1	0.091 2	0.104 0	0.168 9
	(0.123)	(0.204)	(0.196)	(0.291)
	[600]	[240]	[600]	[240]
年龄:56 岁	0.170 3	−0.199 3	0.388 1*	−0.025 4
	(0.116)	(0.163)	(0.209)	(0.322)
	[600]	[240]	[600]	[240]

(续表)

	住院人数的对数		住院总天数的对数	
	+/−5	+/−2	+/−5	+/−2
年龄:61 岁	−0.063 3	−0.140 0	−0.018 6	0.047 2
	(0.098)	(0.149)	(0.170)	(0.269)
	[600]	[240]	[600]	[240]
年龄:62 岁	0.047 3	−0.020 6	−0.071 1	0.151 6
	(0.107)	(0.159)	(0.167)	(0.251)
	[600]	[240]	[600]	[240]
年龄:63 岁	−0.125 6	0.150 5	0.165 0	0.314 6
	(0.116)	(0.178)	(0.186)	(0.301)
	[600]	[240]	[600]	[240]
年龄:64 岁	0.065 7	−0.035 1	0.168 0	−0.092 8
	(0.107)	(0.165)	(0.172)	(0.275)
	[600]	[240]	[600]	[240]

注:(1)第一行分别是两个不同的被解释变量;(2)第二行是不同的样本年龄区间,分别是断点左右五年和断点左右两年;(3)第二列是选取不同的年龄作为断点;(4)表中的回归设定同方程(5-10)一致,所汇报的是 RD+DD 的估计值(4)方括号中汇报的是样本数量,圆括号中汇报的是稳健标准误,且 * 代表在10%水平上显著,** 代表在 5%水平上显著,*** 代表在 1%水平上显著。

五、 其他可能的退休年龄

值得说明的是,以年龄作为断点的设计与标准的断点设计有一定区别。由于所有个体都会预期自己在 60 岁退休,政策处置随着年龄增加必然发生,个体会预期到断点前后政策的变动,并相应地改变行为。在本文分析中,正如上文所示,个体在临近退休前可能会拖延就医,以等待退休后享受更低的医疗服务费用,这种行为会增加断点跳跃的幅度。

医保待遇变动的影响中,这种拖延就医行为也是由政策导致,对价格更加敏感的个体更有动机拖延就医,因此得到的弹性包括了价格效应和政策变动带来的拖延效应(Catch-up Effect)。因此,本文所得的价格弹性综合了这两种效应,事实上拖延效应本身也是对价格敏感的体现,因此包含两种效应的价格弹性对制定公共政策仍有参考价值。

为了尽量得到纯粹的价格效应,本文参照巴雷卡(Barreca)等人(2011)的做法进行"甜甜圈"断点处差分回归("Donut-hole RD+DD")。① 其基本思想是删减断点附近的观测值后,再进行 RD+DD 回归分析。这样可以一定程度上避免拖延效应,但也会减弱实验组和对照组的可比性,削弱断点设定的效度。遗憾的是,目前没有方法可以确定最优的删减样本区间,既保证断点回归效度又能最大程度上避免拖延效应。为了保守起见,本文将最大删减样本区间定为断点左右半年(年龄区间[59.5,60.5]),并依次变动区间,从而得到相应的断点处差分估计值。

如图 26 所示为"甜甜圈"断点处差分回归的结果。横轴表示在断点附近删减的单侧年龄(月数)带宽,0 刻度表示没有删减样本,6 刻度表示删除了年龄区间[59.5,60.5]的样本。实线为相应的 RD+DD 估计值,虚线为估计值 95% 的置信区间,设定与主回归一致。从图中可以看出,当单侧删减月份小于等于 3

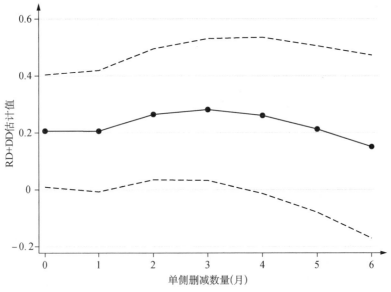

注:(1)样本包括了 2014—2015 年 A 市和 2013—2015 年 B 市数据;(2)图中的实线代表主回归方程 RD+DD 的估计系数,虚线代表 95% 置信区间;(3)横轴代表断点附近单侧删减的月份,例:单侧删减数量为 6 时,即删除了[59.5,60.5]年龄区间的样本。

图 26 "甜甜圈"断点处差分回归分析

---

① Barreca A. I., Lindo J. M. and Waddell G. R., "Heaping-induced bias in regression-discontinuity designs", *Economic inquiry*, vol. 1, no. 54(2016), pp.268-293.

个月时,估计系数逐渐增大,并在5%水平上显著;当删减数量大于等于4个月时,估计系数减少且不显著。总体而言,在整个删减过程中,系数大小较为稳定,说明断点附近虽然存在拖延效应,但其干扰有限。

六、其他可能的退休年龄

在本文的研究设计中指出,只有假设3成立,所得到的结论才是一般意义上的局部处置效应。假设3指的是在60岁附近,退休效应和价格效应相互独立,互不影响。这一假设是否成立,无法从经验上直接或间接验证。在现实中,职工退休的同时医保待遇提高,两者之间可能存在相互促进的关系。因此,本文所得的医疗服务需求弹性结论,仅适用于退休状态下。

此外,本文的医疗服务利用指标主要选取了住院人数对数和住院总天数对数。现实中,当退休人员到医院就医时,供给方很可能知道他们享有更高的医保待遇,因此可能会诱导部分医疗服务需求。尽管区分并估计供给方引致的需求较为困难,但本文使用的住院人数对数指标所受供给方因素的影响较少。而对于住院总天数对数指标,使用RD+DD的方法,在一定程度上差分掉了部分供方诱导因素。总体来看,住院人数对数所得到的医疗服务需求弹性基本体现了需求方的行为。

第五节 结论与政策启示

本章基于官方医保报销数据,以A市城职保退休后待遇变动作为政策断点,利用断点处差分方法(Difference-in-Discontinuities or RD+DD),实证检验了医疗保险待遇变动对住院患者医疗服务利用的影响。研究发现,对于男性患者,退休前后住院人数和住院总天数均出现非连续的增加,住院报销比例每提高1个百分点,住院人数增加约0.24%,住院总天数增加约0.43%,其医疗服务需求的价格弹性约为0.24。同时,入住不同等级医院及不同病种患者对报销水平变动的敏感程度也不一致。本文还发现,虽然我国医保制度对退休人员适当给予待遇优惠,但退休本身对患者医疗服务利用的影响有限,因此这一制度设计并不会引致严重的道德风险。

目前,我国基本医疗保险制度虽然已实现全覆盖,但保障程度仍然有限。提高保障程度面临两方面的权衡:一方面要满足居民的就医保障需求,另一方面要合理控制政府医疗卫生支出,特别是在宏观经济下行和人口老龄化加速的背景下。这使得对现行医疗保障水平的判断及其优化具有重要的政策意义。

本书以 A 市城职保住院患者作为研究对象,所得的医疗服务需求弹性与美国兰德实验及日本的结论相似,表明 A 市城镇职工医保的保障水平与发达国家差距较小。从经验上判断,这一弹性数值相对不大,因此由待遇水平提高引致的道德风险不大。国内其他地区在设计医疗保险待遇水平时,可以以 A 市作为参考标准,充分考虑地域、发展和经济差异,合理制定本地区的医疗保险待遇水平。尽管 A 市作为我国经济发达的东部沿海城市具有一定代表性,但由于医保政策在全国范围内差异较大,未来研究仍需评估我国不同且具有典型代表性地区的医疗保险待遇水平,以为政策制定提供更多经验支持。

第四章

最优医疗保险待遇的经济学分析

> 国家在制定社会保障最低标准时,应留有余地并鼓励每个人自愿采取行动,为自己和家人提供超过最低标准的生活保障。
>
> ——威廉·贝弗里奇(William Beveridge)

确定合适的社会医疗保障水平是一个经典的学术课题,也是一个重要的政策议题。根据最优医疗保险理论,提高医疗保障水平既能改善福利,也会带来效率损失[切蒂(Chetty),2009]。[①] 效率损失指的是提高医疗保障水平可能引发参保人对医疗服务的过度需求,即"道德风险"[保利(Pauly),1974]。[②] 而提高医疗保障水平带来的福利效应主要体现在风险分摊和降低消费不确定性上,使患者及其家庭不会因为患病而生活消费水平大幅下降。因此,最优的保障水平应在平滑消费的边际福利效应等于道德风险的边际效率损失之处。其本质是进行成本收益分析,以判定是否达到合适的待遇水平。

本章讨论我国职工医疗保险中退休后提升医保待遇的福利效果。国务院于1998年颁布的《国务院关于建立城镇职工基本医疗保险制度的决定》中指出,城镇职工医保对企业、机关事业单位职工实施强制参保原则,并对退休人员的医疗费用给予适当照顾。因此,各地的城镇职工医保对退休人员在医保报销比例上均有不同程度的提升。

提高医保待遇需要在收益和成本之间进行权衡。具体而言,医保待遇提升的收益包括两方面:一是降低退休人员的个人自付费用,带来福利改善;二是增强退休人员应对未知风险的能力,减少不确定性支出。而带来的成本主要是额

[①] Chetty R., "Sufficient Statistics for Welfare Analysis: A Bridge Between Structural and Reduced-Form methods", *Annual Review Economics*, vol. 1, no. 1(2009), pp.451-488.

[②] Pauly M., "Overinsurance and Public Provision of Insurance: The Roles of Moral Hazard and Adverse Selection", *The Quarterly Journal of Economics*, vol. 1, no. 88(1974), pp.44-62.

外医保基金支出的增加和可能的道德风险成本。因此,比较收益和成本的关系有助于从福利角度评估这一制度设计的合理性。

在退休的同时提高医保待遇是中国特有的制度设计。少数经济体会对老年人有一定的医保待遇优惠,但大多数经济体的医保待遇提高时间晚于退休年龄。表 12 展示了几个主要国家或地区的法定退休年龄和老年人医保待遇的情况。法国和英国虽然对退休老年人有一定的待遇提升,但因其为福利型国家,个人医疗负担本身不重,因此待遇提升幅度不大。退休效应本身会对个人医疗行为产生影响,特别是研究发现,退休后时间机会成本的下降会使医疗服务利用增加。如果在退休的同时提高医保待遇,可能产生退休效应和价格效应的叠加,导致医疗服务利用增加,甚至严重的道德风险,加重基金运行压力。

表 12　典型国家或地区老年人退休和医保待遇情况

国家或地区	法定退休年龄	老年人公共医保待遇状况
法国[a]	60 岁	领取养老金的老人免住院自付费用;对于 65 岁以上的老人免费接种流感疫苗
德国	65 岁	除基本待遇外,无老年人额外医保待遇
日本	60 岁	除基本待遇外,70 岁以上老人药品个人负担率降低 20%,74 岁以上的老人门诊个人负担率降低 10% 或 20%,75 岁以上老人住院个人负担率降低至 10%
英国[b]	男:65 岁 女:60 岁	除基本待遇外,60 岁以上老人药品和门诊免自付费用
美国	62 岁	65 岁以上老年人可享受美国老年保险计划(Medicare)
中国台湾	65 岁	除基本待遇外,无老年人额外医保待遇

注:作者根据各国或地区政策自行整理;a:法国在个人退休时免去住院自付费用,而法国国家保险保障程度较高,2010 年住院平均个人自付费用是 37 美元(Hossein and Gerard, 2013);b:英国 2010 年平均个人自付费用是 306 美元,占当年家庭收入的 1.3%,因此基本保险的保障程度相对较高。

为了评估退休时提高医保待遇的政策福利效果,本文使用 A 市城镇职工医保住院患者的实际报销数据,首先利用断点回归设计(Regression-Discontinuity Design)方法考察退休后医保报销比例提高对个人自付医疗费用的影响;其次,构建了一个标准化的期望效用分析框架,比较在退休时提高待遇的收益和成本。研究发现,退休后报销水平的提高显著降低了患者的自付费用,平均降幅为 677.8 元,标准化后可知,个人负担比例每提高 1 个百分点,其目录内自付费用下降约 3.6 个百分点,特别是对医疗费用较高的群体,降幅更明显;同时在退休时提高医保待遇水平总体表现为福利减少。因此,本文认为,在退休时提高医保待遇,经济成本大于经济收益。借鉴发达国家的经验,可以适当推迟医保待遇提升的年龄,以保证医保基金的合理有效使用。

本章内容有三方面创新:第一,发现医保制度设计中在退休时提高待遇水平可能导致福利损失,在医保基金压力增加的背景下,可以适当推迟待遇提高的年龄,以兼顾经济效率和社会公平;第二,使用实际报销数据,利用断点回归设计方法检验医保报销比例对个人自付费用的影响,规避了逆向选择问题带来的内生性问题;第三,构建了基于最优医保理论的成本收益福利分析框架,以期为政策制定提供参考。

第一节 研究设计:成本收益福利分析框架

本节内容主要介绍研究设计所基于的制度背景,基本的福利分析框架以及估计方法。

一、制度背景

由于本章的研究仍基于 A 市职工医保数据,因此制度背景与第三章类似,此处简单回顾。

A 市城镇职工基本医疗保险制度:对于在职职工,其住院所发生的由统筹基金支付的医疗费用,设起付标准为 1 500 元;在职职工一年内住院发生的医疗费用,累计超过起付标准的部分,由个人负担 15%。对于退休人员,起付标准根据退休时间不同而不同(见表 13);退休人员一年内住院所发生的医疗费用,累计超过起付标准的部分,由个人负担 8%。对于两类参保人员,统筹基金最高支付限额为 34 万元。起付标准以下的医疗费用以及统筹基金支付后其余部分的医疗费用,由个人医疗账户历年结余资金支付,仍不足支付的,由参保人员自付。因此,在本文的分析中,个人账户支出也算作个人自付支出。根据上述政策,对于在职人员若达到法定退休年龄第二个月并办理退休手续后,即可享受退休人员待遇,其个人自付费用减少约 47%(=7%/15%),医保待遇提升明显。

表 13　A 市城镇职工医保住院待遇水平

人群类别		起付标准	个人负担比例	统筹基金支付最高限额
在职	所有职工	1 500 元	15%	34 万元
退休	2000 年 12 月 31 日前	700 元	8%	
	2001 年 01 月 01 日后	1 200 元	8%	

截至 2024 年,我国强制退休制度规定:工人的法定退休年龄为男性 60 周岁,女性 50 周岁;干部的法定退休年龄为男性 60 周岁,女性 55 周岁。从事井下、高空、高温、特别繁重体力劳动或其他有害身体健康工作的,退休年龄为男性 55 周岁、女性 45 周岁;因病或非因工致残的企业人员退休年龄为男性 55 周岁、女性 45 周岁,党政机关、事业单位人员的退休年龄为男性 50 周岁、女性 45 周岁。A 市男性的正常退休年龄为 60 岁,提前退休年龄可能是 55 岁或 50 岁。利用城镇住户调查数据统计,A 市样本中 60 岁以上的男性 81.8% 均已退休。

二、成本收益福利分析框架

本书基于成本收益分析(Cost-Benefit Analysis)框架,该框架被广泛应用于公共政策评估领域。本文所构建的模型基于芬克尔斯坦(Finkelstein)和麦克奈特(McKnight)(2008)、恩格尔哈特(Engelhardt)和格鲁伯(Gruber)(2011)。[①] 本文构建了一个包含期望效用函数的成本收益福利分析框架,比较 A 市城职保住院患者住院待遇提升所带来的收益和成本,以判断提高医保待遇的福利变化。

具体而言,退休后提高医保待遇带来的成本包括两部分:一是报销比例提高导致的医保基金支出增加(记为♯1);二是由于道德风险导致的医疗费用增加,即效率损失(记为♯2)。待遇提高带来的收益包括两部分:一是参保人退休后减少的个人自付医疗费用(等于♯1),二是医疗保险为患者抵御不确定费用

[①] Finkelstein A. and McKnight R., "What did Medicare do? The initial impact of Medicare on mortality and out of pocket medical spending", *Journal of Public Economics*, vol. 7, no. 92 (2008), pp.1644-1668.

Engelhardt G. V. and Gruber J., "Medicare Part D and the financial protection of the elderly", *American Economic Journal: Economic Policy*, vol. 4, no. 3(2011), pp.77-102.

带来的效用改善(记为♯3)。① 故净收益可表示为：

$$\begin{aligned} NetBenefit &= (TotalBenefit) - (TotalCost) \\ &= (\sharp 3 + \sharp 1) - MCF \times (\sharp 1 + \sharp 2) \\ &= \sharp 3 - (MCF - 1) \times \sharp 1 - MCF \times \sharp 2 \end{aligned} \quad (4-1)$$

其中 MCF 指基金运营的边际成本(Marginal Cost of Funds)，因医保基金支出增加伴随政府公共收入增加带来的福利损失。② 通过估计(4-1)式中的每一项(♯1、♯2和♯3)，可判断提高医保待遇的净收益。

三、效用改善的估计

本部分主要介绍医疗保险为患者抵御不确定费用所带来的效用改善(♯3)。定义个体的简化效用函数和预算约束为：

$$U(C)$$
$$\text{s.t.} \ C = Y - M \quad (4-2)$$

其中 U 为凹函数(假定风险规避型患者)，C 为非健康类消费，Y 为每期收入，M 为个人自付医疗支出(随机变量)，其概率密度函数为：

$$f(M) \quad M \in [0, \bar{M}]$$

参保者分为大于等于 60 岁(高保障水平)和小于 60 岁(低保障水平)两类，小于 60 岁参保者的个人期望效用可表示为：

$$U(Y - \pi_0) = \int_0^{\bar{M}} U(Y - M_0) f(M_0) dM_0 \quad (4-3)$$

其中 π_0 是在低保障水平下的确定性等价，衡量患者愿意为未来不确定医

---

① Finkelstein and McKnight(2008)的分析中加入了健康因素(死亡率指标)，但由于本文数据限制，无法分析健康因素，故此处暂不考虑健康的变动，但在后文分析中会给出医疗支出和死亡率之间关系的说明。

② Browning(1976)首次提出基金运营的边际成本，是指政府在取得税收收入时，所带来的社会成本(或社会福利损失)包括直接的税赋成本，以及伴随而来的资源错配等带来的福利损失。而本文的医保基金征收体制，与税赋收入征收体制相类似，因此可以计算相应的社会成本。参见 Browning E. K., "The marginal cost of public funds", *Journal of Political Economy*, vol. 84, no. 2(1976), pp. 283-298.

疗支出 M_0 支付的保险价格。

对于大于 60 岁参保者而言,保障程度的提升不仅减少了自付医疗费用的方差变动,同时也降低了自付医疗费用的均值水平。考虑到自付医疗费用均值的下降,仅是未出险者(或者政府)对出险者的简单转移支付,在此处本文计算确定性等价时,通过调整使得大于等于 60 岁和小于 60 岁患者自付医疗费用相等,进而计算为抵御不确定的自付医疗费用的减少,而得到的确定性等价,可以表示为:

$$U(Y-\pi_1)=\int_0^{\bar{M}} U(Y-M_1+\mu_1-\mu_0)f(M_1)dM_1 \quad (4-4)$$

此处 μ_0 和 μ_1 分别是 M_0 和 M_1 的均值。个体从在职变为退休后,那么由于保障水平提高,他们为此支付的确定性等价减少,即保障水平的提高所带来的福利改善可以用下式表示:

$$\Delta = |\pi_1 - \pi_0|$$

医疗保险为患者抵御不确定费用带来的效用改善(♯3)为 Δ,而对效用的改善则必须估计高(低)保障水平下个人的自付医疗支出及其分布情况。

后文首先利用断点回归设计估计待遇提高对个人自付医疗费用的影响,为得到个人自付医疗支出(M)的分布情况,进一步给出不同分位数上的估计结果;其次根据断点回归及分位数回归的实证结论,分别估计(4-1)式中的每一项(♯1、♯2 和♯3)。

四、数据及样本

本书使用的数据为 A 市基本医疗保险参保人员医疗服务利用调查数据,数据来源于中国医疗保险研究会。数据内容包括参保人员享受待遇的全部信息,如门诊或住院患者的个人信息、疾病信息、参保类型及医疗服务利用信息等,从 2014—2015 年每年进行一次调查[①],形成混合截面数据。该数据对本文研究有三大优势:第一,作为官方管理数据,准确记录了参保人员的医疗利用、支出及医保报销数据,这是微观回访调查数据无法替代的;第二,数据样本代表性强,满足医疗服务利用相关研究需求;第三,数据样本量大,适用

---

① 注:本数据由第三方研究机构提供,本书尚未获得最新数据。

于断点回归设计。

本书以 A 市城镇职工住院样本作为研究对象,由于女性样本退休年龄较为复杂,本文参考其他利用退休制度进行断点回归设计的研究,剔除女性样本,主要研究男性样本。依据经验设计,样本限制在 55—65 岁,最终得到样本数量为 10 545,每条观测值代表一次住院记录。

五、估计策略

本部分主要利用断点回归设计。由于本文研究的是 A 市城镇职工基本医疗保险,其住院待遇水平在退休人员和在职职工之间存在差异。根据政策规定,达到法定退休年龄第二个月起,即办理退休手续并享受退休医保待遇水平。因此,本文的患者年龄精确到月份,根据患者住院日期和出生日期计算,当年龄达到法定退休年龄的第二个月时视为退休。本文构建的简约型断点回归方程如下:

$$Y_{i,t} = f(age) + \beta Post60_{i,t} + f(age) \cdot Post60_{i,t} + \mu_{i,t} \qquad (4\text{-}5)$$

其中 $Y_{i,t}$ 是指第 t 年时,i 人的个人目录内自付医疗费用[①];$Post60$ 是指患者年龄是否超过 60 岁,若患者的年龄大于等于 60 岁,则变量取为 1,否则为 0;$f(age)$ 是指年龄的多项式,本文主要使用二次多项式,且年龄的多项式与是否大于 60 岁进行交乘;$\mu_{i,t}$ 是指估计的残差项。在我国现行退休制度下,由于各种原因导致并非每个人都会按照法定退休年龄退休,因此达到法定退休年龄仅是增加了退休的概率,即符合模糊断点(Fuzzy RD)的回归设定。而本文所关心的系数是 β,其所衡量的因果效应(Causal Effect)仅是局部平均处置效应(Local Average Treatment Effect),即是严格遵守法定退休年龄退休的人群。同时回归方程控制年份的固定效应。

第二节 退休待遇提高对个人自付医疗费用的影响

本节内容主要介绍了实证估计结果与相关的稳健性检验结果。

---

① 此处目录内是指医保目录内的自付医疗费用,同时后文也考察了全部自付费用,即目录内和目录外的费用和。

一、图形分析结果

在进行回归分析前,本节先用图形展示了年龄和个人负担比例之间的非连续跳跃的关系,从而可以直观理解本文断点的选取。图 27 为年龄和个人负担比例之间的关系,政策规定的个人负担比例是指医保目录内,故此处的个人负担比例等于本次住院目录内自付费用除以基金支付费用和目录内自付费用的和。图中的每个点表示各年龄(用月份表示)组内的平均个人负担比例,拟合线是个人负担报销比例关于年龄的二次多项式,并包括是否大于 60 岁,及其与二次多项式的交乘项,表示了拟合值和年龄之间的关系。从图中可以明显地发现,在 60 岁前后个人负担比例发生非连续的跳跃,即退休后个人负担部分减少平均约 2.3 个百分点。虽然政策中规定退休前后个人负担差距 7 个百分点,但是由于在实际住院中的病情、药品以及诊断的差异,导致实际的差异小于政策的差异。

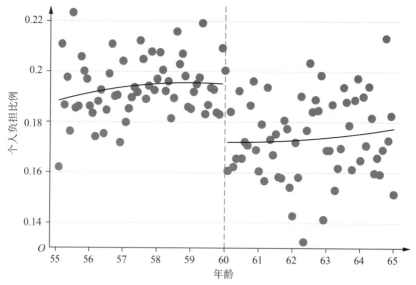

注:(1)个人负担比例=目录内自付费用/(基金支付费用+目录内自付费用);(2)图中的每一个点代表的是每个年龄(以月计算)组内的平均个人负担比例;(3)拟合线是来自平均个人负担比例对是否大于 60 岁、年龄的二次多项式、是否大于 60 岁和多项式交乘的回归模型。

图 27 年龄与个人负担比例

二、个人自付医疗支出

我国基本医疗保险制度的主要目的是保障居民的基本医疗需求,缓解因病致贫、因病返贫等问题,因此公共医疗保险在保障个人免遭灾难性医疗支出方面具有重要意义,可以带来个人福利水平的改善。因此,考察医保待遇的变化对个人自付医疗费用的影响,对于分析保险带来的抵御风险的福利改进具有重要的意义。

如图 28 为年龄和个人目录内自付医疗费用之间的关系。图中的每个点代表对应年龄组内,个人目录内自付医疗费用的均值。图中的拟合线是根据回归方程得到,即用目录内自付费用对是否大于 60 岁、年龄的二次多项式、是否大于 60 岁和多项式交乘做回归,从图中可以发现,自付费用在 60 岁之后发生了明显的向下跳动,相应的回归结论见后文。

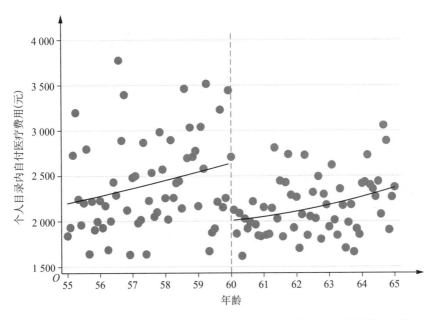

注:(1)图中的点代表每个年龄(以月计算)组内,个人目录内自付医疗费用的均值;(2)拟合线来自于自付医疗费用对是否大于 60 岁、年龄的二次多项式、是否大于 60 岁和多项式交乘后的回归模型。

图 28　年龄与个人目录内自付医疗费用

表 14　断点回归估计结果

变量	目录内自付费用	全部自付费用
是否大于60岁	−677.8***	−1 470.7**
	(219.7)	(634.3)
年份效应	YES	YES
观察值	10 545	10 545
R 方	0.002	0.001

注:(1)回归方程中控制了年份效应,样本区间是55—65岁;(2)括号中汇报的是标准误,且 * 代表在10%水平上显著,** 代表在5%水平上显著,*** 代表在1%水平上显著。

退休后医保待遇的提升,除了对目录内的医疗费用会产生直接的影响,也可能对全部的自付费用(目录内和目录外的总和)产生影响。因此表14考察了60岁前后,目录内自付费用以及全部自付费用的变动。从全样本来看,退休后待遇的提高,平均使得目录内自付费用下降了677.8元,全部自付费用下降了1 470.7元。进一步标准化后可知,个人负担比例每提高1个百分点,其目录内自付费用下降约3.6个百分点,个人全部自付费用下降约3.5个百分点。①

为了得到后文成本收益分析中自付医疗费用的分布,本文继续考察了不同分位上的目录内自付医疗费用在退休前后的变动情况。考虑到医疗支出分布具有高度的偏态,并且同样的待遇变动对于不同医疗支出的人具有异质性,图29首先给出了80分位、60分位以及40分位上的目录内自付医疗支出与年龄之间的关系。图中的点分别代表每个年龄组内,不同分位上的目录内自付医疗费用,图中的拟合线来自于主回归方程。从图中可以发现,自付医疗费用在60岁前均呈现稳定的增加趋势,但随着退休年龄的到达,三个分位上的自付医疗费用均出现不同程度的下降,其中80分位上下降的幅度最大,其次是60分位,而40分位上则下降不明显。这一结果与现有的其他研究相类似,表现出自付医疗费用越高的群体,其下降的幅度越大。

其次,本文给出了不同分位上,个人目录内自付医疗费用在60岁前后的变化,即针对主回归方程进行分位数回归(Quantile Regression)。图30展示了每个分位上回归方程的估计值,以及相应的95%置信区间,标准误使用自助法

---

① 60岁时样本的目录内自付费用的均值为2 710元,全部自付费用均值为6 050.6元,因此可以计算得到标准化后的变动幅度为: $\frac{677.8/2\,710}{15\%-8\%} \approx 3.6$,$\frac{1\,470.7/6\,050.6}{15\%-8\%} \approx 3.5$。

第四章 最优医疗保险待遇的经济学分析 —— 79

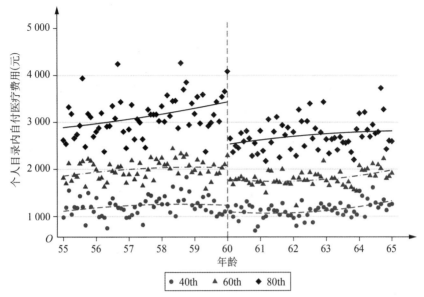

注：(1)图中的点代表每个年龄(以月计算)组内，所对应 40 分位、60 分位和 80 分位的目录内自付医疗费用；(2)拟合线来自于目录内自付医疗费用对是否大于 60 岁、年龄的二次多项式、退休与否和多项式交乘后的回归模型。

图 29 年龄与不同分位上个人目录内自付医疗费用

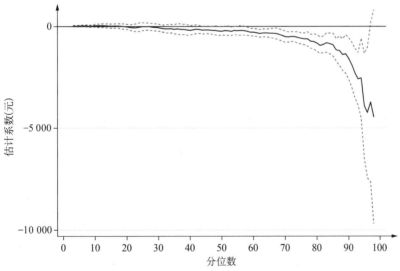

注：(1)图中的实线代表主回归方程不同分位上估计系数的大小，虚线代表 95% 置信区间；(2)横轴代表的是不同的分位数。

图 30 不同分位上断点估计值

(Bootstrap)重复 200 次得到,其中纵轴是变量 60 岁之后的系数以及其 95％置信区间的范围,横轴是不同的分位数。表 15 进一步给出了不同分位上断点估计的系数大小,以及目录内自付费用的均值和不同分位上的数值。从图和表中可以发现,在 44 分位之前的断点估计系数是不显著的,50 分位后随着分位数的提高,系数的绝对值呈现出不断增大的趋势。退休之后医保待遇的提升使得个人自付医疗费用减少,并且对于医疗花费较高的群体其减少的幅度更大,其中在 60 分位上自付医疗费用减少约 281 元,且在 1％水平上显著;在 90 分位上这一下降效应增加至约 1 595 元,并在 1％水平上显著。

表 15 不同分位上断点估计值

数值	目录内自付费用统计值(1)	断点估计系数(2)
均值	2 293.0	−677.8***
44 分位	1 319.2	−175.7*
中位数	1 537.3	−229.3**
60 分位	1 889.6	−280.9***
70 分位	2 282.8	−503.6***
80 分位	2 915.8	−817.5***
90 分位	4 271.6	−1 594.5***
95 分位	6 830.0	−3 887.5***

注:(1)第 1 列是目录内自付医疗费用的均值和不同分位的值;(2)第 2 列与图 30 一致,是回归方程不同分位数上的估计值;(3)* 代表在 10％水平上显著,** 代表在 5％水平上显著,*** 代表在 1％水平上显著。

三、稳健性检验

本节稳健性检验主要包括两个方面:一方面是断点回归的有效性检验和连续性检验,另一个是针对退休后工作状态变化的影响。

断点识别策略中的一个重要假设是驱动变量不能被操纵,而本文的驱动变量是年龄,并且本文的研究针对的是参加 A 市城镇职工医保的群体,因此在现实中操纵年龄从而影响是否退休十分困难,故其被操纵的可能性并不大。影响断点回归估计有效性的另一个假设是连续性假设,即要求在 60 岁附近除了退休状态之外,其余的变量在断点处没有发生变动。连续性检验的思路与上一章内容相类似,此处仍然使用城镇住户调查(UHS)数据来检验其他变量在退休年龄附近的连续性问题,结论满足连续性假设要求。

上文中所使用的数据是2014—2015年的,因此使用2014年UHS在A地区的调查数据进行连续性检验。与主回归分析相类似,此处仅选取男性样本,由于数据中不包括个人的医疗保险的险种信息,为了保证所研究的样本参加的是城职保,将没有固定性职业、家务劳动者、丧失劳动能力者、待就业者、失业人员以及在校学生删除。采用与上文主回归方程一致的设定,分别检验受教育程度、婚姻状况、民族在断点附近的连续性,并采用不同的断点带宽进行回归,结果如表16所示。表中第一列是待检验的不同因变量,样本的年龄区间选取分别从[55,65]变为[59,61],表中所汇报的是断点估计值。从表中可以发现,个体的特征在断点附近并没有发生显著的变化,从而满足连续性的要求。

表16 连续性检验

条件	年龄范围				
	+/5	+/4	+/3	+/2	+/1
是否小学及以下学历	−0.010 5	0.025 4	−0.005 3	−0.066 7	0.033 3
	(0.027)	(0.030)	(0.004)	(0.066)	(0.033)
是否初中学历	0.042 8	0.087 1	0.013 5	0.308 3	−0.037 2
	(0.205)	(0.261)	(0.395)	(0.265)	(0.195)
是否高中/中专学历	−0.093 4	−0.059 5	−0.089 6	−0.361 1	0.169 0
	(0.183)	(0.233)	(0.353)	(0.267)	(0.192)
是否大学及以上学历	0.061 1	−0.053 1	0.081 3	0.119 4	−0.165 1
	(0.160)	(0.198)	(0.287)	(0.204)	(0.161)
是否已婚	−0.034 6	−0.079 6	−0.071 4	0.000 0	−0.020 2
	(0.068)	(0.083)	(0.102)	(0.094)	(0.066)
是否汉族	−0.016 6	0.022 5	0.093 8	0.031 2	0.000 0
	(0.016)	(0.023)	(0.093)	(0.031)	(0.000)
样本数量	382	313	255	180	103

注:(1)第一列分别是不同的因变量;(2)表中所汇报的是变量是否大于60岁的系数;(3)回归方程变量包括是否大于60岁、年龄的二次多项式、是否大于60岁和多项式的交乘项,样本年龄区间依次从[55,65]变为[59,61];(4)括号中汇报的是稳健标准误,且*代表在10%水平上显著,**代表在5%水平上显著,***代表在1%水平上显著。

来自退休后工作状态变化的影响。在退休前后不仅发生了住院待遇水平的变动,同时退休后个人的工作状态发生了变化。由于退休后,个人闲暇时间更多,因此可能导致医疗服务利用频率的上升,而医疗服务利用的增加则倾向于增加总医疗费用,以及自付医疗费用,因此若考虑到退休后工作状态变化带来的"退休效应",则导致由待遇水平变化带来的"价格效应"被低估,使得本文的结论更为保守。但正如后文中的成本收益分析,在进行福利分析时,本文更倾向得到这两个效应的叠加影响,从而对退休时提高医保待遇这一政策进行福利评估。

第三节 成本收益分析结果

首先,计算由于报销比例的提升,导致的医保基金支出额度的增加(♯1)。其中样本中 59 岁年龄组的年平均自付医疗支出(政策范围内)是 4 530 元,根据 A 市医保政策可知,如果使用退休后医保待遇政策,则得到的反事实自付费用为 2 416 元,①从而可以得到医保基金支出额度是 2 114 元。其次,计算由道德风险所带来的医疗费用的增加(♯2)。此处,本文定义道德风险为,由于医疗服务价格降低所导致的医疗服务利用的增加。② 根据回归结论,对于 61 岁年龄组的实际自付费用支出为 3 852.2 元(4 530—677.8),上文计算得到的反事实自付费用为 2 416 元,因此道德风险所引起的医疗费用增幅是 1 436.2 元(3 852.2—2 416)。

一、社会收益

根据研究设计中关于社会收益(♯3)的估计策略,求解过程可以分为以下几步:

第一步:首先估计不同分位上自付医疗费用方程,如下所示:

$$M_{i,t}^q = \alpha^q + f^q(age) + \beta^q Post60_{i,t} + f^q(age) \cdot Post60_{i,t} + \mu_{i,t} \quad (4\text{-}6)$$

---

① 使用 $\frac{4\,530}{15\%} \times 8\%$ 计算得到,其中退休前需要个人自付 15 个百分点,退休后需要个人自付 8 个百分点。

② 严格意义上的道德风险应该是医疗服务价格的下降所导致医疗需求的"过度增长",判断医疗服务增加是否有效率十分困难,并且效率的评价方法和标准也不同。因此本文此处所得到的道德风险是估计上界,后文的检验中将道德风险设为 0,即下界,再带入成本收益分析框架中。

其中 M^q 是 q 分位上自付医疗费用的支出，$f^q(age)$ 是关于年龄在 q 分位上的二次多项式，上文中分位数估计的结果展示了不同分位上 β 的估计值，以及 95% 的置信区间。

第二步：使用第一步所得到的估计方程，可以计算 59 岁 11 个月（恰好小于 60 岁）样本和 60 岁 1 个月（恰好大于 60 岁）样本的自付医疗费用的分布情况。对于恰好小于 60 岁样本的自付医疗费用分布情况可以写为：

$$\hat{M}_0^q = \hat{\alpha}^q \tag{4-7}$$

对于恰好大于 60 岁样本的自付医疗费用分布情况可以写为：

$$\hat{M}_1^q = \hat{\alpha}^q + \hat{\beta}^q \tag{4-8}$$

其中 $q=1,\cdots,99$，由于每个个体都有 99 个不同分位数的估计结果，为了保证整体的概率总和为 1，本文设定在零分位上的医疗支出为 0，即：

$$q=0,\ i.e.\ \hat{M}_1^0 = \hat{M}_0^0 = 0 \tag{4-9}$$

第三步：通过下式可以计算 60 岁以下群体的风险溢价 π_0。

$$U(Y-\pi_{0i}) = \frac{1}{100}\Big[\sum_{q=1}^{99} U(Y_i - \hat{M}_{0i}) + U_0\Big] \tag{4-10}$$

其中 $U_0 = U(Y_i)$，是每个个体的收入。按照同样的方法，可以计算得到对于大于 60 岁组的风险溢价：

$$U(Y-\pi_{1i}) = \frac{1}{100}\Big[\sum_{q=1}^{99} U(Y_i - \hat{M}_{1i} + \hat{\mu}_1 - \hat{\mu}_0) + U_1\Big] \tag{4-11}$$

其中 $U_1 = U(Y_i + \hat{\mu}_1 - \hat{\mu}_0)$，并且此处的个人收入使用恰好大于 60 岁组和恰好小于 60 岁组的自付医疗支出之差进行调整，使得两个组别的分布均值相同，从而可以对比方差差异所带来的效用增加。根据前人的文献，本文定义效用函数为常相对风险规避型效用函数（CRRA），其效用函数定义为：

$$U(C) = -\frac{1}{\phi-1}C^{1-\phi} \tag{4-12}$$

其中阿罗-普拉特（Arrow-Pratt）相对风险规避系数为：

$$\phi = -\frac{CU''}{U'}$$

二、结论与讨论

表17为成本收益分析的主要结果以及相应参数的赋值依据。在计算医保基金支出增加所带来的社会成本时,所得到的医保基金支出年人均增加额为2 114元,道德风险引起的增加额上界为1 436.2元,其相应的计算过程在上文中已说明。目前关于中国基金运行的边际成本的相关研究尚不多见,仅有的文献是关于美国的研究,其数值为1.3,而在经验上由于发达国家市场化程度更高,税制的设计更能减少由此所带来的资源错配,因此此处MCF取值为1.3,是关于中国情况取值的下界,从而本文将会得到净福利的保守估计。

表17 成本收益分析结果

变量	数值(范围)	计算依据
社会成本		
医保基金支出增加(#1)	2 114元	比较59岁年龄组的平均实际自付费用和待遇提高后的反事实自付费用差额
道德风险成本(#2)	0—1 436.2元	比较61岁年龄组的平均实际自付费用和上文中的反事实自付费用差额
基金边际成本(MCF)	1.3	参数选取参照Poterba(1996),作为中国情况的下界
社会收益		
相对风险规避系数	2—6	参照梅冬州和龚六堂(2011),王晟和蔡明超(2011)
收入	50 000元	根据城镇住户调查(UHS)2014年的A市数据
效用改善(#3)	171.4—983.1元	参见本文给出的估计过程
净福利		
道德风险:1 436.2元		
相对风险规避系数:2	−2 329.9	代入公式(4-1)中可得
相对风险规避系数:3	−2 201.2	

(续表)

变量	数值(范围)	计算依据
相对风险规避系数:4	−2 031.9	代入公式(4-1)中可得
相对风险规避系数:5	−1 808.9	
相对风险规避系数:6	−1 518.2	
道德风险:0元		
相对风险规避系数:2	−462.8	代入公式(4-1)中可得
相对风险规避系数:3	−334.1	
相对风险规避系数:4	−164.8	
相对风险规避系数:5	58.1	
相对风险规避系数:6	348.9	

注:Poterba J. M.,"Government intervention in the markets for education and health care: How and why?", in Individual and social responsibility: Child care, education, medical care, and long-term care in America, University of Chicago Press, 1996, pp.277—308.
梅冬州、龚六堂:《新兴市场经济国家的汇率制度选择》,《经济研究》2011年第11期,第73—88页。
王晟、蔡明超:《中国居民风险厌恶系数测定及影响因素分析——基于中国居民投资行为数据的实证研究》,《金融研究》2011年第8期,第192—206页。

相对风险规避系数的估计结果存在较多差异,考虑到相对风险规避系数在实际估计中受到来自样本、方法的不同影响,因此本文将相对风险规避系数的取值范围设定为2—6。而收入的计算使用城镇住户调查(UHS)2014年在A地区的调查数据,使用A市参加城镇职工医保且年龄恰好为60岁群体的平均年收入作为本文Y的取值。

根据表17中所给出的结果来看,总体而言,退休后提高医保待遇从经济福利角度看是下降的。当道德风险取上界时,计算结果一致表明成本大于收益;为了稳健起见,本文考虑了道德风险为0的极端下界情况,除了风险规避系数为5、6时,计算结果表明成本大于收益,虽然在风险规避系数为5时福利改进为正,但成本和收益的差额不大,同时考虑到A市为中国较发达的沿海直辖市,因此属于更加偏好风险类型,从而风险规避系数应处于中等偏低的水平,即更可能出现成本大于收益的情况。

改善这一现状最直接的方式是适当降低退休人员的待遇水平,但这一方式将会带来社会公平的损失。考虑到老年人群体的疾病风险大、收入水平低、抵抗风险能力弱等特点,通过保险实现相应的转移支付,有助于促进社会公平。

参照国际经验,适当推迟提高老年人医保待遇的年龄,是目前可以探索的一个新维度。在退休的同时立即提高医保待遇,将可能产生退休效应和价格效应的同期叠加,使得退休后医疗服务利用的增幅进一步增加,可能导致严重的道德风险问题。而适当推迟待遇提高的时间,可以避免退休效应和价格效应的同期叠加问题。这一政策设计,在一定程度上保证了老年人待遇水平不下降,但同时也为医保基金的运行减轻压力。此外,虽然无法从全国范围内评估退休后提高待遇的经济福利,但允许各地区探索适合本地区的合理的待遇提高的时点,将会是有益的尝试。

值得说明的是,解读本文的结论需在一定的假设条件下,而本文的成本收益分析可能存在以下几个问题:

首先,医保待遇的提高不仅从抵抗风险支出获得效用改进,同时可以从改善健康水平中获得福利改进。由于本文缺少关于样本健康的数据,因此无法对健康改善进行直接评估,而衡量健康的客观指标文献中多使用死亡率,因此可以利用 A 市死亡率数据考察在 60 岁前后是否发生死亡率的变动,以推测提高医保待遇是否对健康有正向作用。如图 31 为 2010 年 A 市人口普查数据中关于城市地区男性死亡率的分布情况,[①]其中 59 岁、60 岁、61 岁的死亡率分别为 5.4‰、5.54‰、7.12‰,由于死亡率在 60 岁前后变动相对平滑,因此可以预期医保待遇的提高对死亡率并没有显著的影响。

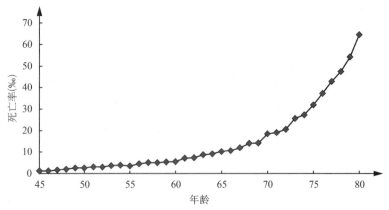

注:数据来源于《A 市 2010 年人口普查资料》。

图 31　A 市城市地区男性的死亡率分布

---

① A 市城镇职工医保覆盖率较高,因而可以用此数据说明城职保人群分年龄死亡率;2010 年 A 市城镇职工医保政策对退休人员的自付费用比例仍旧下调 7 个点。

其次,提高医保待遇虽然短期无法改善健康,但可能促进医疗服务利用,进而长期来看对患者健康产生积极的影响。考虑到本文的实证方法是断点回归设计,因此无法估算长期的健康效应,但从政策角度而言,长期的健康效应并非通过住院待遇的提高保证,合理的做法应通过健康管理等方式促进,故成本收益分析框架中并未考虑这一效应。

再次,由于本文所构建的个人效用函数模型时间跨度为1年,而医疗费用支出存在生命周期的特点,特别是在生命周期的末期,医疗费用支出较大,因此若本文仅考虑每一年,则会低估未知医疗费用支出的风险,从而会得到净福利减少的保守估计结果。

最后,由于本文的模型仅存在1期,从而忽略了跨期中可能存在的个人储蓄对于未知医疗费用支出风险的分担,从而产生了对个人福利改进的高估。但从制定社会保障制度的视角出发,若不考虑个人储蓄的影响从而制定公共政策,可以更有效地保障个人福利,刺激个人的消费,因此所得到的结论仍旧具有政策含义。

第四节 结论与政策启示

根据现行的城镇职工医保制度,[①]我国大部分城市对退休人员报销待遇有所提升,本书以 A 市城镇职工医保制度中退休人员待遇差异为例,考察了这一制度安排的收益和成本。首先,利用断点回归设计的方法考察了退休后医保报销比例提高对个人自付医疗费用的影响;其次,构建了一个标准化的期望效用分析框架,进而比较在退休时提高待遇的收益和成本。结论发现,退休后报销水平的增加,显著地降低了患者的自付费用,其平均降幅为 677.8 元,且个人负担比例每提高 1 个百分点,其目录内自付费用下降约 3.6 个百分点,对于医疗费用较高的群体,其降低的幅度更加明显;同时在退休时提高医保待遇水平,其经济福利总体表现为福利减少。

在人口老龄化加速的背景下,城镇职工医疗保险的在职退休比连续多年维持在 2.9 左右,职工医保基金运行压力大,医保改革应关注提高基金使用效率。我国城镇职工医保政策规定,要给予退休人员适当比例的待遇照顾,而政策制

---

① 《国务院关于建立城镇职工基本医疗保险制度的决定》(国发〔1998〕44 号)第六条。

定必须兼顾公平与效率。于公平而言,老年退休人员是疾病高发群体,其医疗负担重,抵抗风险能力弱,需要社会保险进行转移支付;于效率而言,本文发现这一政策总体经济福利是减少的。参照国际经验,适当推迟提高老年人医保待遇的年龄,是目前可以探索的一个新维度。

在退休时提高医保待遇,使得退休效应与价格效应同期叠加,更大程度上提高退休后医疗服务利用的增加,可能导致了经济成本大于经济收益的结果。而参照发达国家的经验,我国可以适当地推迟医保待遇提升的年龄,从而尽可能取得社会公平与经济效率的平衡。在实际执行中,可以采用渐进式推迟提高待遇年龄的政策,不断评估政策实施的效果,同时也有助于找到经济上更为合理的提高医保待遇的时间。同时,本文也需要注意到,由于全国范围内医保政策差异大,并且缺乏全国范围内的数据,本文仅能以 A 市作为范例进行研究,同时本文的分析中也存在诸多假设,因此在解读本文结论时应更为谨慎。但是,如果从中央政策层面出发,允许各地根据自己地区的实际情况,探索延迟提高医保待遇年龄的政策,将有助于医保基金平稳高效地运行。

第五章

门诊待遇的非线性特征与中国高住院率

圣人不治已病,治未病;不治已乱,治未乱

——《黄帝内经》

新时期党和政府高度重视我国卫生健康事业发展,将"实施健康中国战略"提升到国家整体战略。2009 年新医改以来,我国卫生健康事业发展进入快车道,取得了一系列举世瞩目的成就。但与此同时,我国的卫生费用也快速增长,在过去 2010—2021 年卫生总费用的平均增速为 12.9%,远超同期 GDP 增速,其中政府和社会支出占比超 60%;在我国经济由高速增长阶段转向高质量发展

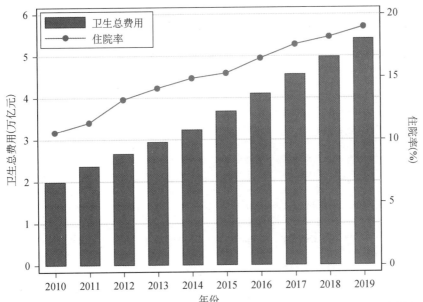

注:数据来源于历年《卫生健康事业发展统计公报》《中国卫生健康统计年鉴》;卫生总费用根据 2010 年价格指数进行调整。

图 32　中国卫生总费用和住院率变动趋势

阶段的背景下,当前卫生总费用的增长趋势必然不可持续,《"十四五"全民医疗保障规划》也进一步指出,要将维护人民生命安全和身体健康放在首位,同时也应坚持尽力而为、量力而行的原则,使得保障制度更可持续。而合理优化支出结构、改善医疗资源配置效率,才能既体现医疗保障的"尽力而为",同时也兼顾"量力而行",这也是新时期政策层和学术界探究的重点改革方向。

长期以来,我国医疗卫生事业中一个重要的特征事实是住院率水平较高。新医改以来,我国住院率从近10%增长至2019年的19%(见图32),权威医学杂志《柳叶刀》(The Lancet)发布的一项跨国对比的研究发现,中国的门诊率接近世界平均水平,但住院率却远高于世界平均水平[摩西(Moses)等人,2019]。① 根据《中国卫生健康统计年鉴》,我国人均卫生费用从2000年的361.9元增至2020年的3570.1元(经过价格指数平减);根据经济合作与发展组织(OECD)、世界卫生数据交换库(GHDx)和联合国人口司(UNPD)的数据,2017年中国住院率为16.5%,超过了美国、英国、意大利、日本和韩国等国家。图33利用最新的数据展示了中国住院率和主要OECD国家的对比,可以发现中国住院率水平居前且增速最快。

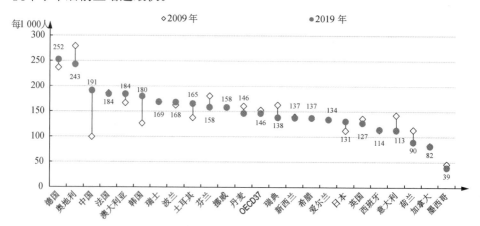

注:数据来源于OECD Health Statistics (2021),图中分别展示每个国家2009年和2019年时每千人住院率。

图33 中国与主要OECD国家住院率变化(2009—2019)

---

① Moses M. W., et al, "Funding and services needed to achieve universal health coverage: Applications of global, regional, and national estimates of utilisation of outpatient visits and inpatient admissions from 1990 to 2016, and unit costs from 1995 to 2016", *The Lancet Public Health*, vol. 1, no. 4 (2019), pp. e49-e73.

第五章 门诊待遇的非线性特征与中国高住院率

目前,学术界和政策层对高住院率的成因莫衷一是。大部分学者认为高住院率是由于以公立医院为主的供给诱导需求行为(朱恒鹏,2018;臧文斌等,2020),[①]另外一些学者也指出,我国医疗保险统账结合的制度,使得住院可以由统筹基金报销,由此导致住院率更高(朱凤梅等,2021;王震和朱凤梅,2020),[②]此外政策层和企业界的相关人士也给出了不同的解释。[③] 住院是医疗资源密集型的服务方式,高住院率必然会带来卫生费用的快速增长,因此探究我国高住院率背后的驱动因素,合理优化制度安排和资源配置,对实现健康中国战略目标具有重大意义。

本文着眼于医疗服务市场中最大的支付方,即基本医疗保险,从理论和实证两方面探究我国高住院率的成因和制度优化。目前,由国家医保局管理的基本医疗保险已经成为我国医疗服务市场最大的支付方,截至2020年,中国基本医疗保险参保人数约13.6亿(参保率达95%),当年基金支出共计约2.1万亿元,占全国公立医院总收入约66.7%,[④]因此,基本医疗保险的待遇支付设计将直接影响我国医疗服务利用的特征及费用增长。

我国社会医保待遇的基本特征是"重住院、轻门诊",体现为门诊待遇设计中非线性定价(Nonlinear Pricing)的特点。我国基本医保待遇制度根植于1994年"两江"试点的改革经验,[⑤]试点经验在全国推广的过程中,大部分地区统筹基金仅支付住院费用,门诊由个人账户支付或个人自付。此后,国家层面出台一系列政策建立基本医疗保险的门诊统筹,[⑥]截至2021年全国大部分地区已经不同程度建立了门诊待遇统筹制度,其中也包括慢性病门诊(部分地区也称大病门诊、门诊特殊疾病等)。尽管如此,大部分地区的门诊待遇具有高度非线性特

---

① 朱恒鹏:《城乡居民基本医疗保险制度整合状况初步评估》,《中国医疗保险》2018年第2期;臧文斌、陈晨、赵绍阳:《社会医疗保险、疾病异质性和医疗费用》,《经济研究》2020年第12期。
② 朱凤梅、张小娟、郝春鹏:《门诊保障制度改革:"以门诊换住院"的政策效应分析——基于中国职工医保抽样数据的实证检验》,《保险研究》2021年第1期;王震、朱凤梅:《职工医保门诊保障模式改革基金收支情况测算》,《中国医疗保险》2020年第11期。
③ 具体可以参见医学界媒体采访文章 http://www.xygpl.com/contents/3/11249.html
④ 数据来源于《2020年全国医疗保障事业发展统计公报》《中国卫生健康统计年鉴》等。
⑤ 1994年,我国在江苏镇江和江西九江试点城镇职工基本医疗保险制度,其中一项任务是探索两种医保报销模式:一种是门诊由个人账户支付,住院由统筹基金支付,即分块支付(又称"板块式");另一种模式是门诊个人账户余额用完后,可进入统筹基金报销,住院也由统筹基金支付(又称"通道式")。在后来的试点经验推广过程中,绝大部分地区选择了"板块式"报销模式。
⑥ 人力资源和社会保障部等发布《关于开展城镇居民基本医疗保险门诊统筹的指导意见》(人社部发〔2009〕66号)。

征,突出表现为设置较低的封顶线,在封顶线以下统筹基金按一定比例报销门诊费用,达到封顶线后则需要患者全额自付。这一制度设计初衷是为了控制门诊的道德风险,但随着住院待遇不断提高和居民对医疗服务需求的增加,门诊待遇不足将促使患者选择待遇更高的住院服务进行替代,这必将推升住院率,增加医疗负担;特别是对于本可避免的住院类型,住院耗费的医疗资源高于门诊,可能恶化医疗资源配置效率。

为了更为严谨地论证并量化因果效应,本文利用我国 2013—2017 年某城市的城乡居民医保患者实际就诊数据,使用事件研究法(Event Study),检验门诊较低的封顶线对患者门诊、住院行为的影响,[①]本文进一步模拟了取消门诊封顶线后的成本收益。结论表明,门诊封顶线较低的非线性定价会极大地推高住院率,特别是在恰好达到门诊封顶线时,患者住院概率增加近 76%。群聚(Bunching)分析发现,取消门诊封顶线后,由此节约的住院医保基金将大于门诊医保基金的增加,节省了约 20% 的基金支出;这一粗略的测算表明,取消门诊待遇中较低的封顶线,可以兼顾医保待遇提高和基金节约,提供了有益的政策启示。

本书结论有助于厘清我国多年存在的高住院率之谜,同时也提出政策优化路径。高住院率问题不仅带来公共财政和医疗保险的压力,也会加剧"看病难、看病贵"的问题。与发达国家相比,我国的典型特征是,基本医疗保险是医疗服务市场中最大的支付方,其支付结构和定价设计会产生重大影响。提高门诊待遇后,置换那些本可在门诊治疗的住院患者,可以实现待遇提高、基金节约的双赢效果。

第一节　城乡居民医保与住院率

目前,我国基本医疗保险覆盖 13.6 亿人,但医疗保障制度发展不平衡不充分的问题逐步显现,其中被较多关注的是地区间的待遇差异、城乡间的待遇差异以及医保类型间的差异,而易被忽视的是门诊待遇和住院待遇之间的不平衡

---

① 本文所选取城市的门诊报销封顶线为 200 元(对应门诊总费用至少 333 元,详见第二部分);根据《中国卫生健康统计年鉴》数据,2020 年全国门诊病人次均医药费为 324.4 元,因此该封顶线设置较低。

问题。近年来,政策层已开始关注该问题,2020年中共中央、国务院印发的《关于深化医疗保障制度改革的意见》首次提出"逐步将门诊医疗费用纳入基本医疗保险统筹基金支付范围",2021年国务院办公厅印发的《关于建立健全职工基本医疗保险门诊共济保障机制的指导意见》进一步提出鼓励地方从实际出发,探索职工医保门诊保障的有效途径。本文研究主要基于我国城乡居民基本医疗保险(下文简称"居民医保"),本部分将从居民医保的制度特征、典型地区的制度背景和特征事实进行展开。

一、居民医保制度背景

截至2020年居民医保覆盖人数达10.16亿人,占基本医保参保人数的74.7%,主要覆盖除参加职工医保以外所有的群体,其中以灵活就业人员居多。城乡居民医保是2016年统筹整合新农合和城镇居民医保而建立,由于在统筹过程中遵循"待遇就高不就低"的原则,使得整合后待遇水平显著上升,由于制度整合尚在过渡期,个人筹资水平并没有相应提高,其中财政补贴占比高。如图34所示,在"以收定支"的原则下,城乡居民医保基金均保持收入大于支出,

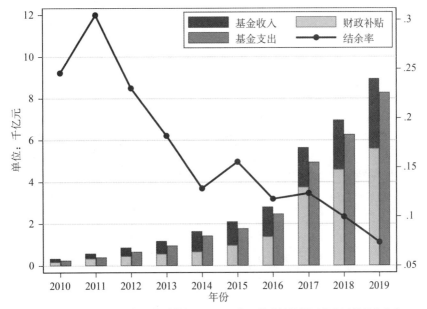

注:(1)数据来源于国家医保局统计数据;(2)2016年以前为城镇居民基本医保基金收支。

图34 2010—2019年城乡居民基本医疗保险基金运行情况

但是医保基金的结余率却不断下降,从 2011 年的 30.5% 降至 2019 年的 4.5%,特别是城乡统筹之后,结余率加速下降,伴随着近年来抗癌药进医保目录以及高血压、糖尿病等慢性病的进一步保障,基金支出规模将持续增加;另一方面,截至 2019 年两级财政补贴占基金收入高达 63%,可见目前基金收入过度依赖财政补贴,随着经济增速放缓、财政支持能力减弱,这一情形将难以为继。① 总体来看,城乡居民医保目前面临的困境包括:基金平衡运行压力较大,基金收入过度依赖财政补贴,自愿参保条件下保费提升阻力大。

我国医疗服务利用的重要特征是高住院率。图 35 为我国住院率和居民医保基金支付中住院支出占比的变化趋势图,图中可以发现居民医保目前主要支付住院费用,2019 年医保对住院费用支出的占比高达 86%,与此同时我国住院率也连年攀升。由此可以初步推断,住院率较高的原因之一是我国医保基金目前主要用于支付住院费用,对门诊费用的支付十分有限。

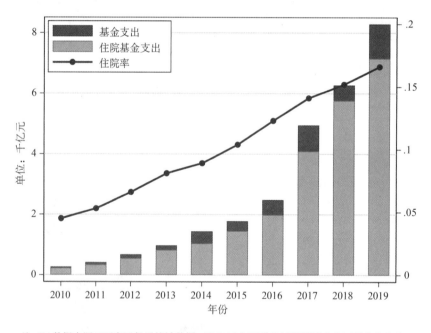

注:(1)数据来源于国家医保局统计数据;(2)2016 年以前为城镇居民基本医保基金收支。

图 35 城乡居民医保基金支出结构和住院率

---

① 此外,我国也建立了居民医保的大病保险,其筹资也从居民医保划拨,加大了居民医保支付压力。

从国际经验来看,门诊服务的保障在医疗服务体系中占据重要位置。一方面,门诊服务较住院服务的成本和费用更低,且门诊治疗的便捷性可以提升医疗机构的接诊能力,可以部分缓解"看病难、看病贵"问题;另一方面,更高的门诊服务可及性,可以避免小病拖成大病,有利于及早预防、发现和治疗疾病。因此,从资源优化配置的角度来看,我国基本医保"重住院、轻门诊"的特征可能产生效率损失。

二、样本城市居民医保待遇政策

样本城市于 2009 年较早实现了城乡居民基本医疗保险制度整合,同时建立了门诊统筹制度。制度规定参加居民医保的人员,只要在本市基层定点医疗机构就医,所发生的医保范围内的费用纳入统筹基金支付。支付标准为由门诊统筹基金按 60% 的比例进行支付,且一个自然年度内门诊筹资金为个人报销的门诊医疗费用累计不超过 200 元,其门诊报销政策规则如图 36 所示。图中横轴为个人年度累计政策范围内门诊费用,纵轴为个人需要自付的费用比例,当门诊累计费用小于 333 元($\approx 200/60\%$)时,个人需要支付 40%,当超过 333 元后,个人需要支付所有的门诊费用。

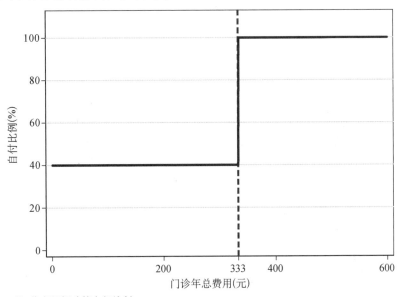

注:作者根据政策自行绘制。

图 36　样本城市城乡居民基本医疗保险门诊统筹报销规则

此外,该城市住院待遇与门诊待遇无关。与我国大部分地区类似,该城市住院待遇设置了起付线、共付段以及封顶线。其中住院的起付线按次计算,取决于所住医院的级别,除三级医院外,其住院起付标准较低,如乡镇卫生院的起付线为50元,社区卫生服务中心和一级医院为100元;而相应的报销比例较高,如乡镇卫生院的报销比例为90%,社区卫生服务中心和一级医院为80%左右。故样本城市住院待遇可及性较强,也进一步会导致住院替代门诊现象的发生。

由于居民医保覆盖新生儿、未成年儿童以及大学生等群体,该群体的部分报销规则与成年人具有差异,且人群具有特殊性,故在后文分析中我们仅保留年龄大于30岁的参保者。

三、特征事实

本文数据涵盖2013—2017年城乡居民参保人员的就医记录,利用该数据我们初步给出门诊和住院服务由于待遇规则所产生的"替代现象"证据。如图37分别描绘了门诊病人、住院病人与门诊年累计费用之间的概率密度分布,图中横轴为个人过去一年中在基层医疗机构的门诊费用加总,纵轴分别为在相应费用段内,有门诊记录或住院记录的患者人数占总人数的比重。

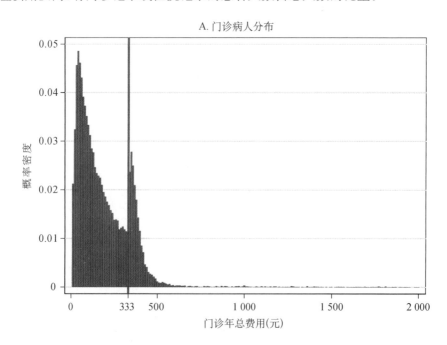

A. 门诊病人分布

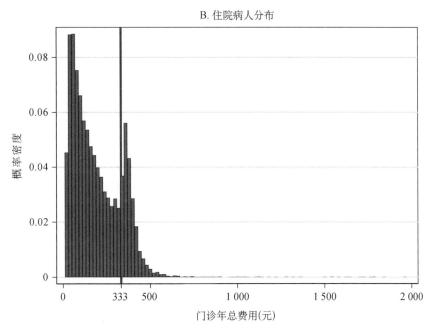

注：(1)样本为2013—2017年样本城市城乡居民基本医疗保险参保者,且年龄大于30岁；
(2)图A中的带宽为10元,图B中的带宽为20元。

图37　门诊及住院病人与门诊年总费用概率分布图

从图中可以发现,在门诊报销封顶线附近,出现了门诊病人和住院病人"堆积"的现象,该处病人的数量显著高于其附近费用段的人数分布。导致该分布一个较为重要的原因是,超过封顶线后门诊需要全额自付,使得超过起付线的病人转向住院治疗,因此住院病人、门诊病人均在封顶线附近形成堆积。①

第二节　实证设计：事件研究法

为了实证考察患者达到门诊封顶线后对其住院行为的影响,本节内容构建

---

① 图中门诊病人主要堆积在333元右侧,根据实地调研经验有两种原因：第一,患者无法完全控制自己的医疗花费,如果用满门诊报销额度,必然会导致总费用超出333元；第二,门诊费用中部分费用不在医保支付范围内,因此达到门诊报销封顶线意味着总费用会堆积在333元右侧。此外,也可能存在患者想要冲击或跨过封顶线的非理性行为,本文无意分离可能存在的非理性行为影响,仅估计综合效应。

参数(Parametric)和非参数(Nonparametric)的事件研究法(Event Study),本文事件研究法主要利用患者达到门诊封顶线的时间先后所产生的差异进行识别。①

一、 数据、样本及变量选取

本文使用的数据来自官方记录的医保报销大数据,即基本医疗保险参保人员医疗服务利用调查数据。根据研究目的,我们主要使用2013—2017年样本城市参加基本医保病人的就诊数据。该数据在每年享受医保待遇的患者中随机抽取5%的患者,并提取其本年度所有的门诊和住院就诊记录,形成最终样本。② 其中每一条观测值代表一次就诊记录,同一患者的就诊记录在同一年度内可追溯,即是年度间的混合截面数据。数据包括参保人员享受医保待遇的全部信息,包括门诊或住院患者的个人信息、疾病信息、参保类型以及医疗服务利用信息等。

本文选取城乡居民参保人员作为研究对象,为了剔除新生儿、未成年儿童以及大学生等样本,将研究对象年龄限制在30岁及以上,进一步删除在本统筹区之外地区就诊的样本(约0.1%),删除在眼科、男科、肛肠等专科医院就医的样本(约0.16%),删除跨年度住院的患者(约3.44%),删除享受过门诊慢特病待遇的患者(约9.26%)。根据研究需求,我们进一步生成年度内,患者×时间的平衡面板数据,时间选取为半月,即根据各年度内每位患者的门诊、住院时间加总到相应的半月度时期内,因此对于每位患者共有24期观测值(=12×2),每期观测值中包括了这一期在不同等级医院,门诊的次数、费用以及住院的次数、天数和费用等。③

---

① 事件研究法早期的应用主要是在公司金融、资产定价等领域。近年来,在公共经济学和劳动经济学领域兴起的事件研究法,其估计方程和研究范式在早期的基础上进行了改进,使其更好满足因果推断的需求,其估计方程与渐进双重差分模型相似,但又存在差异,具体综述类文献可参照黄炜等(2022)。参见:黄炜、张子尧、刘安然:《从双重差分法到事件研究法》,《产业经济评论》2022年第2期,第17—36页。
② 本文数据既包括医保报销的就诊记录,也包括未报销的就诊记录。本文数据抽样总体为每年享受医保待遇的患者,并非总人口。
③ 此处半月度是根据每月15日为界限,15日及以前属于上半月,15日至月末为下半月,因此对于一个样本而言,全年共计有24期。在后文的稳健性检验中,我们进一步使用1个月和1/3月作为面板时间单位进行检验。住院次数、天数以及费用统一按照住院日期进行加总。

表18展示了本文数据的描述性统计结果。样本限制在一年内达到了门诊封顶线的患者,尽管达到封顶线样本约占全样本的20.3%,但从医疗花费角度来看,达到封顶线样本的门诊总花费占全样本约44.1%,事实上这也符合我国医疗费用支出具有很强的集中性,后文的分析主要基于年度内达到门诊封顶线的样本。①

表18 描述性统计

变量	观测值	均值	最小值	最大值
A：患者数据（年度）				
年龄	5 810	59.8	31.0	98.0
男性占比	5 810	0.4	0.0	1.0
门诊费用	5 810	389.3	334.1	4 176.4
门诊就诊次数	5 810	6.5	1.0	51.0
住院费用	5 810	2 545.0	0.0	163 357.9
住院次数	5 810	0.6	0.0	9.0
住院天数	5 810	5.4	0.0	90.0
B：患者×半月度				
门诊费用	139 440	16.2	0.0	1 832.6
门诊就诊次数	139 440	0.3	0.0	12.0
住院费用	139 440	106.0	0.0	137 772.1
住院次数	139 440	0.0	0.0	3.0
住院天数	139 440	0.2	0.0	90.0

注：(1)样本为达到门诊封顶线样本,即基层门诊年总消费超过333元的患者样本;(2)子表A为患者年度的截面数据,各项医疗服务利用为年度加总;子表B中为加总后的患者-半月度的平衡面板数据,各项医疗服务利用为半月度加总。

二、非参数事件研究法

非参数事件研究法主要目的是估计相对于事件发生时间,前后各期虚拟变

---

① 本文结论是基于达到门诊封顶线这些特定的样本,因此本文结论的可推广性也需保持谨慎,这部分群体可能身体健康状况更差、对价格更加敏感等。

量的系数大小。因此,其优势在于可以直观地展示出事前、事后各期影响效应的变化。具体来讲,非参数事件研究法的基本设定为:

$$Y_{ikt} = \theta_k + \delta_t + X_{it}\alpha + \sum_{r=-5}^{-2} \mu_r^{pre} \mathbf{1}(t - T_D = r) + \sum_{r=0}^{5} \mu_r^{post} \mathbf{1}(t - T_D = r) + \varepsilon_{ikt}$$

(5-1)

其中 Y_{ikt} 是指患者 i 在年份 t、半月度 k 的医疗服务利用情况,包括住院次数、总天数以及费用等;θ_k 是半月度的固定效应(一年共 24 期);δ_t 是年份的固定效应(共 5 年);X_{it} 为年龄虚拟变量和性别的交乘项,此处以非参数形式控制不同性别随年龄变化的效应。

μ_r 是指一系列时间虚拟变量的系数估计值,而这些时间虚拟变量是恰好达到或超过门诊封顶线的相对时间。举例来讲,当 $r=0$ 时意味着患者 i 的门诊费用在该期恰好达到或超过 333 元(即事件发生期),$r=-1$ 和 $r=1$ 则分别意味着事件发生期的前一个半月和后一个半月,故可分为事前($r=-5/-2$)、事后两部分($r=0/5$);而此处选取 -1 期作为参照期,因此我们所关心的事前、事后 μ_r 的估计值,反映了相对于基准期 -1 期医疗服务利用的变动大小。最后,为避免异方差和自相关问题,本文的回归标准误聚类至年份×半月度层面。

为进行因果推断,非参数事件研究法的假设为在控制一系列固定效应和个体特征后,事件发生的时间和结果变量无相关性。这也意味着,在控制一系列变量后,患者达到封顶线的时间和住院行为之间不存在相关关系。一种可能违背该假设的情形是,当患者 i 在 k_0 期遭遇大病冲击后,那么导致 k_0 期达到门诊封顶线,同时也需要进一步接受住院治疗。在这种情形下,尽管可以观察到达到门诊封顶线后,患者的住院频率或费用更高,但却并非由价格因素导致,后文将针对这一情形进行排除性检验。[①]

三、参数事件研究法

参数事件研究法主要目的是为了得到事件影响的平均效应,并检验其统计显著性,所估计的方程如下所示:

[①] 事实上,由于门诊的报销金额上限为一年 200 元,而样本中居民的门诊年消费金额的均值约为 389.3 元,根据《中国卫生健康统计年鉴》2017 年全国门诊病人次均医药费为 257 元,故该报销上限较低,即便达到该报销上限,居民受到大病冲击的可能性也较小。

$$Y_{ikt} = \theta'_k + \delta'_t + X_{it}\alpha' + \sum_{r=1}^{F} \mu_r^{post'} \mathbf{1}(t - T_D = s) + \varepsilon'_{ikt} \qquad (5-2)$$

该方程与非参数事件研究法相比,减少了事前时间的虚拟变量($r = -5/0$),即此时基准组变为事前各期作为基准组,而此处我们所关心的系数估计值仍为 μ'_r,其含义是相对于事前结果变量的均值,达到门诊封顶线后各期效应的大小,换言之,达到门诊封顶线后,住院对门诊替代效应随时间变化的因果效应,标准误此处仍聚类至年份×半月度层面。①

为了方便进行成本收益分析,我们在后文的回归表中主要汇报事后的平均效应。为了得到事后各期的平均效应,我们对回归方程(5-2)做简单变形。具体的事后各期的平均效应可以表示为:

$$\beta = \frac{u_1 + u_2 + u_3 + u_4 + u_5}{5}$$

将其代入方程(5-2)中可得到下式:

$$Y_{ikt} = 5\beta T_1 + u_2 \cdot (T_2 - T_1) + \cdots + u_5 \cdot (T_5 - T_1) + X_{it}\alpha' + \theta'_k + \delta'_t + \varepsilon'_{ikt} \qquad (5-3)$$

其中 $T_1 = \mathbf{1}(t - T_D = 1)$,其余类似,估计该方程即可得到事后各期的平均效应及统计显著性。

第三节 封顶线对医疗服务利用的影响

本节内容旨在详细汇报通过事件分析法对医疗服务利用影响的估计结果,特别是针对封顶线政策变动的影响。本节不仅呈现了量化分析的数据,还深入探讨了可能的机制,即不同患者群体对封顶线变化的异质性反应。此外,为了确保分析结果的准确性和可靠性,对实证研究过程中可能出现的其他解释因素进行了严格的排除性检验,以排除它们对研究结论的潜在干扰。

---

① 通常,在参数事件研究的模型中也会进一步加入事前的时间趋势项(若存在),由此可以估计得到剔除事前时间趋势后,事件所产生效应的大小。而是否加入时间趋势项以及具体的形式,则依据非参数事件分析的结果,根据后文图结论来看,除门诊就诊次数有事前趋势外,其余结果变量均无事前趋势,故此处不加入事前时间趋势。稳健性检验中将针对门诊就诊次数加入事前时间趋势进行回归。

一、封顶线对医疗服务利用的影响

图 38 为达到门诊封顶线对医疗服务利用影响的非参数估计结果，包括对门诊次数、住院概率、住院次数以及住院总天数的影响。图中横轴为距达到门诊封顶线的时间，其中 0 期为恰好达到门诊封顶线的时间，1 期（－1 期）为达到门诊封顶线后（前）的半月；对每一个结果变量，图中描绘了非参数事件研究法估计的系数大小，以及 95％置信区间，以－1 期为基期。为了进一步得到达到门诊封顶线后，结果变量变动的平均效应，估计参数事件研究回归方程，并进一步计算事后各期的平均效应，结果如表 19 所示。图 A 的结果表明，门诊次数在

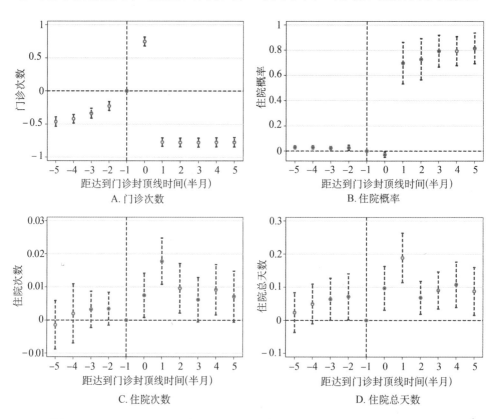

注：(1)横轴 0 代表恰好达到门诊封顶线的时间（不同个体进行标准化），1 代表达到门诊封顶线后半个月，－1 代表达到门诊封顶线前半个月；(2)图中的点代表的是事件期数的估计系数大小，图中的虚线为估计系数 95％的置信区间。

图 38　达到门诊封顶线对医疗服务利用的影响

达到门诊封顶线后显著下降,并在之后的时间内门诊次数趋于稳定水平;以事前门诊次数均值作为基准,达到门诊封顶线后,患者门诊次数平均下降比例接近 100%。图 B 中住院概率是指该期(半月)内住院次数占总就诊次数的比例,据此进行参数和非参数事件研究法估计;可以发现在达到门诊封顶线后的半个月内,住院概率显著上升,且稳定维持在同一水平;回归表的结果表明,达到门诊封顶线后,患者住院概率上升约 76%。

表 19 达到门诊封顶线对医疗服务利用影响的平均效应

被解释变量	(1) 门诊次数	(2) 住院概率	(3) 住院次数	(4) 住院总天数
事前均值	0.71 -0.720^{***} (0.125)	0.05 0.768^{***} (0.0328)	0.03 0.00492^{**} (0.00184)	0.25 0.0570^{***} (0.0157)
年龄×性别	控制	控制	控制	控制
年份固定效应	控制	控制	控制	控制
时间固定效应	控制	控制	控制	控制
观测值	50 861	14 325	50 861	50 861
R 方	0.282	0.469	0.015	0.013

注:表中所汇报的结果是达到门诊封顶线后对结果变量影响的平均效应;首先估计参数事件研究回归方程,并进一步计算事后各期的平均效应(详见本章第二节内容)。

上图 C 和 D 分别描绘了住院次数和住院总天数的非参数事件研究法估计结果,可以发现在个体达到门诊封顶线后住院次数和住院总天数显著增加,特别是在达到门诊封顶线后一个月内,住院次数和总天数均达到高点,此后维持在一个稳定的水平。回归表第(3)和(4)列的结果表明,以事前住院次数和住院总天数的均值作为基准,达到门诊封顶线后,患者住院次数和总天数分别增加 16.4% 和 22.8%。① 综上,事件研究法的结论表明,达到门诊封顶线后门诊待遇下降,导致门诊服务利用的下降,个体转而寻求医保待遇较高的住院服务进行替代。

---

① 回归表中样本数量下降,是由于事件研究法回归分析时,仅选取了事件发生的前 5 期和后 5 期;住院概率是指该期(半月)内住院次数占总就诊次数的比例,因此当分母为 0 时,该变量为缺失状态,也导致样本量下降。

二、异质性分析

本部分将区分不同等级医院、不同年龄段个体进行分析,探究住院替代门诊行为所产生的机制。

(一) 不同等级医院的差异

我们进一步将事件分析法的因变量替换为三级医院和非三级医院的住院概率、住院次数、住院总天数,重复主回归的分析,非参数事件研究法和参数事件研究法的结果如图 39 和表 20 所示。这些结果表明,达到门诊封顶线后患者更多选择非三级医院的住院服务进行替代,正如图 A、B、C 中显示在事件发生期(0 期)前后,住院概率、住院次数以及住院天数并无显著变化,而图 D、E、F 则与主回归相似。表 20 的结果也表明,在达到门诊封顶线后,非三级医院住院概率平均增加了 63.6%,住院次数平均增加 33%,住院天数平均增加 28.6%。[①]

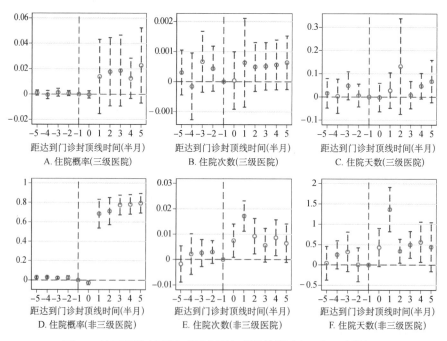

图 39 达到门诊封顶线对医疗服务利用的影响(区分医院等级)

---

① 本文进一步也分析了患者在乡镇卫生院、一级医院的住院行为变化,结论类似。

表 20　达到门诊封顶线对医疗服务利用影响的平均效应(区分医院等级)

被解释变量	(1) 住院概率	(2) 住院次数	(3) 住院天数
A. 三级医院			
	0.014 3	0.000 527	0.067 1
	(0.014 4)	(0.000 434)	(0.046 3)
观测值	14 325	50 861	50 861
R 方	0.021	0.004	0.003
B. 非三级医院			
	0.636***	0.010 9***	0.458***
	(0.026 6)	(0.003 64)	(0.113)
观测值	14 325	50 861	50 861
R 方	0.457	0.015	0.009
共同控制变量			
年龄×性别	控制	控制	控制
年份固定效应	控制	控制	控制
时间固定效应	控制	控制	控制

以上分析表明,达到门诊封顶线后个体主要去非三级医院住院以替代门诊,主要原因可能是,三级医院的医疗花费更高且报销比例更低,若是基于门诊待遇下降的替代行为,必定不会选择医疗花费高、报销比例低的三级医院。此外,通常选择去门诊就医的个体病情均相对较轻,因此选择在较低层级医院住院即可满足患者看病需求。

(二) 不同年龄的差异

进一步我们根据个体年龄是否大于 60 岁进行分样本回归,参数事件研究回归结果如表 21 所示,对比子表 A 和 B 的结果可以发现,住院替代门诊的效应主要发生在 60 岁以上的群体中,无论是对住院概率、住院次数以及住院天数而言,均有显著的影响,且效应大小高于主回归结果。对此较为合理的解释是,60 岁以上人群中劳动参与率相对较低,而 60 岁以下的人群中劳动参与率则较高,因此对于更年轻的群体而言，住院的时间机会成本较高（工资高），因此替代效应更多发生在时间机会成本比较低的人群中。①

表 21　达到门诊封顶线对医疗服务利用影响的平均效应（分年龄）

被解释变量	(1) 住院概率	(2) 住院次数	(3) 住院天数
A. 60 岁以上			
	0.759***	0.007 12**	0.079 0***
	(0.033 1)	(0.002 65)	(0.022 5)
观测值	8 520	27 935	27 935
R 方	0.455	0.013	0.010
B. 60 岁以下			
	0.786***	0.002 30	0.030 8
	(0.031 0)	(0.002 80)	(0.022 6)
观测值	5 805	22 926	22 926
R 方	0.481	0.015	0.013
共同控制变量			
年龄×性别	控制	控制	控制
年份固定效应	控制	控制	控制
时间固定效应	控制	控制	控制

三、稳健性检验

事件研究法的核心假设是，在事件发生时，不存在同时发生的其他冲击。在本文中，一种可能违反该假设的情形是：当个体遭遇了大病冲击时，此时既会导致门诊费用支出急剧增加从而达到门诊封顶线，同时个体也会去寻求住院治

---

① 另一种解释可能是，由于不同年龄段人口的健康水平差异，导致上述替代效应大小差异。但是由于本文聚焦在住院替代门诊行为，选取的个体病情相对较轻，因此从健康差异角度进行解释，其说服力较为有限。

疗,体现为住院概率、次数以及天数的增加,即也会导致本文上述的回归结果。为了排除这一因素的影响,以及其他可能影响结论的因素,下文从七个方面进行讨论:

(一) 剔除大病患者样本

为了排除个体可能是遭受大病冲击产生门诊住院现象,参照中国保险行业协会与中国医师协会共同修订的《重大疾病保险的疾病定义使用规范(2020年修订版)》,将其规定的包括恶性肿瘤、急性心肌梗塞、终末期肾病在内的28种重大疾病定义为患者遭受大病冲击,为此我们在样本中根据患者的病种ICD信息删掉此类疾病的患者,重复主回归分析结果如表22所示,所得结论与主回归分析基本一致,进一步证明本文结论的稳健性。

表22 达到门诊封顶线对医疗服务利用的影响(剔除健康较差患者)

被解释变量	(1)	(2)	(3)	(4)
	门诊次数	住院概率	住院次数	住院天数
	−0.720***	0.768***	0.004 98**	0.058 3***
	(0.125)	(0.033 0)	(0.001 82)	(0.015 2)
年龄×性别	控制	控制	控制	控制
年份固定效应	控制	控制	控制	控制
时间固定效应	控制	控制	控制	控制
观测值	50 710	14 272	50 710	50 710
R方	0.183	0.463	0.015	0.012

注:参照中国保险行业协会与中国医师协会共同修订的《重大疾病保险的疾病定义使用规范(2020年修订版)》,定义患有恶性肿瘤、急性心肌梗塞、终末期肾病、脑中风后遗症、重大器官移植术或造血干细胞移植术、冠状动脉搭桥术、多个肢体缺失、急性或亚急性肝炎、良性脑肿瘤、慢性肝功能衰竭失代偿期、双耳失聪、双目失明、心脏瓣膜手术、主动脉手术、阿尔兹海默症、帕金森病、三度烧伤、原发性肺动脉高压、运动神经元病、重型再生障碍性贫血、深度昏迷、瘫痪、脑炎后遗症或脑膜炎后遗症、严重脑损伤、语言能力丧失、慢性呼吸衰竭、克罗恩病、溃疡性结肠炎在内的28种疾病为健康状态较差的患者,剔除后重复主回归分析。

(二) 不同门诊封顶线的证伪检验

我们进一步定义政策门诊封顶线(333元)的1.5倍、2倍、2.5倍作为伪门诊封顶线,重复主回归中的参数事件研究法。如果本文的结论是由遭受大病冲击的群体所产生,那么定义更高的伪封顶线后,也应该会产生住院替代门诊的现象,如果实证结果没有发现明显的住院医疗服务变化,则表明本文主回归结论是稳健的。图 40、图 41、图 42 分别展示了当定义门诊封顶线为 500 元、666 元和 833 元时,参数事件研究的估计结果;可以发现,住院医疗服务并未在事件前后发生明显的变化,故支持了本文主回归结论的稳健性。

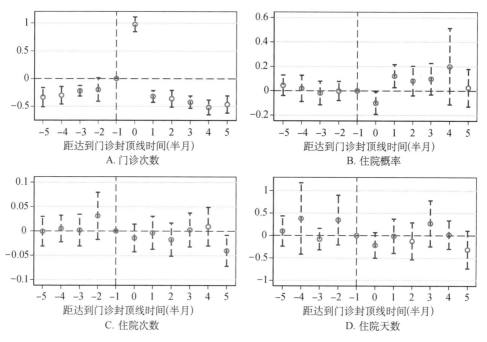

图 40　当门诊封顶线为 500 元时的证伪检验

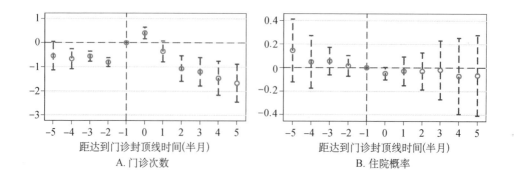

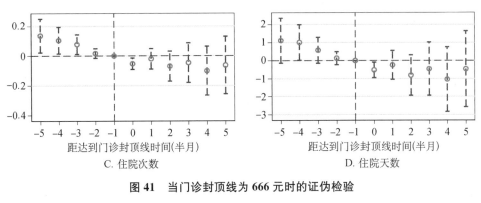

图 41　当门诊封顶线为 666 元时的证伪检验

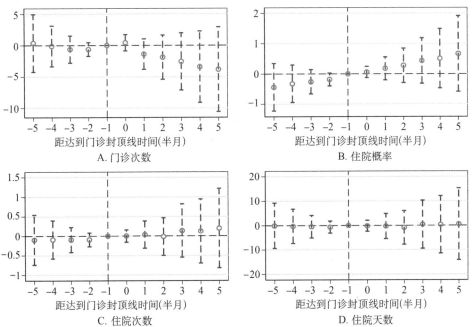

图 42　当门诊封顶线为 833 元时的证伪检验

(三) 对非基层医院门诊等级的影响

样本城市门诊报销政策覆盖的是在基层医院就诊的情形,如果本文上述主回归结论是由遭遇大病患者所引起,那么必然也应该发现非基层医院就诊次数增加。为此,我们将因变量替换为个体非基层医院的门诊就诊次数,若结论发现非基层医院门诊就诊次数在达到门诊封顶线前后,无明显变化,则表明本文的结论并非由个体遭遇大病所引起。图 43 汇报了这一结果,可以发现在达到门诊封顶线之后,个体门诊次数并未发生明显的变化,证明了主回归结论的稳健性。

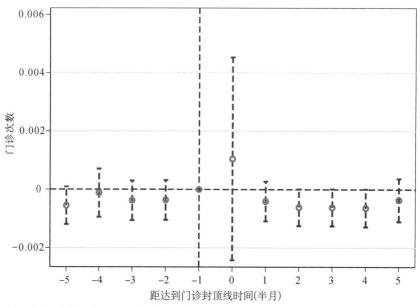

注:基层医院包括社区卫生服务中心、乡镇卫生院、村卫生室、社区卫生服务站。

图 43 达到门诊封顶线对非基层门诊就诊的影响

(四) 排除来自住院和门诊的质量差异影响

针对本文目前的结果,可能的一种解释是由于门诊和住院治疗的质量差异所导致,事实上这一替代性解释可以部分被上文的结果排除。首先,如果患者是出于质量的考虑,那么患者一定会选择去三级医院去住院,而非其他低等级医院,但我们异质性结果表明患者主要去非三级医院住院替代;其次,如果患者出于质量考虑,那么应该在全年整个时期更多去住院治疗,而不会出现恰好在门诊达到封顶线后,住院比例大幅提高,非参数事件研究法的结果表明达到封顶线后的第 1 期效应是最大的,也更进一步印证是价格因素主导;最后,我们对比样本城市中城镇职工样本和城乡居民样本的住院率水平,如图 44 所示,我们发现样本城市居民医保样本的住院率水平远高于该市职工样本(约 4 倍),同时也高于全国职工住院率的平均水平(约 16.3%)。① 如果患者会因为住院质量

---

① 全国职工住院率水平选取与样本年份一致,即 2013—2017 年的平均值,数据来源于国家医保局《2018 年全国基本医疗保障事业发展统计公报》。

高于门诊质量而更多选择住院的话,我们应该无法观察到职工住院率远低于居民住院率,因为职工样本群体收入水平更高、对医疗质量要求更高;相反,更为合理的解释是:相比于城乡居民参保人样本,样本城市的城镇职工样本在支付门诊费用时可以使用个人账户支付,此外在门诊特殊疾病(即门诊慢特病)方面,统筹支付待遇也显著高于城乡居民参保样本,因此职工医保门诊的待遇整体好于居民医保,故其住院率水平较低。

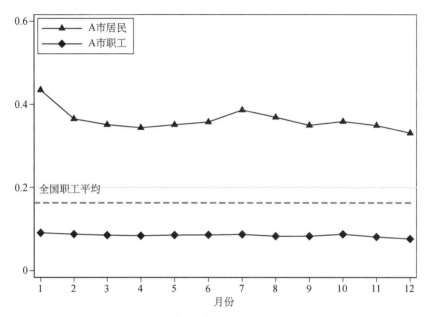

注:样本城市职工医保参保者门诊待遇远高于居民,主要体现在门诊个人账户以及门诊特殊疾病报销比例更高,职工样本筛选规则与居民样本一致。

图44 样本城市(A市)职工和居民参保人住院率分布

(五) 定义不同的时间带宽

主回归中数据加总到半月,为了证明结果对带宽的选取不敏感,我们进一步将时间带宽分别定义为1个月和10天,重复主回归的结论,结果如表23中子表A和B所示。通过对比系数估计值的大小可以发现,当选取带宽为1个月时,系数估计值大约为主回归的2倍,若选取时间带宽为10天时,系数估计值大约为主回归结论的2/3,由此表明结论依然稳健。此外,第(5)列结果进一步加入门诊次数的线性趋势项,结果仍然稳健。

表 23　不同时间带宽的稳健性检验

被解释变量	(1) 门诊次数	(2) 住院概率	(3) 住院次数	(4) 住院天数	(5) 门诊次数
A. 带宽：1 个月					
	−1.143***	0.815***	0.006 54**	0.082 6***	−1.867***
	(0.187)	(0.024 7)	(0.002 78)	(0.021 7)	(0.150)
观测值	41 051	15 085	41 051	41 051	35 820
R 方	0.205	0.513	0.026	0.021	0.199
B. 带宽：10 天					
	−0.580***	0.692***	0.002 86*	0.039 7***	−0.888***
	(0.113)	(0.040 5)	(0.001 48)	(0.013 5)	(0.063 2)
观测值	59 135	14 885	59 135	59 135	53 589
R 方	0.175	0.404	0.011	0.009	0.150
共同控制变量					
年龄×性别	控制	控制	控制	控制	控制
年份固定效应	控制	控制	控制	控制	控制
时间固定效应	控制	控制	控制	控制	控制
线性趋势项	无	无	无	无	控制

(六) 排除医疗服务供给方行为的影响

本文结果还可能面临来自供给诱导需求的影响，即当患者达到门诊封顶线后，医生出于逐利动机可能存在诱导患者进行住院，但这一效应对本文结论的影响较为有限。具体有三方面的原因：首先，医生进行诱导需求的前提是了解患者门诊花费已经达到封顶线，但根据实地调研经验，医生在为患者进行诊断时，无法获知患者过去的医疗花费信息，因此也无法判断患者是否达到门诊报销封顶线；其次，样本城市较早实施了医保支付的总额预付制度，即对医院、医生都制定了较为严格的年度医疗费用支出总额限制，以限制医院、医生的逐利动机；最后，如果存在出于逐利动机而诱导住院的情况，那么我们应该观察到达到门诊封顶线后，患者会被诱导至其门诊就诊的医院继续住院，表 24 检验了这一推论,结果并没有发现供给诱导需求的行为。表中(1)、(2)列假定存在供给诱导需求的医疗机构主要为,恰好达到门诊封顶线时的门诊就诊机构;(3)、(4)列假定存在供给诱导需求的机构为,达到封顶线前一期(半月)的门诊就诊机构,结论表明在事件前后,在这些机构的住院次数和天数均无显著变化。

表24 排除供给诱导需求的影响

被解释变量	(1)	(2)	(3)	(4)
	恰好达到封顶线时的就诊机构		达到封顶线前一期的就诊机构	
	住院次数	住院天数	住院次数	住院天数
	−0.006 71	−0.028 0	−0.002 95	−0.005 54
	(0.004 03)	(0.037 6)	(0.002 73)	(0.026 2)
年龄×性别	控制	控制	控制	控制
年份固定效应	控制	控制	控制	控制
时间固定效应	控制	控制	控制	控制
观测值	50 861	50 861	50 861	50 861
R 方	0.011	0.009	0.009	0.008

注:(1)、(2)列假定存在供给诱导需求的医疗机构主要为,恰好达到封顶线时的门诊就诊机构;(3)、(4)列假定存在供给诱导需求的机构为,达到封顶线前一期(半月)的门诊就诊机构。

(七) 考察对住院费用及结构的影响

为了证明住院替代门诊并非健康冲击所致,此处进一步利用医保明细消费数据,考察达到门诊封顶线后对单次住院费用及结构的影响。如果本文结论主要是由患者遭受健康冲击所致,我们应发现达到门诊封顶线后,住院费用中手术费用占比更高,这是由于健康冲击导致的住院,应采取更多手术类的治疗;此外,次均住院费用和天数应该也会有所增加。反之则可排除健康冲击的影响。为此,此处首先介绍医保明细消费数据,其次介绍所使用的实证策略,最后展示检验的结果。

医保明细消费数据。本文医保明细消费数据记录了患者每条住院记录中消费的药品、医疗器械、诊疗过程(包括手术和医学检查)等明细的消费记录,包括医保范围内和自费项目,主要的信息包括消费项目的名称、代码、数量、规格、分类以及费用信息等。原始数据对这些项目分为三类:药品、医疗器械、诊疗服务;其中医疗器械主要包括各类医用耗材,如"留置针""冠脉支架"等;诊疗服务主要包括各种手术以及相关的医学检查,如"静脉血管支架植入术""CT 平扫"等。我们定义手术费用为医疗器械花费和诊疗服务花费的加总,则其余费用为药品花费,定义手术费用占比等于手术费用/总费用。

实证策略。样本筛选与主回归保持一致,此处回归基于每条住院记录,我们选取有对照组的渐进双重差分设定,即将未达到门诊封顶线的样本也纳入分析中,为了保证实验组和对照组的可比性,本文进一步改善对照组的筛选过程,具体如下:首先保留对照组中一年内有住院记录的患者,其次我们将对照组中一年内门诊总费用未超过封顶线 70%(即 333×70%=233.1 元)的患者删除,这样尽可能地使对照组和实验组患者在门诊医疗花费、健康状况等方面保持可比。① 在此基础上,我们进一步利用倾向得分匹配(Propensity Score Matching)筛选出与实验组更为可比的对照组。基于倾向得分匹配成功的样本,进一步估计如下渐进双重差分模型:

$$Y_{ij} = \sum_{r=-5}^{-2} \mu_r^{pre} \mathbf{1}(t-T_D=r) \times Treat_i + \sum_{r=0}^{5} \mu_r^{post} \mathbf{1}(t-T_D=r) \times Treat_i + Treat_i + \theta_m + \delta_t + \mathbf{X}_i \alpha + \varepsilon_{ij}$$

(5-4)

其中 Y_{ij} 是指患者 i 在第 j 次住院的手术费用占比、费用和天数等;μ_r 是指一系列时间虚拟变量的系数估计值,$r=-1$ 为事件发生的前一个月,此处作为参照期删除;② θ_m 为第 j 次住院所在月份的固定效应,δ_t 为第 j 次住院所在年份的固定效应;$X_i \alpha$ 为年龄虚拟变量和性别的交乘项,此处以非参数形式控制不同性别随年龄变化的效应。最后,将回归标准误聚类至年份×月度层面。

估计结果如图 45 和表 25 所示。图 A 的结果发现,达到门诊封顶线后,实验组中住院患者的手术费用占比显著下降,即药品花费占比显著上升。由于手术费用占比更能体现患者遭受健康冲击后住院治疗的特征,当该费用占比下降时,可以有力地排除患者遭受健康冲击,且对药品消费比例的增加也可侧面说明患者是基于价格因素选择住院治疗。图 B 的结果发现,达到门诊封顶线后,次均住院费用在第 0 期和 4 期出现较为明显的下降,在其他时期则变化不明

---

① 值得说明的是,这里选取封顶线 70%作为门槛,是考虑了实验组和对照组的可比性以及对照组样本数量,为了证明结论的稳健性,我们也选取 80%和 60%作为门槛进行稳健性检验。
② 此处事件发生相对时间间隔以 1 个月为单位,主要是考虑到住院记录数据频率较低,减少来自数据频率过低所产生的扰动。

显,表 25 第 2 列的结果显示对次均住院费用影响的平均效应整体不显著;这一结果同样可以排除患者遭受大病冲击的可能性,若患者遭受大病冲击,应该观察到次均住院费用显著增加。同样地,图 C 的结果发现,达到门诊封顶线后,次均住院天数出现了较为明显的下降,这说明住院替代门诊发生后,由于病情的减弱,导致了住院天数出现明显下降。

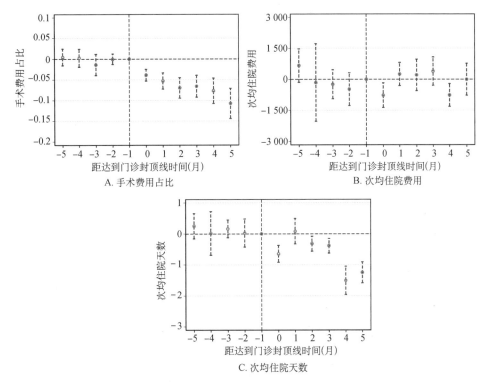

注:图中样本来源于倾向得分匹配成功的样本,手术费用占比为医疗器械花费和诊疗服务花费之和占总费用的比例,图中报告了渐进双重差分中各时间虚拟变量的系数估计值,虚线为 95% 置信区间。

图 45　渐进双重差分估计结果

表 25　达到门诊封顶线对住院费用、天数及费用结构的影响

被解释变量	(1) 手术费用占比	(2) 次均住院费用	(3) 次均住院天数
A. 对照组选择门槛:封顶线×70%			
	−0.061 9***	302.2	−0.548***
	(0.009 77)	(210.9)	(0.133)

(续表)

被解释变量	(1) 手术费用占比	(2) 次均住院费用	(3) 次均住院天数
观测值	5 171	5 179	5 179
R 方	0.082	0.029	0.032
B. 对照组选择门槛:封顶线×80%			
	−0.060 7***	376.3	−0.498***
	(0.009 82)	(232.5)	(0.134)
观测值	4 072	4 080	4 080
R 方	0.082	0.032	0.037
C. 对照组选择门槛:封顶线×60%			
	−0.059 0***	206.7	−0.327**
	(0.009 49)	(207.2)	(0.134)
观测值	6 388	6 392	6 392
R 方	0.073	0.035	0.035
共同控制变量			
年龄×性别	控制	控制	控制
年份固定效应	控制	控制	控制
时间固定效应	控制	控制	控制

注:样本来源于倾向得分匹配成功的样本,表中报告了达到门诊封顶线后对结果变量影响的平均效应,其计算思路与主回归方程保持一致,回归标准误聚类至年份×月度。

第四节 扩展性讨论:成本收益分析

这一节内容重点讨论,如果取消门诊封顶线政策是否有助于缓解住院率和住院费用增加? 回答这一问题具有重要的政策含义,为此我们模拟取消门诊封顶线政策的结果,并进行成本收益分析。为简化分析,[①]本节仅从基金收支角度

[①] 这一简化分析框架事实上忽略了收益中还包括患者时间机会成本的节省、患者福利的变化,忽略这些因素将会使得分析过程更为保守;其中成本中门诊医保基金支出的增加也包含了道德风险的作用,由于数据限制,成本中尚未考虑患者健康状况和效用水平的变化。从政策角度而言,分析对医保基金的平衡影响具有更强的现实含义。

进行考虑,取消门诊封顶线的成本为:年度门诊医保基金支出的增加。取消门诊封顶线的收益为:年度住院医保基金支出的减少。本节首先利用群聚(Bunching)的估计思路测算成本大小;其次,根据实证结论计算收益大小。

一、成本部分:门诊医保基金支出的增加

测算门诊医保基金支出的增加核心在于估计,无门诊封顶线政策时个体的门诊费用分布情况(也称反事实分布),而目前我们可以真实观察到的是存在门诊封顶线时的门诊费用分布情况。参照近年来兴起的群聚估计方法的思路,我们可以依据门诊支出的真实分布,去估计得到不存在门诊封顶线时的反事实分布。其估计的核心思想是,当门诊封顶线不存在时,真实的费用分布应该是平滑的,而不是存在堆积现象;因此可以利用堆积前后的费用分布,拟合多项式来估计得到反事实分布(Einav et al., 2017; Lu et al., 2019)。[①] 参照切蒂(Chetty et al., 2011)的估计方法,[②]具体过程说明如下:

首先,建立门诊费用支出分布的多项式,并在多项式中刻画由于门诊封顶线所引起的堆积部分:

$$C_j = \sum_{p=0}^{q} \beta_p (m_j)^p + \sum_{i=-R}^{R} \gamma_i \mathbf{1}[m_j = i] + \varepsilon_i \quad (5-5)$$

其中 C_j 是在相应带宽的门诊费用组 j 中患者的数量,m_j 是对应门诊费用组 j 的医疗支出,p 是多项式的阶数,i 是在封顶线两侧产生堆积的样本范围。利用真实分布估计式(5-5)后,去掉中间虚拟变量部分,进一步可以估计得到反事实分布:

$$\hat{C}_j = \sum_{p=0}^{q} \hat{\beta}_p (m_j)^p \quad (5-6)$$

此时可以得到堆积部分的面积为:

[①] Einav L., Finkelstein A., and Schrimpf P., "Bunching at the kink: Implications for spending responses to health insurance contracts", *Journal of Public Economics*, no. 146(2017), pp.27-40. Lu Y., Shi J., and Yang W., "Expenditure response to health insurance policies: Evidence from kinks in rural China", *Journal of Public Economics*, no. 178(2019).

[②] Chetty R., Friedman J. N., Olsen T., and Pistaferri L., "Adjustment costs, firm responses, and micro vs. macro labor supply elasticities: Evidence from Danish tax records", *The Quarterly Journal of Economics*, vol. 2, no. 126(2011), pp.749-804.

$$\hat{B}_N = \sum_{i=-R}^{R}(\hat{C}_j - C_j) = \sum_{i=-R}^{R} \hat{\gamma}_i \qquad (5-7)$$

根据切蒂(Chetty et al., 2011),为了保证反事实分布和原分布所覆盖的总人数相等,在上述的估计中还需要额外加入积分约束条件(Intergration Constraint),①因此最终需要估计的多项式方程如下式所示:

$$C_j\left(1 + \mathbf{1}[j>R]\frac{\hat{B}_N}{\sum\limits_{J=R+1}^{+\infty} C_j}\right) = \sum_{p=0}^{q}\beta_i(m_j)^p + \sum_{i=-R}^{R}\gamma_i \mathbf{1}[m_j = i] + \varepsilon_i \qquad (5-8)$$

(5-8)式与(5-7)式相比,增加了等号左边的积分约束条件,在估计(5-7)式的基础上,再次估计(5-8)式即可得到反事实分布,具体估计结果如图46和表26所示,其中阴影部分的面积即为所求得的群聚面积。我们选取了不同的带宽和群聚的窗口,结果表明假设取消门诊封顶线,医保基金支出总额约430万元(增幅为70%),由此计算得到的成本约为170万元(无封顶线和有封顶线的支出差额)。

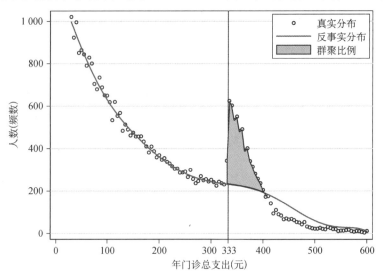

注:群聚估计所选取的群聚窗口为[330,430],图中每个点代表相应门诊费用的人数(带宽为5元)。

图46 门诊支出的真实分布与反事实分布

---

① 若不施加积分约束条件,那么群聚估计就会默认在封顶线右侧非堆积的区域,反事实分布和真实分布相同;但这会低估反事实分布,而高估群聚的面积。

表 26　群聚估计

群聚窗口	带宽	群聚比例	门诊医保支出(万元)	
			有封顶线	无封顶线
[330, 430]	5元	0.065	252.2	428.5
[330, 410]		0.067	252.2	433.5
[330, 450]		0.061	252.2	436.7
[330, 430]	10元	0.061	264.9	432.8
[330, 410]		0.066	264.9	431.1
[330, 450]		0.061	264.9	434.5

二、收益部分：住院医保基金支出的减少

为了量化取消门诊封顶线所节约的住院医保基金支出，首先需要量化达到门诊封顶线是否对住院费用产生影响，其次根据主回归中对住院人数和天数的估计结论，可以估算得到住院医保基金的支出的减少。仍然使用事件研究法，将被解释变量替换为日均住院费用和日均住院医保费用，结果表明，达到门诊封顶线对住院的花费并无明显的影响。

计算住院医保基金支出的减少仅需考虑住院天数的下降即可，根据表 18 可知住院天数增加 22.8%，样本患者年度住院天数均值为 5.4 天，日均住院费用为 474 元，因此住院总费用支出共计将增加约 695 万元，样本中住院平均报销比例为 66%，故可求得取消门诊封顶线的收益约为 221 万元。

根据以上的成本收益分析可知，如果取消门诊封顶线，由此节约的住院医保基金将远大于门诊医保基金的增加，节省了约 20% 的基金支出。需要说明的是，上述的核算仅针对本文所使用的数据和样本，目的在于论证取消门诊待遇限制可能会存在优化空间。

第五节　结论与政策启示

本节利用我国某城市城乡居民基本医保设置较低的门诊报销封顶线，利用

患者达到封顶线的时间差异构建事件研究法,实证检验了门诊待遇非线性定价对住院的影响。结论发现,在达到门诊封顶线后,患者会使用住院替代门诊以获得医保报销,门诊就诊次数显著下降,住院概率、住院次数和天数均显著上升。这种替代行为主要是去非三级医院住院导致,这也是患者基于就医费用和病情综合考量的理性选择;此外,年龄较大的群体(60岁以上)替代行为发生的概率更高,可能的解释是,年龄较大的群体用住院替代门诊的时间机会成本更低。

进一步,本节利用群聚估计模拟取消门诊封顶线的情形,进行成本收益分析。结果发现如果取消门诊封顶线,由此节约的住院医保基金将远大于门诊医保基金的增加,节省约20%的基金支出。需要说明的是,这一分析仅局限于本文所使用的样本,主要目的在于论证提高门诊统筹待遇存在优化空间。

结合本章研究结论和笔者实地调研经验,本文提供如下几点政策启示:

首先,现阶段基本医疗保险应逐步加强门诊保障水平,通过纠正门诊和住院服务的价格扭曲,从而实现待遇水平不降、医保基金使用效率提高的双赢格局。我国医保待遇"重住院、轻门诊"的特征是在社会医疗保险转轨的背景下产生,为改革开放后公共医保制度的建立和发展发挥了积极作用;但是随着经济发展和人民需求的提高,目前这一制度特征扭曲了患者面对的门诊服务和住院服务价格,使得医保基金资源配置低效,故需因时因地逐步提高门诊待遇水平,以门诊服务促进住院服务利用的下降,改善医保基金使用。

其次,提高门诊待遇应着重保障常见病和慢性病,并加强门诊在慢病管理、健康管理方面的作用。对于医保基金运行压力较大的地区,门诊待遇的提高应优先保障常见病和慢性病,常见病和慢性病是居民门诊最主要的经济负担,而这些疾病更适合在门诊接受治疗,同时这类型疾病得到及时良好的干预,可以避免健康进一步恶化,从而达到价值医疗的效果。此外,慢病管理和健康管理是更为早期的健康干预阶段,对基金有支付余力的地区,应进一步加强门诊在慢病管理、健康管理方面的作用,可进一步实现价值医疗的效果。

最后,从长远角度看,提高门诊待遇应作为进一步加强我国初级医疗保健(Primary Care)体系的重要手段。全国卫生与健康大会上强调要将全生命周期健康管理提到新的高度,参照国际经验,组成门诊医疗服务中一大部分是初级医疗保健服务,而初级医疗保健服务是实现健康管理重要的环节,各国在初级医疗保健服务均提供了较大的补贴。

本节仍存在有待改进之处。首先,限于数据原因,本节仅考察了局部均衡效应,若纳入一般均衡分析视角则需引入医院的行为,正如文献指出财政增加对医疗卫生事业的投入后,将会带来公立医院的扩张和提高服务费用等。其次,本节未能探讨最优门诊封顶线的设计,这一问题有赖于构建个体决策的结构模型,目前数据缺乏必要的个体层面信息。最后,本节的政策模拟和成本收益分析也仅能局限于特定的样本,特别是基于达到门诊封顶线的样本,这部分群体可能身体健康状况更差、对价格更加敏感等,此外由于缺乏门诊、住院结局的数据,故无法综合考虑两种服务方式的健康结局差异,因此本节结论的可推广性也需保持谨慎,具体政策分析需要更完善的数据。

第六章

零工经济下的医疗保险制度

确保平台和零工工人获得全方位的社会保护是他们有效获得医疗保健和收入保障的关键。

——国际劳工组织(International Labour Organization)

近年来,中国的零工经济迅速发展,成为劳动力市场的重要组成部分。根据清华大学发布的研究报告,2019年零工经济对GDP总增量的贡献为10.43%,对GDP增长率的拉动为0.64%。预计到2035年,零工经济占GDP比重将达到6.82%,对GDP增量的贡献将达到13.26%。根据国家信息中心发布的2019年和2020年《中国共享经济发展年度报告》,2018年我国共享经济市场规模为29 420亿元,2019年达到32 828亿元,同比增长11.6%。

中国零工经济经历了几个重要发展阶段:从1.0形态的劳务派遣和业务外包,到2.0的互联网平台化,再到3.0的数字化和技能流程标准化。在一线和新一线城市中,灵活用工逐渐成为主流用工方式之一。中国约有4亿蓝领技工人群,其中大部分是农村进城的外来务工人员。随着移动互联网的发展,出现了快递员、外卖骑手、网约车司机等新的蓝领零工群体。根据中国人力资源和社会保障部等部门的数据,中国灵活就业从业人员规模已达到约2亿人。从中国近9亿劳动人口来看,这意味着每5个劳动人口中,就有至少一人从事零工经济。

零工经济对于目前社会保障体系产生了较大冲击。以基本医疗保险为例,目前有职工医保和居民医保,这两类保险覆盖的人群、缴费标准和待遇水平存在诸多差异,城职保对于正规就业的员工实施强制参保原则,而对于非正规就业、灵活就业以及自雇佣者(以下简称"灵活就业人员")等实施自愿参保,[①]居民医保则是完全自愿参保,并且城职保的缴费水平和待遇水平都高于居民医保。在现有制度安排下,对于灵活就业人员而言,可以自愿选择参加其中一类医疗保险,这无疑为参保者提供更多选择,改善了他们的福利,但就城职保而言,基金运行却可能面临逆选择问题。

根据中国统计年鉴,参加城职保的灵活就业人员占比从2013年的11.7%增长至2021年的18.6%,随着零工经济的发展,城职保中灵活就业人员的比例仍然会呈现增长趋势。另一方面,近年来城职保基金的增长速度高于基金收入的增长速度,导致了基金累计结余不断下降。在人口老龄化背景下,这一逆选择对城职保基金可持续性所带来的挑战将会进一步加剧。

本章内容利用中国家庭追踪调查(CFPS)数据,检验并估计中国基本医疗保险体系中所存在的逆选择效应。结果表明,自愿选择参加城职保的人群同强制参加城职保,以及参加居民医保的人群相比,都是风险更高的群体。他们的医疗支出比强制参加城职保的高约78%,比选择参加居民医保的高约45%。影响医疗费用的主要因素是参保人群的健康状况,此外参保人群的风险偏好以及其他个人特征也是逆选择的重要来源。

本章的发现对于中国公共医保体系的制度设计具有重要的政策含义。首先,在全民医保的背景下,医保体系的长期稳定运行是"健康中国战略"的重要保证,而医保基金的稳定运行又是医保体系稳定的核心问题。其次,人口老龄化趋势不断演进已经成为我国的基本事实,这将会使得城职保的在职人员和退休人员相对占比不断下降,从而恶化医保基金的稳定运行;非正规就业或灵活就业群体的增加,使得城职保面临的逆选择压力增大,对城职保基金的平稳运行带来挑战。完善制度设计,在提升一部分人的福利同时,规避潜在的风险,成为医保制度设计中不可忽视的问题。

第一节 制度背景:零工经济下的医疗保险制度

零工经济的发展对中国现行医疗保险制度提出了新的挑战,需要通过制度

[①] 非正规员工:根据《中华人民共和国社会保险法》,此处主要指自我雇佣或灵活就业,以及没有劳动合同的劳动者。有些私营企业不遵守劳动法和社会保险法,不为员工上保险,这样的情况也定义为"灵活就业"。

创新和政策调整,保障灵活就业人员能够公平地享受到医疗保险待遇,并确保社保基金的可持续性发展。本节内容首先介绍零工经济对医疗保险制度所构成的挑战,其次具体介绍本章研究内容所涉及到的制度背景。

一、零工经济对医疗保险制度的影响

零工经济的发展对医疗保险所构成的挑战可以归纳为五个方面:①第一,参保难度加大。零工经济下,许多灵活就业者没有稳定的劳动合同,导致他们难以符合现行社保制度中的参保标准。这种情况使得灵活就业人员难以享受到与正式员工同等的医疗保险待遇。第二,筹资压力增加。零工经济的迅速发展使得社保基金的筹资面临挑战。传统社保体系主要依靠劳动者工资收入作为筹资基数,但随着灵活就业的增加,收入不稳定的零工群体缴纳社保的能力受到限制,进而影响了医疗保险基金的稳定性和持续性。第三,覆盖面不足。灵活就业人员的社保覆盖面较低,导致许多从事零工经济的人群无法享受到基本的医疗保障。根据国家人力资源和社会保障部的数据显示,灵活就业人员规模达到约2亿人,但其中许多人并未能有效纳入医疗保险体系。第四,保障水平差异。零工经济导致不同就业形式的劳动者在医疗保险待遇上的差异显著。固定合同工和临时工、零工在享受医保待遇上存在显著差距,零工经济从业者往往在医保报销比例和覆盖范围上处于劣势。第五,政策改革需求迫切。为了应对零工经济对医疗保险制度的影响,亟需进行政策改革。例如,《关于维护新就业形态劳动者劳动保障权益的指导意见》提出,应为不同身份的灵活就业者制定合理的社保安排,确保他们能够获得基本的医疗保障。

二、研究制度背景

截至目前,我国基本实现了医保全覆盖,其中主要包括城镇职工基本医疗保险、城镇居民医疗保险以及新型农村合作医疗保险三类保险。其中,城职保主要覆盖的人群是城镇就业人员,实行强制参保原则,采用个人和单位共同缴费并建立医疗保险基金。城职保也可自愿参保,即对于灵活就业人员可以根据

---

① 参见封进:《数字经济下的社会保险体系:机遇、挑战与改革》,《社会保障评论》2023年第5期,第24—35页。

自身的实际情况,选择参加城职保。① 城居保主要覆盖的人群是城镇地区非就业人员,包括不属于城职保制度覆盖范围的其他城镇地区人员,城居保制度从2007年10月起,开始在全国各地陆续开展试点工作,截至2011年末城居保在全国各个地区实现了制度全覆盖;与城职保不同,城居保采取个人或家庭自愿参保,并且以家庭缴费为主,政府适当补贴。而新农合主要覆盖人群是农村居民,仍采用个人或家庭以自愿的方式参加保险,并且采取个人缴费、集体扶持和政府补贴的方式筹集资金。2016年1月《国务院关于整合城乡居民基本医疗保险制度的意见》(国发〔2016〕3号)指出,整合城镇居民基本医疗保险和新型农村合作医疗两项制度,从而建立统一的城乡居民基本医疗保险制度,②合并后的居民医保政策所覆盖的对象为城镇以及乡村灵活就业或无业人员。

这三类医保政策在缴费标准和待遇水平上存在显著的差异。从筹资水平来看,根据人社部社会保险事业管理中心的《2015年全国医疗生育保险运行分析报告》指出,城职保在职职工人均缴费4 223元,而城居保人均筹资515元,各级财政补贴403元;《关于做好2017年新型农村合作医疗工作的通知》(国卫基层发〔2017〕20号)提出,2017年各级财政对新农合的人均补助标准在2016年的基础上提高30元,达到450元,农民个人缴费标准在2016年的基础上提高30元,原则上全国平均达到180元左右。从医保待遇水平来看,三类保险的报销封顶线各不相同,且与具体的统筹区有关。其2014年目录内的住院报销比例分别是,城职保为80%,新农合为75%,城居保为70%;从人均基金支出来看,城职保支出远大于城居保和新农合。从报销门诊费用的县的数量、报销门诊大病和慢病的县的数量以及目录内药品种类的对比来看,均可以发现城职保的待遇水平要高于城居保和新农合的待遇。

总体而言,城职保在缴费水平以及待遇水平上,都高于城居保和新农合,而新农合和城居保则在缴费水平、财政补贴以及待遇水平上相差不大。而且随着整合城乡居民医保意见的实施,两者之间的待遇、缴费以及财政补贴差距将会进一步缩小。基于政府出台的城乡统筹政策,以及城乡医保政策的差异较小,

---

① 2010年颁布的《中华人民共和国社会保险法》(主席令第三十五号)中第三章第二十三条规定:无雇工的个体工商户、未在用人单位参加职工基本医疗保险的非全日制从业人员以及其他灵活就业人员可以参加职工基本医疗保险,由个人按照国家规定缴纳基本医疗保险费。根据CFPS2014,本文定义雇佣单位不提供医疗保险的从业人员,或自雇佣人员定义为非全日制从业或灵活就业人员。
② 根据实地调研,部分省市地区早在2016年之前已经将城居保和新农合合并为城乡居民医保。

后文将城居保和新农合两类保险合并分析,统称为"居民医保"。

选择参加城职保可能存在逆选择的初步证据如图47所示,基于2014年中国家庭追踪调查(CFPS)数据本文分别绘制了三类参保组的自评健康比例、有慢性病比例、总医疗支出对数以及医保报销支出对数的比较,其横轴为年龄。自愿参加城职保的群体,其在四个健康维度上都表现出更高的风险,即健康状况较差的人更可能选择参加城职保,他们的医疗费用也更高。

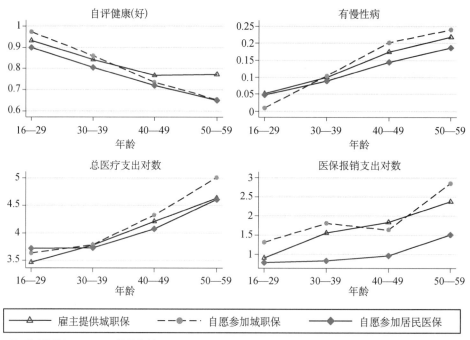

注:作者根据CFPS2014数据绘制。

图47 不同类别参保者的健康比较

第二节 研究设计:不对称信息的检验

本节内容主要利用政策特征进行研究设计,以估计灵活就业人员在职工医保和居民医保选择之间存在的逆选择。为此,本节首先进行理论分析,其次进行实证方法的设计,再次介绍数据来源及情况,最后进行统计描述。

一、理论分析

根据本章研究目的,假设市场上有两类健康风险的群体,分别是高风险群体和低风险群体(条件于研究对象都会参加医保)。对于低风险群体,选择参加保障水平相对较低的保险,此处设定为城乡居民医保;对于高风险群体,选择参加保障水平相对较高的保险,即城镇职工医保。同时医保市场上存在两个部门,即正规部门和非正规部门,对于处于正规部门的人员,则必须强制参加城镇职工医保;而对于处于非正规部门的人员,将根据自身的风险特征,自愿选择参加城镇职工医保或城乡居民医保。如表27所示,A组和B组为非正规部门,C组和D组是正规部门。由于A组是低风险群体,故参加城乡居民医保;B组、C组和D组均参加城镇职工医保。

表27 理论分析

参保部门	低风险群体	高风险群体
非正规部门 (根据自身风险自愿参保)	A组	B组
正规部门 (强制参加城镇职工医保)	C组	D组

假设非正规部门和正规部门的人群不存在系统性差异,用B组的平均医疗支出减(C+D)组的平均医疗支出,即为在选择城镇职工医保和城乡居民医保之间所产生的逆选择效应;若A组和C组的平均风险水平相同,则用C组的平均医疗支出减去A组的平均医疗支出,即为城镇职工医保相对于城乡居民医保的道德风险效应。而在现实情形中,非正规部门和正规部门的人群可能会存在样本选择性差异,同理A组和C组的个体也并非风险水平相同,且数据中C组和D组是混杂在一起的,因此无法从中识别低风险的C组。

因此,本节将逆选择效应定义为B组的平均医疗支出减(C+D)组的平均医疗支出;而道德风险效应定义为(C+D)组的平均医疗支出减A组的平均医疗支出。如果在现实情形中,正规部门的就业人员更加不健康,那么存在对逆向选择效应的低估;相反,如果正规部门的就业人员更加健康,则存在对逆向选择效应的高估。同理可知,对道德风险效应而言,D组的加入会产生对道德风险的高估；而当正规部门就业人员更加不健康时，则存在对道德风险的进一步高估，反之则存在低估。后文将主要分析逆选择效应。

二、经验设计

本文的研究设计旨在估计参加城职保中的逆选择行为，并排除道德风险的影响。如表28所示，根据参保情况将样本分为三组（组1、组2和组3），分别定义强制参加城职保、自愿参加城职保和自愿参加居民医保。首先比较参加城职保的组1和组2，因为他们适用的保险报销规则相同，由此可排除道德风险的影响。通过比较组2和组1的平均医疗支出可以判断选择参加城职保的人健康风险是否高于强制参加的。其次利用个人两期的追踪调查数据，定义第一期在组3中而在第二期转到组2的样本为转换医保组，转换医保组和未转换保险组在第一期的医保保险规则相同，可以剔除由不同保险所混杂的道德风险效应，因而这两组人在第一期医疗支出差异可以判断参加城职保的人和参加城居保的人的健康风险差异。

表28 经验研究设计

逆选择定义	样本定义
组2-组1	组1：雇主提供城镇职工基本医疗保险（强制参保）
	组2：个人参加城镇职工基本医疗保险（自愿参保）
	组3：个人参加城乡居民医疗保险（自愿参保）
转换组-非转换组	转换组：第1期在组3中，且第2期在组2
	非转换组：第1期和第2期均在组3中

与其他研究类似，本文样本中的医疗费用支出分布有以下特点：首先，5%左右的样本在调查年份内是零医疗支出；其次，调查年份内医疗支出不为零的样本，其分布也呈现高度偏态，取对数后其分布特征趋于正态分布。样本分布的这一问题，将会导致对数线性回归模型估计失效，即小样本估计无效，大样本估计不一致等问题。为了解决这一问题，参照文献做法，使用两部模型（Two-Part Model）来纠正由于样本分布所引起的估计无效，其基本的估计思想是，将估计分为两个阶段，第一阶段决定是否有非零的医疗支出，第二阶段条件于医

疗支出为正,决定医疗费用的支出水平。[①]

因此待估计方程包括两个,第一个方程是 Probit 模型,其被解释变量是医疗费用支出是否为零:

$$\Pr(Havingexp_{i,j}=1)=\Phi(\delta_0+\delta_1 \cdot KeyGroup_{i,j}+\bm{X}_{i,j} \cdot \Delta \\ +\sigma_j+\eta_{1i}), \eta_{1i} \sim N(0,1)$$

(6-1)

其中 Φ 是指标准正态分布的累计分布函数(CDF),$KeyGroup$ 是关键解释变量(即组 2=1 或转换组=1),其系数大小为逆选择效应,$\bm{X}$ 为其他的控制变量,σ 为城市的固定效应,$Havingexp$ 是二值变量,指医疗支出($Metotal$)是否为 0,且满足:

$$Havingexp_i = \begin{cases} 1, & Metotal_i > 0 \\ 0, & Metotal_i = 0 \end{cases}$$

第二个方程是对数线性回归模型:

$$In(Metotal_{i,j} \mid Havingexp_{i,j} > 0) = \theta_0 + \theta_1 \cdot KeyGroup_{i,j} \\ + \bm{X}_{i,j} \cdot \Theta + \sigma_j + \eta_{2i}, \eta_{2i} \sim N(0, \sigma_{\eta_2}^2)$$

(6-2)

因此该模型的似然函数可以表示为:

$$L(\delta_0, \delta_1, \Delta, \theta_0, \theta_1, \Theta, \sigma_{\eta_2}^2) = \prod L_i(\delta_0, \delta_1, \Delta, \theta_0, \theta_1, \Theta, \sigma_{\eta_2}^2)$$

(6-3)

为了简便起见,假定对样本医疗费用支出进行排序,前 N 位个体均有正的医疗支出,后 $n-N$ 位个体的医疗支出费用为 0,对于前 N 位个体可以计算其似然函数为:

$$L_i = \Pr(Havingexp_{i,j} = 1 \mid Group2_{i,j}, \bm{X}_{i,j}) \times \\ Density(Metotal_{i,j} \mid Havingexp_{i,j} = 1, Group2_{i,j}, \bm{X}_{i,j})$$

[①] 与本模型相类似的估计模型有 Tobit 模型以及 Heckman 选择模型,但是均不满足本文的研究要求。具体而言,Tobit 模型假设被解释变量服从删失(censored)的正态分布,而本文的医疗支出数据并不满足这一假设。此外,对于 Heckman 选择模型而言,其假设函数形式是先验的,且其所适用的选择问题也与本文医疗支出所感兴趣的问题相悖。

$$= \Phi(\delta_0 + \delta_1 \cdot Group2_{i,j} + \mathbf{X}_{i,j} \cdot \Delta + \sigma_j) \times$$
$$\frac{1}{\sigma_{\eta_2}} \phi\left(\frac{y_{i,j} - \theta_0 - \theta_1 \cdot Group2_{i,j} - \mathbf{X}_{i,j} \cdot \Theta - \sigma_j}{\sigma_{\eta_2}}\right) \quad i = 1, \cdots, N$$
(6-4)

其中 ϕ 是标准正态分布的概率密度函数(PDF),$y_{i,j}$ 是 $ln(Metotal_{i,j})$。对于后 $n-N$ 个观测值而言,其似然函数是:

$$L_i = \Pr(Havingexp_{i,j} = 0 \mid Group2_{i,j}, \mathbf{X}_{i,j})$$
$$= 1 - \Phi(\delta_0 + \delta_1 \cdot Group2_{i,j} + \mathbf{X}_{i,j} \cdot \Delta + \sigma_j), \quad i = N+1, \cdots, n$$
(6-5)

因此似然函数是:

$$L(\delta_0, \delta_1, \Delta, \theta_0, \theta_1, \Theta, \sigma_{\eta_2}^2) = \left[\prod_{i=1}^{N} \frac{1}{\sigma_{\eta_2}} \phi\left(\frac{y_{i,j} - \Lambda_2}{\sigma_{\eta_2}}\right)\right]$$
$$\times \left\{\prod_{i=1}^{N} \Phi(\Lambda_1) \times \prod_{i=N+1}^{n} [1 - \Phi(\Lambda_1)]\right\}$$
(6-6)

为了简便起见,令:

$$\Lambda_1 = \delta_0 + \delta_1 \cdot Group2_{i,j} + \mathbf{X}_{i,j} \cdot \Delta + \sigma_j$$
$$\Lambda_2 = \theta_0 + \theta_1 \cdot Group2_{i,j} + \mathbf{X}_{i,j} \cdot \Theta + \sigma_j$$
(6-7)

以上的似然函数可以拆分成为两个相乘项,即第一项为:

$$L_1(\delta_0, \delta_1, \Delta) = \prod_{i=1}^{N} \Phi(\Lambda_1) \times \prod_{i=N+1}^{n} [1 - \Phi(\Lambda_1)]$$
(6-8)

第一项中待估计的系数完全来自第一步估计的 Probit 模型,第二项为:

$$L_2(\theta_0, \theta_1, \Theta, \sigma_{\eta_2}^2) = \prod_{i=1}^{N} \frac{1}{\sigma_{\eta_2}} \phi\left(\frac{y_{i,j} - \Lambda_2}{\sigma_{\eta_2}}\right)$$
(6-9)

第二项中待估计的系数完全来自第二步估计的对数线性回归模型。需要指出的是似然函数可分并不需要对误差项做任何的假定,仅仅依据条件密度函数的运算规则便可以得到以上结论①。对似然函数进行拆分后,直接对拆分项

---

① 事实上,两个方程的误差项必然会存在相关性,即 $cov(\eta_{1i}, \eta_{2i}) \neq 0$,模型的估计对其相关性并没有要求。

分别进行极大似然估计则可以相当于对原似然函数的估计。利用极大似然估计对这两个方程进行联合估计,之后通过两个方程的系数计算某一个自变量的联合边际效应,联合边际效应既包含了变量对是否有医疗支出的影响,也包含了对医疗费用的影响。

三、数据来源

本节的数据来源于北京大学中国社会科学调查中心自 2010 年起开始调查的中国家庭追踪调查(CFPS)数据。中国家庭追踪调查样本覆盖中国 25 个省/市/自治区①,共计 635 个区县,目标样本规模为 16 000 户,是一项具有全国代表性样本的抽样调查,该调查主要关注中国居民的经济和非经济福利,其问卷包括家庭成员信息、家庭经济活动、人口迁移、保险参与状态、健康等丰富的信息。CFPS 在 2010 年正式开展调查,其后分别于 2012 年、2014 年进行了追踪访问。根据本节的研究目的,本文主要采用了该调查 2012 年和 2014 年两年的数据。

按照本文的研究设计,重点研究处于劳动年龄的人口样本,因此将成人问卷中的全日制在校学生,以及已退休的人员(年龄大于 60 岁)剔除,同时将从事农业经营的个体从样本中删除后,得到 2014 年有效样本数量为 15 324 人;进一步将医疗保险参保信息缺失、不参加任何保险的样本删掉,并将个人数据库与家庭数据库匹配后,得到本文的研究样本共 11 797 人。将 2012 年的样本与 2014 年进行匹配,形成平衡面板后共 11 797 人,删除样本缺失并保留居民医保参保样本,共 5 542 人。

四、变量构造与统计描述

如表 29 所示,根据本文的研究目的,变量主要包括四类,分别是健康代理变量、健康风险变量、个人风险行为变量以及个人特征变量。健康代理变量包括:年龄、自评健康状况(好=1)、过去半年内是否有慢性病(是=1)。② 健康风险变量包括:总医疗支出的对数、医保报销费用的对数、住院费用的对数。个人

---

① 其中不包括香港、澳门、台湾、西藏、新疆、内蒙古、青海、宁夏、海南等地区。
② 年龄包括:年龄组(16—30 岁)、年龄组(31—40 岁)、年龄组(41—50 岁)、年龄组(51—60 岁)。CFPS 问卷自评健康状况包括:1. 非常健康,2. 很健康,3. 比较健康,4. 一般,5. 不健康五类,文中将前三类定义为健康状况好,将 4 和 5 定义为差,并作为基准组。

风险行为变量包括:抽烟(是=1)、喝酒(是=1)、过去一周锻炼次数、语言认知能力和数学认知能力。个人特征变量包括:性别、受教育程度、婚姻状况、户口类型和家庭人均净收入的对数。①

选择参加城职保的人群(组2),51—60岁的占比明显高于其他两组,而年龄偏高则会更加频发健康问题;有慢性病的比例高于组1和组3,自评健康为好的比例也低于其他两个组;各项医疗支出的费用也体现为组2群体更加高。这些特征一致表明组2的个体健康风险更加高,医疗费用支出更加多。

在个人风险行为变量中,抽烟、喝酒的比例在三个组中的分布基本差异不大,但是组2的过去一周锻炼次数则高于组1和组3,可以说明组2群体对待自身健康表现地更加谨慎。组1是雇主提供医疗保险的群体,这部分群体的语言认知能力、数学认知能力以及受教育水平均高于其他两个组的个体。样本中性别和婚姻状况的分布在每个组中分布较为均匀,与全样本分布相似。组2的城镇户籍比例最高,组3的城镇户籍比例最低,组3是自愿参加居民医保,包括了新农合的参保者,因此农村户籍人口更多。家庭人均净收入的对数在三个组中分布较为均匀,且表现出组1和组2的收入水平高于组3。此外,2014年转换保险的群体相较于未转换群体,在2012年他们的健康水平整体表现更差,特别是患慢性病的比例、总医疗支出以及医保报销费用等变量。

表29 主要变量描述性统计

变量	2014年			2012年	
	组1	组2	组3	未转换保险	转换保险
健康代理变量:					
年龄组(16—30)	0.32	0.11	0.31	0.32	0.32
年龄组(31—40)	0.30	0.21	0.23	0.24	0.27
年龄组(41—50)	0.24	0.31	0.30	0.33	0.26
年龄组(51—60)	0.14	0.37	0.17	0.11	0.15
有慢性病(是=1)	0.12	0.18	0.11	0.09	0.12
自评健康(好=1)	0.84	0.76	0.78	0.72	0.72

① 性别:男性=1。受教育程度包括:小学(小学=1)、初中(初中=1)、高中(高中=1)、大学及以上(大学及以上=1),基准组为文盲。婚姻状况包括:已婚(已婚=1)。基准组是其他。户口类型:城镇户口=1。

(续表)

变量	2014年			2012年	
	组1	组2	组3	未转换保险	转换保险
健康风险变量:					
总医疗支出的对数	3.81	4.39	3.98	4.45	4.82
医保报销费用的对数	1.52	2.09	0.97	4.29	4.71
住院费用的对数	0.74	0.87	0.78	0.60	0.59
个人风险行为变量:					
抽烟(是=1)	0.33	0.34	0.32	0.33	0.35
喝酒(是=1)	0.17	0.20	0.18	0.18	0.20
过去一周锻炼次数	2.00	2.58	1.39	1.32	1.63
语言认知能力	25.98	24.72	20.58	15.56	16.96
数学认知能力	16.20	15.67	11.46	12.94	14.46
个人特征变量:					
性别(男=1)	0.59	0.55	0.53	0.53	0.55
受教育程度:小学	0.06	0.07	0.25	0.27	0.09
受教育程度:初中	0.23	0.30	0.42	0.40	0.33
受教育程度:高中	0.25	0.33	0.17	0.16	0.30
受教育程度:大学及以上	0.44	0.28	0.06	0.04	0.24
已婚	0.78	0.88	0.84	0.84	0.75
城镇户口(是=1)	0.66	0.85	0.19	0.18	0.54
家庭人均净收入的对数	9.87	9.83	9.18	8.56	9.35
样本量	2 842	1 015	7 940	5 119	423

第三节 不同参保组别的医疗费用对比

本节内容主要介绍实证分析结果,分为三个部分:首先介绍自愿参加城职保和强制参加城职保两组人的医疗费用对比,其次介绍由居民医保转为城职保和未转换参保组别之间的费用对比,最后介绍本节的稳健性检验结果。

一、选择参加城职保和强制参保医疗费用比较

本文首先利用两部模型,计算变量的联合边际效应,对强制参加城职保组(组 1)和自愿选择参加城职保组(组 2)进行估计,回归结果如表 30 所示,表中所汇报的结果是两部分联合估计的边际效应,由于各地区的政策不同,且地区政策以地级市为单位统一制定,故在回归中均控制了城市固定效应。其中第(1)列是被解释变量为总医疗支出的对数时的回归结果,可以发现选择参加城职保组(组 2)的平均医疗支出显著高于强制参加城职保组(组 1)的平均医疗支出,将表中回归的边际效应经过换算后可知,组 2 的平均医疗支出相较于组 1 的平均医疗支出高 77.5%[exp(0.574)1],说明选择参加城职保相对于强制参加总体上体现为逆选择,由此导致的医疗费用支出将增加 77.5%。

表 30 自选择对医疗费用的边际影响

变量	总医疗支出的对数		医保报销费用的对数		住院费用的对数	
	(1)	(2)	(3)	(4)	(5)	(6)
选择参加城职保	0.574***	0.236*	0.564***	0.163	0.248**	−0.010 8
	(0.134)	(0.133)	(0.120)	(0.124)	(0.108)	(0.112)
年龄组(31—40)	—	0.198	—	0.539***	—	0.076 9
	—	(0.178)	—	(0.159)	—	(0.158)
年龄组(41—50)	—	0.357*	—	0.433**	—	−0.157
	—	(0.192)	—	(0.171)	—	(0.161)
年龄组(51—60)	—	0.896***	—	1.172***	—	0.242
	—	(0.216)	—	(0.204)	—	(0.195)
有慢性病	—	2.966***	—	1.686***	—	0.947***
	—	(0.216)	—	(0.149)	—	(0.123)
自评健康	—	−1.898***	—	−0.898***	—	−0.818***
	—	(0.170)	—	(0.143)	—	(0.115)
城市固定效应	YES	YES	YES	YES	YES	YES

(续表)

变量	总医疗支出的对数		医保报销费用的对数		住院费用的对数	
	(1)	(2)	(3)	(4)	(5)	(6)
其他控制变量	NO	YES	NO	YES	NO	YES
观测值	3 022	2 662	2 889	2 613	2 654	2 407

注:(1)其他控制变量包括:性别、受教育程度、户口类型、家庭人均净收入的对数、抽烟、喝酒、认知能力以及过去一周锻炼次数;(2)年龄组(16—30)是基准组;(3)表中汇报的均为边际效应;(4)回归基于2014年样本;(5)由于仅汇报两阶段回归的联合边际效应,因此(伪)R方没有给出;(6)括号中汇报的是标准误,且 * 代表在10%水平上显著,** 代表在5%水平上显著,*** 代表在1%水平上显著。

在第(2)列中,本文进一步加入了年龄变量和健康代理变量,并控制性别、受教育程度、户口类型、家庭人均净收入的对数、抽烟、喝酒、认知能力以及过去一周锻炼次数后,变量组 2 的边际效应值仍旧为正且显著,但数值变小。在不断控制与健康相关的变量后,组 2 的效应被健康效应所吸收,这说明组 2 医疗费用较高的来源之一是该组人群的健康状况更差。

利用同样的实证设定,当被解释变量为医保报销费用的对数时,回归结论如第(3)、(4)列。第(3)列所得到的边际效应为正且显著,换算后可得,由逆选择效应所导致的医保基金支出将会增加 75.5%。在进一步加入年龄组变量和健康代理变量,并控制性别、受教育程度、户口类型、家庭人均净收入的对数、抽烟、喝酒、认知能力以及过去一周锻炼次数后,变量组 2 的边际效应不显著,即逆选择效应所导致的医保基金支出主要是由个人健康状况以及个人特征所引起。更进一步,第(5)、(6)列考察了住院费用的对数在两个组之间的差异。第(5)列控制城市固定效应后,变量组 2 的边际效应显著为正,表明组 2 住院费用比组 1 高 28.1%。在进一步加入年龄和健康代理变量,以及控制个人特征等变量后,回归结果不显著,这表明逆选择所导致的住院费用的增加,可以由年龄结构和其他健康代理变量等解释。

综上所述,由于城职保可以接受来自灵活就业人员的自愿选择,从而导致了城职保面临逆选择问题。而这一逆选择问题所导致的总医疗费用增长77.5%,导致医保基金支出增长 75.5%,导致总住院费用增长 28.1%,而这一逆选择所产生的一个重要原因是健康水平的差异。

二、转为城职保和未转换医保医疗费用比较

为检验选择参加城职保的人员与其他灵活就业人员相比是否也是风险更

高的,本文采用2012年样本做同样的估计,主要关心的是2012年转换组的医疗费用是否更高。仍旧使用两部模型,关键的解释变量为转换保险组(是=1)。具体的回归结果如表31所示,其中(1)、(2)列被解释变量为总医疗支出的对数,核心解释变量为是否为转换保险组,表中所汇报的是两部分联合估计的边际效应。第(1)列回归仅控制城市固定效应,所得到的边际效应为正且显著,经过换算可知,转换保险组的总医疗支出要比非转换组高44.8%。进一步控制年龄、健康代理变量以及个人特征变量后,两部分回归后所得到的边际效应仍旧为正且显著,但是数值变小,这主要是由于逆选择可以由个人的特征和健康状况所解释。

(3)、(4)列进一步考察了转换保险组和未转换保险组之间医保报销费用的对数的比较,第(3)列所得到的联合估计边际效应为正且显著,经过换算后可知,转换保险组相较于未转换保险组的医保报销费用支出增加51.1%,在进一步控制年龄、健康代理变量以及个人特征变量后,逆选择效应减弱。

表31　转换保险对医疗总费用的边际影响

被解释变量	总医疗支出的对数		医保报销费用的对数	
	(1)	(2)	(3)	(4)
转换保险组	0.370**	0.274*	0.413**	0.315**
	(0.170)	(0.162)	(0.167)	(0.160)
年龄组(31—40)	—	−0.000 294	—	0.044 2
		(0.102)		(0.100)
年龄组(41—50)	—	0.028 1	—	0.128
		(0.101)		(0.099 2)
年龄组(51—60)	—	0.363***	—	0.419***
		(0.139)		(0.138)
有慢性病	—	2.305***	—	1.983***
		(0.174)		(0.162)
自评健康	—	−1.544***	—	−1.482***
		(0.088 6)		(0.087 3)
城市固定效应	YES	YES	YES	YES

(续表)

被解释变量	总医疗支出的对数		医保报销费用的对数	
	(1)	(2)	(3)	(4)
其他控制变量	NO	YES	NO	YES
观测值	5 476	5 476	5 476	5 476

注：(1)其他控制变量包括：性别、受教育程度、户口类型、家庭人均净收入的对数、抽烟、喝酒、认知能力以及过去一周锻炼次数；(2)年龄组(16—30)是基准组；(3)表中汇报的均为边际效应；(4)回归基于2012年样本；(5)由于仅汇报两阶段回归的联合边际效应，因此(伪)R方没有给出；(6)括号中汇报的是标准误，且*代表在10%水平上显著，**代表在5%水平上显著，***代表在1%水平上显著。

三、稳健性检验

在上述基本结果的基础上，本节考虑一些可能对结果产生偏误的因素。主要来自三个方面，一是参保类型对健康的影响；二是不同城市对于农村户口样本参加城职保有不同规定，导致一些非本地农村户籍不具有选择权；三是根据灵活就业人员的参保决策方程来映证逆选择的存在。

(一) 保险和健康之间的反向因果问题

在比较雇主提供城职保和选择参加城职保之间的医疗费用差异时，由于雇主提供城职保的群体，参加保险的时间更长，同时可能享受正规就业单位提供的其他医疗健康的福利措施，使得该群体的健康水平得到了更好的保障。换而言之，两个参保组之间的健康差异不是由事前选择导致，而可能是由于参保时间不同从而导致了健康水平的差异，即参保组和健康之间存在反向因果关系。本文从以下两方面论证这一问题对本文结论并不构成挑战。

首先年龄是表征健康风险的变量，对于成年人而言，年龄越大，生病概率越高，但年龄不存在上面阐述的反向因果关系。从不同组人群的年龄分布看，选择参加城职保的人群中51—60岁的比重为30%，分别比雇主提供城职保和参加城居保人群中该年龄组占比高出23和20个百分点；而选择参加城职保的人群中40岁以下的占比只有31%，比另外两组分别低了30个和22个百分点。说明选择参加城职保的人生病概率比其他两组要高。

其次，在相对年轻的群体中，由于平均参保时间较短，这种反向因果问题并不严重。因此本文将样本限制在40岁之前，利用与上文中同样的设定去估计，其检验的结论如表 32 所示,其结果基本与主回归相类似,正如医保报销费用在两个组之间存在逆选择效应,可以在一定程度上表明反向因果问题对本文的结论不会造成挑战。

表 32　年轻组子样本回归结果

被解释变量	(1) 总医疗支出的对数	(2) 医保报销费用的对数
选择参加城职保	0.295	0.369**
	(0.207 7)	(0.185 5)
城市固定效应	YES	YES
其他控制变量	NO	NO
观测值	1 561	1 299

注:(1)表中汇报的均为边际效应;(2)回归基于 2014 年样本;(3)由于仅汇报两阶段回归的联合边际效应,因此(伪)R 方没有给出;(4)括号中汇报的是标准误,且 * 代表在 10% 水平上显著,** 代表在 5% 水平上显著,*** 代表在 1% 水平上显著。

(二) 去除农村户口样本

农村居民参加城职保可能受到更多限制,为此本文将农村户籍样本去除后,分别比较选择参加城职保组和强制参保组之间的医疗支出(表 33A),以及比较转换参保组和未转换参保组的医疗支出(表 33B)。比较去除农村户口样本前后的回归结果可以发现,核心解释变量的边际效应为正且显著,且与基准回归中的边际效应相比变大,这说明城镇地区居民的逆选择现象更加严重。

表 33　去掉农村户口样本回归结果

A. 被解释变量	(1) 总医疗支出的对数	(2) 医保报销费用的对数
选择参加城职保	0.567***	0.565***
	(0.148)	(0.132)
城市固定效应	YES	YES
其他控制变量	NO	NO
观测值	2 457	2 342

(续表)

B. 被解释变量	(3) 总医疗支出的对数	(4) 医保报销费用的对数
转换保险组	0.582**	0.649**
	(0.283)	(0.274)
城市固定效应	YES	YES
其他控制变量	NO	NO
观测值	949	976

注：(1)表中汇报的均为边际效应；(2)回归基于2014年样本；(3)由于仅汇报两阶段回归的联合边际效应，因此(伪)R方没有给出；(4)括号中汇报的是标准误，且 * 代表在10%水平上显著，** 代表在5%水平上显著，*** 代表在1%水平上显著。

（三）参保决策检验

如果上文中所发现的逆选择效应存在的话，那么可以看到灵活就业人员选择参加城职保的群体应该是健康状况相对更差的人。因此，本文采用一个参保决策方程，针对灵活就业人员群体，检验个人的健康状况、风险行为变量对于参加城职保决策的影响。本文利用CFPS2014数据，进一步针对灵活就业人员估计参保决策方程，如表34所示。从表中可以发现，选择参加城镇职工医保的灵活就业人员的年龄更大，有慢性病的比例更高，这反映出逆选择效应的存在。此外，收入更高、认知能力强以及锻炼次数多的个体也更有可能选择参加城职保，这也与现有文献结论一致。

表34 灵活就业人员参保决策方程

被解释变量：参保状态（城镇职工医保＝1）	(1) 灵活就业人员	(2) 灵活就业人员
年龄组(31—40)	0.0297***	0.0314***
	(0.008)	(0.009)
年龄组(41—50)	0.0483***	0.0484***
	(0.008)	(0.009)
年龄组(51—60)	0.0919***	0.0971***
	(0.010)	(0.010)

(续表)

被解释变量:参保状态 (城镇职工医保＝1)	(1) 灵活就业人员	(2) 灵活就业人员
有慢性病(是＝1)	0.018 4*	0.017 5*
	(0.010)	(0.010)
自评健康(好＝1)	0.009 6	0.007 2
	(0.008)	(0.008)
抽烟(是＝1)	—	0.006 4
	—	(0.008)
喝酒(是＝1)	—	−0.006 5
	—	(0.009)
过去一周锻炼次数	—	0.002 9**
	—	(0.001)
语言认知能力	—	0.000 3
	—	(0.001)
数学认知能力	—	0.003 5***
	—	(0.001)
家庭人均净收入的对数	—	0.015 2***
	—	(0.003)
城市固定效应	YES	YES
其他控制变量	YES	YES
观测值	8 599	8 103
R 方	0.324	0.331

注:(1)年龄组(16—30)是基准组;(2)其他控制变量包括性别、受教育程度、户口类型;(3)回归基于2014年灵活就业样本;(4)括号中汇报的是标准误,且*代表在10%水平上显著,**代表在5%水平上显著,***代表在1%水平上显著。

第四节 结论与政策启示

本文基于中国家庭追踪调查(CFPS)数据 2012 和 2014 年追踪数据，利用中国公共医疗保险体系中特有的强制参保制度，以及面板数据结构的特征，实证检验了中国公共医保体系中参加城职保的逆选择效应。我国现有的多种制度并存的公共医疗保险格局，决定了不同参保人群在医保缴费和报销规则上存在明显的差异，灵活就业人员可以选择参加不同种类医保，他们的自选择对城职保是逆向选择。本文的实证结论发现，选择参加城职保的人群医疗支出比雇主提供参保的群体高约 78%，由医保报销的费用高出约 76%；而选择参加城职保的人群医疗支出比选择参加居民医保的高约 45%，由医保报销的费用高出约 51%。

现阶段我国医疗保险参保已经实现全覆盖，主要矛盾在于基金的可持续运行。在人口老龄化的背景下，随着城镇职工基本医疗保险制度中的职工与退休人员的比例逐年下降，这一制度的可持续运行面临挑战。现行的制度安排导致了灵活就业群体中健康风险较高的参加城职保，将会加剧这一保险基金运行的不平衡。在经济全球化以及技术进步的背景下，灵活就业群体规模的增加不仅是发展中国家的主要趋势，也是发达国家的主要趋势，由此所带来的基金运行的不平衡将会更进一步突显。

另一方面，对于有较高医疗保险需求的群体而言，城职保的可选择特征对于其福利改进具有积极的作用，因而简单限制他们选择的做法并不可取。如何既能保障医疗保险的可获得性，又能维系医保基金平衡，需要对我国现行多种制度并存的公共医疗保险制度加以完善。我国有些地方已经开始试点"三保合一"的制度，如广东省，将城职保、城居保和新农合基金统筹管理。今后逐步探索"三保合一"的方案，例如初期可以探索建立三保之间的医疗调剂金制度，使得医保基金在三种保险之间逐步实现风险共担，以减少保险制度内部的逆选择问题。

第七章

长期护理保险对医疗费用的替代效应

> 孝子之养老也,乐其心,不违其志,乐其耳目,安其寝处,以其饮食忠养之。
> ——《礼记·内则》

2000年以来我国卫生总费用(剔除价格因素)的年平均增速约为12.8%,远超同期的经济增速。随着我国医疗卫生支出持续上涨,医疗保险基金运行压力也逐年加大。另一方面,在人口老龄化背景下,我国老年护理需求不断增加,"第四次中国城乡老年人生活状况抽样调查"显示,我国失能、半失能老年人已超过4 000万人。为此我国于2017年在基本医疗保险的基础上又推出了长期护理保险制度(下文简称"长护险"),并选取15个城市进行试点。[①] 各试点城市在补偿模式上存在分歧,有的城市对机构护理费用补偿更多,如青岛、南通、承德、上饶等;有的城市对居家护理补偿更多,如上海、安庆、成都、苏州、广州等,然而各城市的长护险筹资主要来源于基本医疗保险基金。由此引出的问题是,长期护理保险是否会加剧医保基金的财务不平衡?不同补偿模式对医疗费用的影响有何差异?

理论上,长护险对医疗费用的影响存在正反两种效应。一方面,长期护理既可减少医保基金的不合理利用,如缓解拖延出院、压床病人(Bed-blocker)等现象,同时也改善了被护理者的健康,进而减少医疗服务利用,缓解基金运行压力[高根(Gaughan)等,2015;福德(Forder),2009]。[②] 此外,长护险也可能产生

---

① 试点城市包括:河北省承德市、吉林省长春市、黑龙江省齐齐哈尔市、上海市、江苏省南通市和苏州市、浙江省宁波市、安徽省安庆市、江西省上饶市、山东省青岛市、湖北省荆门市、广东省广州市、重庆市、四川省成都市、新疆石河子市。

② Gaughan J., Gravelle H. and Siciliani L., "Testing the Bed-blocking Hypothesis: Does Nursing and Care Home Supply Reduce Delayed Hospital Discharges?", Health Economics, vol. S1, no. 24 (2015), pp.32-44.
Forder J., "Long-term Care and Hospital Utilization by Older People: an Analysis of Substitution Rates", Health Economics, vol. 11, no. 18(2009), pp.1322-1338.

收入效应和健康知识效应,增加医疗支出。

实证上回答上述问题面临三方面困难。其一是需要准确的医疗服务利用及费用的调查数据,现有的微观入户调查数据中存在较多缺失情况,且医疗费用记录的测量误差较大;其二是难以寻找合适的政策评估设定,以避免文献研究中普遍面临的内生性问题;其三是我国不同试点地区长护险制度差异较大,全国样本的研究难以说明影响机制。针对这些挑战,本文利用来自医保部门的实际报销数据,以 A 市的长护险制度试点作为准自然实验,利用双重差分模型(DID)实证检验了长护险对医疗服务利用和费用的影响。鉴于 A 市长护险制度试点第一阶段仅提供居家护理补贴,第二阶段增加对机构护理的补贴,本文利用这一政策特征也比较了居家护理补贴和机构护理补贴两种补偿模式下的差异。

本章内容稳健地发现,长护险的居家护理补贴显著地降低了医疗服务利用和费用,使得住院天数下降约 12.3%、住院费用下降约 10.5%、医保支付费用下降约 10.3%、住院率下降约 3.2%。异质性分析和机制讨论发现,主要的影响途径包括居家护理对拖延住院的替代,以及该计划促进了被护理者的健康。此外,成本-收益分析结果表明,居家护理补贴所节约的医保基金远大于该计划所投入的费用,经粗略估算,居家护理补贴每投入 1 元钱,由此将节约医保基金支出约 8.6 元。然而,机构护理补贴一方面替代了住院费用,使得住院费用和医保支付费用分别下降约 19.8%、19.6%;另一方面也使得提供护理的医疗机构费用增长约 35.1%,最终净效应表现为医疗费用基本持平。

本章主要做了以下三点贡献:第一,本文研究了长护险对医疗服务利用的影响,同时对不同补偿模式的差异进行了比较,为探讨长护险可持续性和补偿模式提供参考;第二,从异质性的角度,对长护险的影响进行了机制讨论,丰富了现有文献;第三,从成本-收益角度出发,表明长护险可能带来医保基金的优化配置,提供了医疗资源无效率使用的微观证据,并丰富了相关的政策含义。

第一节 长期护理保险试点现状

自 2016 年我国开展长期护理保险试点以来,全国 49 个试点城市已有 1.45 亿人参加了长期护理保险,累计享受待遇人数达 172 万。试点工作取得了阶段性成效,减轻了失能人员家庭经济负担,促进了养老产业和健康服务业发展。在"十四五"时期,我国将着力健全完善长期护理保险制度,扩大参保对象,建立多渠道筹资和公平适度的待遇保障机制,有效衔接社会资源,织牢社会保障养老服务网。此外,长期护理保险还可以有效衔接老年人群的医疗和养老问题,推动了当地护理服务市场、家政服务业和养老产业的发展。本节内容首先介绍第一批试点城市及其制度设计,其次介绍重点研究的A市试点政策。

一、首批长期护理保险试点地区

人力资源和社会保障部于2016年印发《关于开展长期护理保险制度试点的指导意见》(以下简称《指导意见》),在全国范围内启动了第一批长期护理保险制度试点地区,共15个城市。各地区在《指导意见》的基础上,根据当地实际情况设计了不同的制度规定。其基本可以总结为四个方面:覆盖人群、筹资渠道、待遇给付以及服务内容(见表35)。总体而言,现阶段的长护险主要的筹资来源是基本医疗保险基金,其所覆盖的人群是参加基本医疗保险且经评定达到失能等级的人群,主要的服务方式包括居家健康照料(Home Health Care)和机构护理照料(Nursing Home Use),所提供的服务包括日常照料和医疗护理照料。

表35 长期护理保险制度特征

制度特征	类型	试点城市	备注
覆盖人群	参加职工基本医疗保险	齐齐哈尔、承德、宁波、安庆、上饶、重庆、成都、广州	对申请人员经过统一评估后,进行等级认定,从而确立长护险待遇资格,并且会进行阶段性再评估,以确定是否继续享受长护险
	参加基本医疗保险(职工医保和居民医保)	长春、南通、苏州、荆门、青岛、石河子	
	参加基本医疗保险且60岁以上	上海	
筹资渠道	以统筹基金划拨、个人账户或个人缴纳、公共财政补贴为主		
待遇给付	定额补偿型	宁波、安庆、苏州、南通、荆门、石河子、上饶	基金支付水平总体上控制在70%左右,且待遇支付标准依据不同失能等级、不同照料方式(居家照料、机构照料)以及不同护理内容(日常照护、医疗护理或其他护理)。其中定额支付以人/天支付固定的费用,而按比例支付针对不同的服务项目,支付固定的比例
	按比例补偿型	广州、青岛、安庆、齐齐哈尔、承德、长春、荆门、成都、石河子、上海、上饶	

(续表)

制度特征	类型	试点城市	备注
服务内容	日常护理	全部试点城市	日常护理基本包括环境卫生、个人卫生、饮食照料、排泄护理等;医疗护理通常包括生命体征检测、服药、注射等;其他护理包括:预防性护理,身体康复训练以及精神疏导等
	医疗护理	全部试点城市	
	其他护理	成都、广州、上海、苏州、荆门、青岛、石河子	

二、A市长期护理保险试点

根据《人力资源社会保障部办公厅关于开展长期护理保险制度试点的指导意见》(人社厅发〔2016〕80号),A市属于在全国范围内进行首批试点长期护理保险制度的地区。目前A市的长期护理保险制度是于2018年1月1日起在全市范围内实行,政策制度的设计可以概括为以下几个方面:覆盖人群、筹资渠道、待遇给付以及服务内容(表36)。

表36 A市长期护理保险制度的对比

制度特征	现行长期护理保险计划(2018)	高龄老人医疗护理计划(2013)
覆盖人群	(1) 第一类人员:参加本市职工医保的60周岁及以上人员且办理退休手续; (2) 第二类人员:参加本市居民医保的60周岁及以上的人员	参加职工医保的本市户籍人员,且年龄70岁及以上
筹资渠道	(1) 第一类人员:从职工医保统筹基金中调剂资金; (2) 第二类人员:从居民医保统筹基金中调剂资金	由职工医保统筹基金支付
服务内容	(1) 社区居家照护:由养老服务机构、基层医疗卫生机构、护理院等为居家的参保人员提供上门或社区照护服务; (2) 养老机构照护:由取得相关许可的定点护理服务机构提供; (3) 住院医疗护理:由基层医疗卫生机构、护理院、老年护理医疗机构等机构提供	居家医疗护理服务:由相关护理站、社区卫生服务中心、护理院、门诊部提供,包括基础护理和常用临床护理

(续表)

制度特征	现行长期护理保险计划(2018)	高龄老人医疗护理计划(2013)
待遇给付	(1) 社区居家照护:社区居家照护的服务时间依据其评估等级确定,对于在评估有效期发生的社区居家照护服务费用,由长期护理保险基金支付90%; (2) 养老机构照护:依据评估等级确定养老机构照护准入条件,对评估有效期内发生的机构照护费用,由保险基金支付85%; (3) 住院医疗护理:所发生的费用,其待遇按照本人所参加的本市职工或居民医保的待遇规定执行	居家医疗护理服务时间取决于失能评估等级,护理服务收费标准取决于服务人员的资质,其中由医疗照护员提供为65元/次,由执业护士提供为80元/次。所发生的费用,由职工医保统筹基金支付90%,其余由个人账户支付或个人自负

注:作者根据相关政策自行整理。

事实上,A市早在2013年便率先探索试点长期护理保险制度,即2013年在全市范围内开始试点高龄老人医疗护理计划(下文简称:老人护理计划)。由于是对长期护理保险制度的探索,因此在制度设计方面与现行的长护险制度有所区别。其中最大的区别在于,老人护理计划仅提供以居家为主的长期护理服务(Home Health Care),而现行的长护险制度不仅提供了居家健康照料,同时也包括了机构护理照料(Nursing Home Use);此外,在覆盖人群上也略有差别。总体而言,A市高龄老人医疗护理计划是一项对长期护理保险制度的早期探索,十分具有代表性。

如表37所示,这一计划在试点阶段所覆盖的人群是具有本市户籍、年龄70周岁及以上、并且参加本市职工基本医疗保险,居住在家且属于试点区划内,经过医疗护理需求等级评估后,可享受上门的居家医疗护理服务。居家医疗护理服务内容主要包括基础护理和常用临床护理以及相应的护理指导,试点阶段主要由相关的护理站、社区卫生服务中心等承担。其中基础护理内容主要是指个人日常的生活护理服务,如面部清洁、口腔护理等;临床护理内容主要包括生命体征检测,以及静脉注射等。在规定范围内的居家医疗护理费用由医保基金支付90%,其余部分由个人账户支付,不足部分由个人自负。

试点工作经历三个阶段完成。第一阶段,2013年7月选择在A市的6个街镇开展试点工作;第二阶段,2014年11月新增了3个试点区,扩大范围至6个区28个街镇;第三阶段,2016年1月将试点范围扩大至全市范围。

正是由于高龄老人护理计划的分阶段推行,为本文提供了良好的实证识别机会。

而第二阶段 A 市自 2017 年 1 月起,选择三地开展试点工作,在第一阶段的基础上,增加了机构护理补贴。这一政策特征也为我们提供了进一步识别机构护理替代效应的机会,进而比较不同补偿模式的替代效应大小。

表 37　A 市高龄老人医疗护理计划

享受条件	具有本市户籍、年龄 70 周岁以上、参加职工医保、居住在家且居住地属于试点街镇,经过老年医疗护理需求等级评估或老年照护统一需求评估,评估结果达到轻度或照护 2 级以上的老人
需求评估	评估人员依据《A 市老年照护统一需求评估调查表》对申请老人进行评估,评估等级包括照护 1 级至照护 6 级;或根据老年医疗护理需求评估标准,分为一般、轻、中、重四级;且评估有效期为 2 年
护理服务	照护 2 级或轻度:上门护理服务 3 小时; 照护 3、4 级或中度:上门护理服务 5 小时; 照护 5、6 级或重度:上门护理服务 7 小时
服务内容	基础护理:指围绕服务对象和其床单位开展的基础性生活护理服务,如面部清洁、口腔护理等; 常用临床护理:除基础护理外、适宜在老人家庭中开展的治疗性医疗护理服务,如生命体征检测、静脉注射等
报销标准	由医疗照护员提供:65 元/小时;由执业护士提供:80 元/小时; 由职工医保统筹基金支付 90%,其余个人自负

说明:作者根据相关政策自行整理。

第二节　数据及实证策略

本节内容主要介绍文章所使用的数据以及实证策略,数据主要利用来自 A 市基本医疗保险报销数据,实证策略主要利用渐进双重差分模型。

一、数据和样本

本章使用的数据是 A 市基本医疗保险参保人员医疗服务利用调查数据，该数据收集了 2013—2017 年 A 市不同级别医院的医保病人就诊数据，所包含的信息主要包括门诊或住院患者的个人信息、疾病信息、参保类型、医疗机构信息、医疗服务利用以及医疗费用支出等，这一数据的优势是准确记录了患者的就诊费用信息。该数据是在过去一年享受医保待遇的样本中随机抽取 5% 的患者，并提取所抽患者本年度的全部就诊记录，形成最终样本，每一条观测值代表一次就诊记录，且为年度间的混合截面数据。其中医疗机构所在位置的经纬度信息，来源于 A 市医疗服务信息便民查询系统网站搜医网（soyi.sh.cn），我们爬取了 A 市所有医疗机构的经纬度信息，并与医保报销数据进行匹配。

由于高龄护理计划仅覆盖城镇职工参保者，且年龄大于 70 岁，因此本文仅保留这一群体；同时删除在眼科、传染病、皮肤病、妇产以及肛肠等专科医院就医的样本。政策在不同街镇试点，需要确定患者所居住的街镇，但数据中并未给出该信息。故本节使用如下方法进行确定：若患者在过去一年中在同一家一级或社区医院就诊，①那么认定该一级或社区医院即为该患者所居住的街镇。②根据这一方法，我们进一步保留有居住街镇信息的样本。③

图 48A 为样本中所有就诊医疗机构的分布图。为了保证下文分析中实验组和对照组之间的可比性，本文的主回归分析仅选取有试点街镇区县的就诊样本。④

---

① 根据本文数据，70 岁以上老年人在过去一年中，仅有 11.6% 没有去过一次一级或社区医院就诊，且去一级或社区医院的平均就诊次数为 23.6 次；并且此处删除了过去一年中去过不同的一级或社区医院就诊的样本。
② 根据《A 市社区卫生服务中心设置基本标准》，社区卫生服务中心按照街镇所辖范围规划设置，每个街镇至少设有一所由政府举办的社区卫生服务中心，人口超过 10 万的街镇，每新增 5—10 万人口，由政府按标准增设 1 所社区卫生服务中心。A 市全市范围内 214 个街镇，目前共 246 个社区卫生服务中心。此外，社区卫生服务中心主要提供基本医疗服务、康复服务、疾病预防等，服务内容统一，患者去社区服务中心就医首要考虑的是距离因素。因此，这一判断患者居住街镇的方法较为合理。
③ 可能存在居住在边界上的患者，到隔壁街镇的一级或社区卫生服务中心就医的情形，从而使得患者居住街镇地区定义有误。事实上，这一偏误的存在将会使得后文估计结果的低估，从而得到更为保守的估计结果。
④ 稳健性检验中进一步保留了全部区县的就医样本，结论仍稳健。

最终所得到样本的统计性描述如表 38 所示,其中子表 A 和 B 分别汇报了住院样本和门诊样本的变量分布情况。

表 38 样本统计性描述

	观测值	均值/比例	方差	最小值	最大值
A. 住院样本					
住院费用对数	11 451	9.3	0.90	0.7	13.0
住院医保支付对数	11 451	9.0	1.14	0.0	12.8
三级医院住院天数	4 284	11.0	11.87	1.0	180.0
二级医院住院天数	5 612	15.3	13.05	1.0	180.0
一级及其他医院住院天数	1 445	69.3	55.69	1.0	180.0
住院患者年龄	11 451	80.4	6.26	70.0	103.0
住院男性患者	11 451	0.7	0.44	0.0	1.0
B. 门诊样本					
三级医院门诊费用对数	636 461	5.3	1.11	0.0	10.8
二级医院门诊费用对数	901 064	5.1	1.00	0.0	11.0
一级及其他医院门诊费用对数	2 171 923	4.6	0.90	0.0	10.5
门诊患者年龄	3 748 944	79.1	5.85	70.0	105.0
门诊男性患者	3 749 099	0.7	0.47	0.0	1.0

图 48B 汇报了入住不同等级医疗机构的住院天数分布情况,可以发现,三级医院的住院天数整体较一级、二级医院更短,其平均住院天数为 11 天,且分布集中于 10—20 天;而二级、一级医院的住院天数则较长,平均住院天数分别为 15 天、69 天。这是由于,三级医院以治疗重大疾病为主,且床位紧张,因此病床周转率高,拖延出院的情况较少;而二级、一级医院中拖延出院的情况则更多,特别是二级、一级医院中有部分康复医院和老年护理院,由此可能导致了病人长期入住。

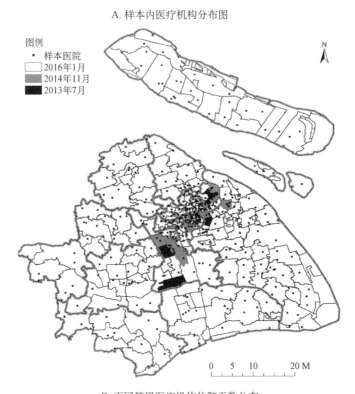

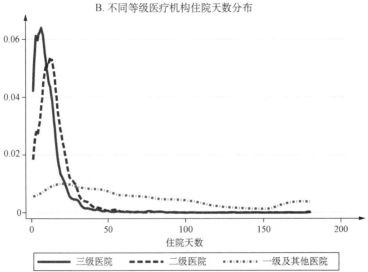

图 48 样本描述性统计

注:(1)图 A 绘制了分析样本中就诊医疗机构的分布情况;(2)图 B 绘制的是在不同等级医院住院天数的概率密度分布图。

二、实证策略

为了解决估计过程中所面临的内生性问题,本文利用高龄护理计划在不同街镇的试点作为"自然实验"构建双重差分模型:第一层差异来自街镇层面,第二层差异来自试点时间层面。因此,本文双重差分模型构建如下:①

$$Y_{it} = \beta_0 + \alpha Treat_{it} + D_i + X'_{it}\beta + \theta_h + \gamma_t + \delta_{dt} + T + \varepsilon_{it} \quad (7-1)$$

本文所研究的样本期是 2013—2015 年,根据患者就诊住院的年份和月份,相应的定义其就诊时期 t 为 1—36 期;其中 Y_{it} 是 i 患者 t 期的住院天数对数、住院费用对数、医保支付费用对数、日均住院费用对数等变量;$Treat_{it}$ 代表若 i 患者的居住街镇在 t 期已经试点了高龄护理计划,则取值为 1,否则取值为 0;D_i 是组别虚拟变量,如果 i 患者居住在试点街镇等于 1,否则等于 0;X'_{it} 是个体特征变量,包括患者年龄、性别、病种(ICD-10);此外,我们控制了医院固定效应 θ_h,②入院的年份固定效应、月份固定效应 γ_t,③行政区和年份固定效应的交乘项 δ_{dt},时间趋势项 T(1—36 期连续时间趋势项);最后标准误聚类至街镇层面。在以上方程中,本文关注的系数是 α,若得到的估计值 $\hat{\alpha} < 0$,则表明与非试点街镇相比,高龄护理计划的试点可减少医疗服务利用。

第三节 长护险实施对医疗服务利用及费用的影响

在这一节中,首先报告高龄护理计划提供的居家护理补贴对患者住院行为的影响,包括住院天数对数、住院费用对数、医保支付费用对数、日均住院费用对数,然后对一系列的实证假设与稳健性进行检验。

---

① 本文依据患者居住街镇是否为试点高龄护理计划定义实验组和控制组。根据 CHARLS(2013、2015)和 CLHLS(2014)数据,A 市参加城镇职工基本医保的 70 岁以上老人中,至少有一项日常活动能力(ADL)困难的老人比例约为 40%,而本文的样本是有就医记录的样本,故失能的比例更可能高于 40%。
② 在样本期内医院并没有跨街道的搬迁,故控制医院的固定效应实质上也包括了街道的固定效应。
③ 即控制了两个年份虚拟变量(样本期共 3 年)和 11 个月份的虚拟变量(共 12 个月份)。

一、实证结果

本文的主要结果如表 39 所示。表中的(1)—(4)列分别汇报了居家护理补贴对住院天数对数、住院费用对数、医保支付费用对数以及日均住院费用对数的影响结果。本文发现,居家护理补贴显著地减少了个体的医疗服务利用,使得住院天数下降了约 12.3%(exp(0.115 6)−1,下同),住院费用下降了约 10.5%,医保支付费用下降了 10.3%;日均住院费用无显著变化,这表明居家护理补贴主要是通过减少住院时长,进而减少了费用;故居家护理补贴的影响更多体现在广延边际(Extensive Margin),而非集约边际(Intensive Margin)。这一结论与国外文献的研究结果具有可比性,基于西班牙的数据发现对居家长期护理的补贴增加后,将会使得病人的住院费用下降 11%;基于英国的数据发现,降低长期护理机构床位费用下降将会使得拖延住院减少 6%—9%。

表 39　居家护理补贴对住院天数和费用的影响

被解释变量	(1) 住院天数对数	(2) 住院费用对数	(3) 医保支付费用对数	(4) 日均住院费用对数
$Treat_{it}$	−0.115 6***	−0.099 6**	−0.097 6**	0.028 9
	(0.041)	(0.040)	(0.048)	(0.050)
实验组虚拟变量	YES	YES	YES	YES
个体特征变量	YES	YES	YES	YES
医院固定效应	YES	YES	YES	YES
入院月份固定效应	YES	YES	YES	YES
入院年份固定效应	YES	YES	YES	YES
行政区×年份效应	YES	YES	YES	YES
时间趋势项	YES	YES	YES	YES
R-squared	0.311	0.092	0.096	0.284
样本数量	11 451	11 451	11 451	11 451
聚类数量	124	124	124	124

注:(1)个体特征变量包括年龄、性别以及病种(ICD-10),下同;(2)标准误聚类至街镇层面;(3)括号中是标准误,* 代表在10%水平上显著,** 代表在5%水平上显著,*** 代表在1%水平上显著。

二、稳健性检验

为了进一步检验双重差分结论的可信性和稳定性,本文进一步针对可能存在的识别问题,进行了一系列的稳健性检验。

(一) 平行趋势检验:事件分析法

双重差分法一个重要的前提假设是个体医疗服务利用的变化趋势应该是平行的。为了检验这一问题,本文构建如下的事件研究法(Event Study)的实证设定检验平行趋势假设:

$$Y_{it} = \beta_0 + \sum_{j=-7}^{10} \tau_j T_{i,t_0+j} + D_i + \boldsymbol{X}'_{it}\boldsymbol{\beta} + \theta_h + \gamma_t + \delta_{dt} + T + \varepsilon_{it} \quad (7\text{-}2)$$

其中被解释变量以及控制变量的含义与方程(7-1)相同;T_{i,t_0+j}是一系列的虚拟变量,表示高龄护理计划试点开始实施的第 j 个季度。具体来讲,我们取高龄护理计划实施前的一个月作为基准期 $t_0(j=0)$,j 大于零时,意味着开始高龄护理计划之后的第 j 个季度。本文的数据是2013年至2015年,共有两个试点批次,因此恰好覆盖政策实施前的7个季度,以及政策实施后的10个季度。此处平行趋势检验关心的变量的是 τ_j,表示与基准期相比,试点后第 j 季度实验组和控制组间医疗服务利用的差异。

如果当 $j<0$ 时,τ_j 的变化趋势较为平稳,则可以证明平行趋势假设的成立,反之,如果在 $j<0$ 期间的变化趋势显著上升或下降,则证明实验组和控制组在政策执行前,已经有了明显的差异,不符合平行趋势假设。如图49汇报了平行趋势检验的结果,其中纵轴汇报的是 τ_j 系数值以及90%置信区间,从图中可以发现,$j<0$ 期间 τ_j 的值变化均非常平稳,这表明在高龄护理计划试点前,试点街镇和非试点街镇患者的医疗服务利用并无明显差异。然而,当 $j>0$ 时,τ_j 值开始明显地下降,这表明居家护理补贴的显著地降低了医疗服务利用。

(二) 住院率检验

进一步,本文也考察了居家护理补贴是否能直接降低住院率。由于本文数据是接受治疗的样本,且在年度间是混合截面数据,为了能够考察对住院率的

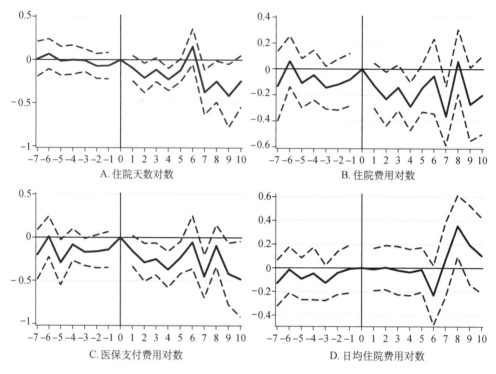

注:(1)图中实线代表了方程(2)估计得到的不同期 τ_j 系数大小;(2)图中虚线表示估计系数的90%上下置信区间,回归标准误聚类至街镇层面。

图49　平行趋势检验

影响,此处仅使用2013年数据,与主回归一致,此处选取参加城镇职工医保的样本,并保留年龄大于70岁,将在眼科、传染病、皮肤病、妇产以及肛肠等专科医院就医样本删除,最后构建每位患者连续12个月是否住院的平衡面板数据。① 实验组和控制组的定义方式与主回归一致,并使用如下双重差分模型进行分析:

$$Y_{it} = \beta_0 + \alpha Treat_{it} + \theta_i + \gamma_t + \delta_{dt} + T + \varepsilon_{it} \qquad (7-3)$$

其中 Y_{it} 是 i 患者在 t 期($t=1—12$)是否住院(是$=1$), $Treat_{it}$ 表示若 i 患者的居住街镇在 t 期已经试点高龄护理计划,则取值为1;同时控制个体不随时

---

① 初始数据每条观测值是患者的一次住院记录,依据个人的住院月份,将没有入院记录的月份补齐,并且取值为0,即无住院记录。由此可以得到患者*月份(1—12月)的平衡面板数据。

间变化的固定效应 θ_i，月份固定效应 γ_t，行政区和月份的交互项 δ_{dt}，以及时间趋势项，ε_{it} 是不可观测的残差，且标准误聚类至街镇层面。

表 40 汇报了居家护理补贴对住院率的影响，其中第（1）列与主回归一致，选取了 9 个主要城区的样本，而为了保证控制组的可比性，第（2）列将区县样本限制在第一批有试点街镇的区县。从表中可以发现，居家护理补贴的实施使得住院概率下降了约 3.2%，进一步证明了本文结论的可靠性。

表 40 居家护理补贴对住院率的影响

被解释变量	是否住院	
	(1)	(2)
$Treat_{it}$	−0.032 3*	−0.032 3*
	(0.019)	(0.017)
个体固定效应	YES	YES
月份固定效应	YES	YES
时间趋势项	YES	YES
行政区×月份效应	YES	YES
R-squared	0.004	0.004
样本数量	32 640	15 888
个体数量	2 720	1 324
聚类数量	123	61

注：(1)回归仅使用 2013 年样本；(2)第（1）列和第（2）列分别是基于九个主要城区样本、三个试点城区样本的回归结论；(3)标准误聚类至街镇层面；(4)括号中是标准误，* 代表在 10% 水平上显著，** 代表在 5% 水平上显著，*** 代表在 1% 水平上显著。

三、机制检验

这一部分我们从异质性分析的视角，给出机制存在的间接性证据。

（一）替代效应

理论上，居家护理补贴的替代效应更可能是替代较低失能程度个体的住院行为，故我们分别以个体年龄和住院天数来衡量失能程度，进行异质性分析。

考虑到老年人的失能程度随着年龄的增长而加重,①为此我们将年龄段划分为 70—80 岁、80 岁以上进行异质性分析,低年龄段老人的失能程度相对更低。使用与主回归相同的实证设定可以得到表 41 的实证结果,对比可以发现,居家护理补贴主要是减少了低失能人群的医疗服务利用,对高失能人群的影响则不显著。平均来看,居家护理补贴使得低失能人群的住院天数减少了约 20.3%,住院费用下降约 21.5%,医保支付费用下降约 25.8%;这一降幅度大于主回归的结论,表明失能程度较低、在医院接受长期护理的老人转向居家护理,为替代效应的存在提供了间接的证据。

表 41 替代效应:分年龄异质性分析

被解释变量	(1) 住院天数对数	(2) 住院费用对数	(3) 医保支付费用对数
A. 70—80 岁样本			
$Treat_{it}$	−0.185 1***	−0.195 1***	−0.229 5***
	(0.057)	(0.051)	(0.070)
R-squared	0.281	0.110	0.110
样本数量	5 874	5 874	5 874
聚类数量	124	124	124
B. 80 岁以上样本			
$Treat_{it}$	−0.056 5	0.007 9	0.045 6
	(0.063)	(0.069)	(0.078)
R-squared	0.281	0.110	0.110
样本数量	5 874	5 874	5 874
聚类数量	124	124	124
回归方程控制变量			
实验组虚拟变量	YES	YES	YES
个体特征变量	YES	YES	YES
医院固定效应	YES	YES	YES

---

① 根据 2015 年 1% 人口抽样的微观数据,A 市城镇职工医保参保者中,70—80 岁和 80 岁以上生活不能自理的老年人比值约为 1:3.5。

(续表)

被解释变量	(1) 住院天数对数	(2) 住院费用对数	(3) 医保支付费用对数
入院月份固定效应	YES	YES	YES
入院年份固定效应	YES	YES	YES
行政区×年份效应	YES	YES	YES
时间趋势项	YES	YES	YES

注:(1)表A和B是使用与主回归相同的实证设定,分年龄样本的回归结论;(2)标准误聚类至街镇层面;(3)括号中是标准误,* 代表在10%水平上显著,** 代表在5%水平上显著,*** 代表在1%水平上显著。

进一步,我们根据住院天数进行异质性分析:住院天数小于中位数(12天)的样本,其失能程度或疾病严重程度更低,表42汇报了区分住院天数的异质性分析结论。对比可以发现,居家护理补贴主要是降低了住院天数小于中位数样本的医疗服务利用,而对中位数以上的样本则影响不显著;并且居家护理补贴使得该部分群体的住院费用下降约15.0%,医保支付费用下降约16.2%,下降幅度大于主回归结论,同样表明居家护理的替代效应主要作用于低失能群体。

表42 替代效应:分住院天数异质性分析

被解释变量	(1) 住院天数对数	(2) 住院费用对数	(3) 医保支付费用对数
A. 中位数以下样本			
$Treat_{it}$	−0.0389	−0.1395**	−0.1500*
	(0.042)	(0.065)	(0.089)
R-squared	0.229	0.111	0.119
样本数量	5 371	5 371	5 371
聚类数量	124	124	124
B. 中位数以上样本			
$Treat_{it}$	−0.0462	0.0182	0.0344
	(0.041)	(0.062)	(0.059)
R-squared	0.339	0.176	0.173
样本数量	6 080	6 080	6 080

(续表)

被解释变量	(1) 住院天数对数	(2) 住院费用对数	(3) 医保支付费用对数
聚类数量	124	124	124
回归方程控制变量			
实验组虚拟变量	YES	YES	YES
个体特征变量	YES	YES	YES
医院固定效应	YES	YES	YES
入院月份固定效应	YES	YES	YES
入院年份固定效应	YES	YES	YES
行政区×年份效应	YES	YES	YES
时间趋势项	YES	YES	YES

注:(1)住院天数中位数为12天,表A和B是使用与主回归相同的实证设定;(2)标准误聚类至街镇层面;(3)括号中是标准误,*代表在10%水平上显著,**代表在5%水平上显著,***代表在1%水平上显著。

(二) 健康效应

由于本文的医保报销数据中无个人的健康状况变量,无法直接验证健康效应。为此,我们以个体去三级医院的门诊行为作为其健康水平的代理变量,[①]检验居家护理补贴是否减少了三级医院门诊行为。如果健康效应存在,那么可以观察到居家护理补贴显著降低门诊就诊频率。

为了检验对三级医院门诊就诊频率的影响,此处使用的实证策略与回归方程(3)一致,利用2013年的门诊样本,保留年龄大于70岁的城镇职工参保者,将在眼科、传染病、皮肤病、妇产以及肛肠等专科医院就医样本删除,并保留三级医院门诊样本,构建患者连续12个月门诊就诊的平衡面板数据。表43汇报了居家护理补贴对三级医院门诊行为的影响,其中第(1)列和第(2)列分别汇报了9个主要城区样本,以及第一批有试点街镇的区县样本,并且区分了对不同

---

① 与三级医院相比,一级或者二级医院的部分门诊患者可能也接受与护理、康复相关的医疗服务,此外慢性病患者购买药品也是通过一级或二级医院。

年龄段人群的影响。从表中的结果可以发现,居家护理补贴的实施使得 70—80 岁人群的三级医院门诊行为显著下降,约 3.3%;而对 80 岁以上的群体则影响不显著。因此我们可以初步推断,居家护理补贴可以改善较低失能程度群体的健康状况,进而会减少他们的医疗服务利用。

表 43 健康效应:三级医院门诊行为的影响

被解释变量	门诊就诊次数对数	
	(1)	(2)
A. 70—80 岁样本		
$Treat_{it}$	−0.032 0**	−0.032 0**
	(0.016)	(0.016)
R-squared	0.008	0.006
样本数量	50 568	20 628
个体数量	4 214	1 719
聚类数量	123	60
B. 80 岁以上样本		
$Treat_{it}$	−0.001 2	−0.001 2
	(0.020)	(0.020)
R-squared	0.006	0.006
样本数量	26 796	9 780
个体数量	2 233	815
聚类数量	119	58
回归方程控制变量		
个体固定效应	YES	YES
月份固定效应	YES	YES
行政区×月份效应	YES	YES
时间趋势项	YES	YES

注:(1)表 A 和 B 是使用与主回归相同的实证设定,分年龄样本的回归结论;(2)第(1)列和第(2)列分别是基于九个主要城区样本、三个试点城区样本的回归结论;(3)标准误聚类至街镇层面;(4)括号中为标准误,* 代表在 10% 水平上显著,** 代表在 5% 水平上显著,*** 代表在 1% 水平上显著。

第四节 补偿模式对比与成本收益分析

本节内容深入探讨政策制定过程中的关键问题。我们特别关注长期护理保险(长护险)对机构护理补贴的潜在替代效应,并对其进行了细致的评估。此外,鉴于长护险的资金目前主要来源于基本医疗保险,本节通过成本收益分析,对长护险在减少住院费用方面的替代作用进行了量化评估。这一分析不仅为我们提供了对长护险政策效果的全面视角,而且有助于进一步优化和调整相关政策,确保其在实现社会保障目标方面的有效性和可持续性。

一、机构护理的替代效应估计

进一步利用 2016—2017 年数据,检验长护险对机构补贴的替代效应。使用与主回归相类似的思路进行研究设计和估计策略。将样本限制于城镇职工参保者且年龄大于 70 岁,并且删除在眼科、传染病、皮肤病、妇产以及肛肠等专科医院就医的样本,保留可判断居住地址信息的样本。并构建如下的标准双重差分模型:

$$Y_{it} = \beta_0 + \beta_1 Treat_i \times Post_t + \beta_2 Treat_i + X'_{it}\beta + \theta_d + \gamma_t + \delta_{dt} + \varepsilon_{it}$$

(7-4)

其中 Y_{it} 包括住院天数对数、住院费用对数、医保支付费用对数;$Treat_i$ 代表若 i 个体居住于徐汇、普陀、金山区,则取值为 1,否则取值为 0;$Post_t$ 代表政策试点时间,即 2017 年 1 月后取值为 1;X'_{it} 是个体特征变量,包括患者年龄、性别、病种(ICD-10);并控制了区固定效应(θ_d)、月份固定效应(γ_t)和区月份交乘的效应(δ_{dt});标准误聚类至区层面。

表 44 为机构护理补贴的替代效应,从中可以发现,2017 年后长护险增加了对机构的补贴后,使得住院天数下降了约 22.4%,住院费用下降了约 19.8%,医保支付费用下降了 19.6%。这一结果和居家补贴的影响相比,从替代效应的相对增幅来看,机构护理补贴的替代效应更大,其中原因主要是由于机构护理可以满足更加高度失能的个体需求,因此其替代效应较居家护理补贴更大。

表 44　机构护理补贴的替代效应

被解释变量	(1) 住院天数对数	(2) 住院费用对数	(3) 医保费用对数
$Treat \times Post$	−0.2024***	−0.1808**	−0.1793**
	(0.055)	(0.065)	(0.066)
实验组虚拟变量	YES	YES	YES
个体特征变量	YES	YES	YES
区固定效应	YES	YES	YES
入院月份固定效应	YES	YES	YES
行政区×月份效应	YES	YES	YES
R 平方	0.227	0.115	0.113
样本数量	5 845	5 845	5 845
聚类数量	9	9	9

注：(1)本回归基于 2016—2017 年数据，且仅考察了三级医院的样本；(2)个体特征变量包括年龄、性别以及病种(ICD-10)；(3)标准误聚类至区层面；(4)括号中是标准误，* 代表在 10% 水平上显著，** 代表在 5% 水平上显著，*** 代表在 1% 水平上显著。

A 市机构护理的提供者中除部分取得资质的养老机构外，大部分是由基层医疗卫生机构、护理院、老年护理医疗机构等提供；而这些护理机构提供长期护理外，必然也会带来医疗费用的增加。为此表 45 报告了提供长期护理机构中患者的住院天数、住院费用以及医保费用的变化，结果发现对机构补贴将会使得提供长期护理服务的医疗机构中患者的住院天数、住院费用和医保费用显著增加，分别增加 82.8%、35.1%、41.8%。其中住院天数的相对增幅较大，从原始数据中可以发现，在对机构护理补贴试点之前，这些机构中平均住院天数为 40 天，故增加 82.8% 后，平均住院天数可达 73 天左右，这一数值也十分符合长期护理机构护理特征。

表 45　机构护理补贴对护理医疗机构费用的影响

被解释变量	(1) 住院天数对数	(2) 住院费用对数	(3) 医保费用对数
$Treat \times Post$	0.6037***	0.3012***	0.3491***
	(0.041)	(0.044)	(0.057)

(续表)

被解释变量	(1) 住院天数对数	(2) 住院费用对数	(3) 医保费用对数
实验组虚拟变量	YES	YES	YES
个体特征变量	YES	YES	YES
区固定效应	YES	YES	YES
入院月份固定效应	YES	YES	YES
行政区×月份效应	YES	YES	YES
R 平方	0.286	0.160	0.148
样本数量	4 148	4 148	4 148
聚类数量	9	9	9

注:(1)样本限制在提供长期护理的医疗机构;(2)个体特征变量包括年龄、性别以及病种(ICD-10);(3)标准误聚类至区层面;(4)括号中是标准误,*代表在10%水平上显著,**代表在5%水平上显著,***代表在1%水平上显著。

通过对比上述结果可以发现,长护险对机构护理的补贴一方面替代了三级医院的医疗费用,同时也促进了提供长期护理医疗机构的医疗费用,为了综合考察净效应,我们根据原始数据分别计算住院费用和医保费用的净变化,[①]最终的结论表明,长护险增加对机构护理的补贴后,使得住院费用、医保费用净增加,绝对值水平来看使得人均住院费用平均增加499元、2 348元,相对增幅分别为2.6%、9.2%。[②]

综上可以发现,长期护理保险的不同补偿模式对住院费用的替代效应是不同的。机构护理对住院费用的替代效应要强于居家护理的替代效应,这主要是由于机构护理可以满足失能程度更严重群体的需求,但同时在医疗机构接受长护的人同时也会增加医疗资源的使用,从而抵消对住院费用的替代效应,所以机构护理的替代效应表现为不同类型医疗资源使用的替代,一定程度有利于合理配置医疗资源。

---

① 计算思路是首先根据原始数据分别计算政策试点前(2016年)三级医院、提供长护医疗机构的平均住院费用、医保费用(数值大小分别为:20 783元、14 863元;13 148元、10 751元);其次根据上表的回归结果,计算住院费用和医保费用的绝对增幅;最后加总住院费用、医保费用得到净改变值。
② 以2016年三级医院、提供长护医疗机构的平均住院费用、医保费用作为基准值计算。

二、机构护理的替代效应估计

我们进一步考虑长护险制度建立所需的成本,对居家护理节约的医疗费用和增加的护理费用进行成本-收益分析(Cost-Benefit Analysis),以便更全面地评估政策实施效果。

为了简化分析,居家护理补贴的成本包括:基金的支付和管理成本(人员成本、基金管理、政策宣传等);而收益此处仅考虑医疗资源使用的减少,即所带来的医保基金支出的减少。事实上,长护险所提供的居家护理或机构护理还会对经济社会具有一系列正面的影响,忽略考虑这些收益所得到的是低估的收益值,使得成本-收益分析结果更为保守。

首先根据 A 市政府公布的政策解读,截至 2016 年 6 月底,高龄护理计划累计服务人次约 15.5 万;政策规定享受服务共有两档,由医疗护理员提供服务的收费是 65 元/次,由执业护士提供的是 80/次;为了得到保守的成本-收益结论,此处认定所有的服务均由执业护士提供,每次由医保基金支付 90%,因此可以得到截止 2016 年 6 月底,医保基金共支付 1 116 万元。① 其次同期的管理成本按照商业保险公司经办长期护理保险的费率,实践中通常在 3%—5%,此处使用基金支付总额的 5% 作为同期的管理成本,即 55.8 万元。因此 2013 年 6 月至 2016 年 6 月,居家护理补贴的成本共计 1 171.8 万元。

根据主回归结论,高龄护理计划的实施使得医保支付费用平均下降约 10.3%,考虑到试点期间共分为两批,且 2016 年全市范围内铺开该计划,因此在计算收益时需要分别核算这三类地区的医保费用支出。此处所使用的样本与主回归相同,即包括了 A 市全部区县的样本。② 估算过程参照双重差分的分析框架,基本思路为:首先,计算试点街镇,在无该计划实施情况下,政策后反事实的平均费用支出;其次,计算两批试点街镇在政策实施时间至 2016 年 6 月期间合计医保基金支出;最后,计算全市其他地区的医保基金支出降幅。

最终可以得到 A 市 2013 年 6 月至 2016 年 6 月累计的医保基金降幅为

---

① 计算过程为:15.5×80×90%。
② 正如上文所言,由于样本仅局限于通过推断可得到住址的患者中,故此处核算得到的医保基金支出为低估的结果。

10 097.2万元，①而为此所支出的成本为1 171.8万元，即在居家护理补贴每投入1元钱，由此将节约医保基金支出约8.6元。

第五节 结论与政策启示

本章以A市长护险制度为例，研究了2013年起试点的长护险居家护理补贴和2017年试点的机构护理补贴对医疗服务利用的影响。本章的发现包括：居家护理补贴显著降低了医疗服务利用，包括住院天数、住院费用、医保支付费用以及住院率的下降；另一方面，机构护理的替代效应主要体现在不同医疗资源间使用的替代，对医疗费用影响净效应较小；成本-收益分析结果表明，高龄护理计划的基金投入远远小于其所节约的医疗资源，经粗略估算，在高龄护理计划每投入1元钱，由此将节约医保基金支出约8.6元。从长期护理保险制度设计的视角，本文结论具有如下四个方面的政策启示：

第一，长期护理保险覆盖内容应强调日常生活照料和基础医疗护理并重。提供常用临床护理服务，这不仅改善了被护理者的健康状况，而且具有医疗专业的护理可以在一定程度上替代在医院接受护理。既能节约医保基金支出，又可发挥长期护理的康养功能，达到"重养轻医"的目标。

第二，覆盖范围应强调轻度和重度失能人员并重。一方面，轻度失能的老人更有可能通过专业的长期护理改善健康，另一方面，以居家护理为主的服务更可能替代轻度失能老人的住院护理行为。目前，仅有少数几个试点城市覆盖了轻度失能人员，如上海市、广州市等；其他试点地区则较为保守，优先覆盖重度失能老人。强调轻度和重度失能人员并重，可以节约医保基金支出、发挥康养功能，长期来看将会减轻基本医疗保险、长期护理保险的运行压力。

第三，待遇设计应强调居家护理优先原则。事实上，从国际经验看，长期护理保险补贴，均优先倾向于补贴居家护理服务。居家护理不仅符合老年人的养老偏好，同时居家护理服务相对机构护理，其成本更低；故制度设计上需体现"居家护理优先"的原则。

第四，国家层面应给予统一的失能评估参照标准。失能评估标准的设定直

---

① 需要说明的是，居家护理补贴的实施不仅降低了医疗费用，同时降低了住院率、门诊就诊次数等，因此这一收益估计值仍旧被低估。

接影响了长护险的保障程度,而科学的评估标准制定是一项较为复杂的过程,对于欠发达地区存在一定挑战。因此,亟须国家层面组织设计可供各地区参考的统一标准,在此标准之上,各地区根据本地疾病谱、基金运行情况、财政情况等相应进行调整。

从医疗保障体系运行的视角看,长护险制度的建立可以缓解医疗资源无效配置,为医疗卫生体制供给侧改革提供思路。目前,我国持续上涨的医疗卫生支出和不断回落的经济增速势必会影响医疗保障体系的可持续性,而医疗费用上涨并非由需方行为导致。新医改以来,政府大力推动公立医院综合改革,但仍旧无法破除医疗费用上涨的顽疾;建立长护险制度则是完善医疗供给体系的重要举措,可以为破除医疗费用上涨、群众看病就医难题提供新思路。

第八章

防御性医疗动机视角下的医患矛盾

> 人命至重,有贵千金,一方济之,德逾于此。
>
> ——(唐)孙思邈

过去二十年我国医疗费用快速增长,人均卫生费用从2000年的361.9元增至2018年的4237元,居民个人负担比重仍接近30%,看病贵问题依然存在。同时,医患矛盾愈演愈烈,2016年全国医患纠纷事件总量已高达10.07万件,[①]在过去10年间涨了近10倍;2018年中国医师协会发布的《中国医师执业状况白皮书》显示:我国有66%的医师曾亲身经历过医患冲突事件,超三成的医生有被患者暴力对待的经历。

医患矛盾是否是我国医疗费用上涨的推手之一?对于这一问题尚缺乏认识。现有理论和文献表明,医患矛盾可能带来防御性医疗。所谓防御性医疗,简言之,是医生为避免意外医疗事故引起的医患纠纷,甚至是恶性医患冲突,在治疗中采取过量的医学检查、医疗程序或药物使用,加剧了看病贵问题。本文从防御性医疗的视角,量化了医患矛盾所带来的经济成本,同时也从医患矛盾的维度为解释和控制医疗费用上涨提供新的思路。

从国际上看,防御性医疗普遍存在且成本高昂。一系列针对美国、英国、日本、意大利等国医生的调查研究发现,超80%的受访医生声称自己存在防御性医疗行为。[②] 并且,防御性医疗给医疗体系造成沉重负担。以美国为例,美国僵

[①] 参见 http://www.chinairn.com/news/20170309/15295954.shtml。

[②] 分别参见:Hiyama T., Yoshihara M., Tanaka S., Urabe Y., Ikegami Y., Fukuhara T. and Chayama K., "Defensive medicine practices among gastroenterologists in Japan", *World Journal of Gastroenterology: WJG*, no. 47(2006), pp.7671。
Bishop T. F., Federman A. D. and Keyhani S., "Physicians' views on defensive medicine: a national survey", *Archives of Internal Medicine*, no. 12(2010), pp.1081-1083。

(转下页)

化的医疗事故责任体系(Medical liability system)使得医生不得不采取防御性医疗,以获得法律上的责任豁免,由此带来每年455.9亿美元的支出,约占医疗事故责任体系支出的81.9%,占全美总医疗费用支出的2%左右[梅洛(Mello)等,2010]①。

目前尚未有研究严谨地考察中国是否存在防御性医疗以及由此带来的经济成本。在中国医疗体制和经济社会背景下,这一问题具有特殊性,与国外制度不同,中国的防御性医疗动机更可能来源于医患关系紧张,医生为了避免意外的医疗风险所产生的医患冲突甚至是暴力伤医。根据我们掌握的文献来看,仅有两篇文献以访谈或调查问卷的形式访问了几家医院的医生,结果发现部分医生会选择采取防御性医疗行为,其中何(He, 2014)访谈记录表明,多数医生将行医过程中过多的检查归咎于医患关系的紧张,而非获得金钱回报。②

回答这一问题具有较为鲜明的政策含义。目前我国医改政策重点之一在于破除医疗供给方的逐利机制,以期缓解看病贵问题和紧张的医患关系。③ 若防御性医疗动机存在,则需要在目前的改革举措中,进一步配套规范就医秩序,理顺医患申诉渠道等方面的措施。因此,实证上回答防御性医疗动机的存在及大小,对于厘清看病贵和医患矛盾的关系,制定有效的公共政策具有重要意义。

为验证防御性医疗动机的存在和大小,本文利用具有全国代表性的五个城市的患者实际就诊数据,以恶性医患冲突事件(以下简称"医闹事件")作为外生冲击,利用百度医闹搜索指数实证考察了对医疗服务利用的影响。④ 结论发现,当医闹事件发生后,门诊或住院患者的医疗费用、诊疗服务项目种数显著增加,一

(接上页)Ortashi O., Virdee J., Hassan R., Mutrynowski T. and Abu-Zidan F., "The practice of defensive medicine among hospital doctors in the United Kingdom", *BMC Medical Ethics*, no. 14 (2013), pp.1-6.

Catino M., "Why do Doctors practice defensive medicine? The side-effects of medical litigation", *Safety Science Monitor*, no. 1(2011), pp.1-12.

① Mello M. M., Chandra A., Gawande A. A. and Studdert D. M., "National costs of the medical liability system", *Health Affairs*, no. 9(2010), pp.1569-1577.

② He A. J., "The doctor-patient relationship, defensive medicine and overprescription in Chinese public hospitals: Evidence from a cross-sectional survey in Shenzhen city", *Social Science & Medicine*, 2014, pp.64-71.

③ 为了破除医疗供给方的逐利机制,围绕公立医院经济补偿机制,我国已经取消了药品加成,积极试点药品带量采购,并将逐步取消医用耗材加成,同时也在探索以公益性为导向的公立医院薪酬制度。具体可以参见 http://www.gov.cn/zhengce/content/2017-01/09/content_5158053.htm。

④ 百度医闹搜索指数可以很好表征恶性医患冲突事件的发生,具体见后文说明。

系列排除性检验均表明存在防御性医疗动机,且住院治疗的防御性医疗较门诊更明显;医闹事件的影响具有时间延续性,且效应主要存在于前两个月。以本文选取的10个典型医闹事件进行估算表明,平均每个事件导致门诊多增加7.81亿元的支出,住院增加21.81亿元的支出,总的医疗费用成本为29.62亿元。此外,我国于2015年11月将医闹行为加入刑法范围的改革并不能有效抑制防御性医疗。

综上,本文主要做了两方面贡献:第一,从一个新的视角解释我国快速上涨的医疗费用,目前尚未有文献给出防御性医疗客观存在的证据,本文首次从经济学视角试图给出防御性医疗存在的证据,并估算经济成本;第二,就政策含义而言,本文立足我国医改的两大重要的现实问题,试图厘清医患矛盾和看病贵之间的内在联系,提出在现有政策基础上应增加配套政策,打出政策组合拳,以更好破解我国医改难题。

第一节 防御性医疗动机的理论基础

在近年来的学术研究中,防御性医疗已成为一个备受瞩目的热点话题。本节内容旨在对防御性医疗的理论框架进行明确界定,借鉴并综合了广泛的文献资源。本节从文献综述的角度出发,深入探讨防御性医疗动机的研究轨迹,旨在揭示其在医疗实践中的多维影响和复杂性。这一部分将从防御性医疗的理论基础和防御性医疗的实证研究两部分讨论文献。

一、防御性医疗动机的理论基础

文献上关于防御性医疗(Defensive Medicine)的定义多采用美国技术评定办公室(US Office of Technology Assessment, 1994)给出的定义,即"医生由于担心承担意外医疗事故责任,而采取的一些医学检查、治疗过程,或规避某些高风险的患者和高风险的医疗手段;医生对于意外医疗事故的担心,使得他们对治疗过程中的不确定性容忍程度十分低,因此所采取额外的治疗手段的收益很小,但是成本却很高"[1]。

---

[1] US Office of Technology Assessment. (1994). Defensive Medicine and Medical Malpratice. Washington DC.

从经济学角度看,防御性医疗的产生是由于存在不对称信息(Asymmetric information)和外部性(Externality)所导致。医生和患者是典型的委托-代理关系,若双方信息完全对称,且不存在外部性的情况下,那么医生的效用和患者效用完全一致,在给定的资源约束下,可以得到最大化患者效用的治疗水平,同时也是社会最优治疗水平。若医患双方信息不对称,那么患者无法监督医生的隐藏动机,当发生意外医疗事故时,产生的成本均由医生独自承担(包括诉讼成本、声誉成本和人身安全成本等),这些成本的存在使得医生最大化自身效用后,采取了过多的治疗,正是由于治疗过程中产生了负的外部性,导致均衡的治疗水平超出了最优的治疗水平,产生了防御性医疗。①

二、防御性医疗动机的实证研究

大量的实证研究以美国为研究对象,考察防御性医疗的存在及大小,但研究结果尚无定论,根据研究的结果,可以分为如下两类:

(一) 存在防御性医疗

早期较为著名的研究是凯斯勒和麦克莱伦(Kessler and McClellan, 1996)(以下简称 KM),②他们发现降低医生医疗事故责任的法案改革,将会导致心脏病患者相关的医疗费用减少 5% 至 9%,且对死亡率或医疗并发症无任何影响,该结论证明了存在防御性医疗,并且意味着较高的医疗事故责任压力将会促使医生增加医疗强度。基于此前研究,凯斯勒和麦克莱伦(Kessler and McClellan, 2002b)又增加了管理医疗普及率的信息,修正了之前的结论,医疗费用降幅变为 4% 至 7%。③

斯隆与沙德尔(Sloan and Shadle, 2009)利用与 KM 相同的数据再次检验,并考察更长期的影响,最终结论发现侵权法案改革并不会显著影响医生的医疗

---

① 实践中防御性医疗有两种形式:积极防御性医疗和消极防御性医疗,前者是指为降低意外医疗事故风险,医生为患者提供无效的医疗服务;而后者则拒绝为高风险患者提供有效的医疗服务,本文主要探讨积极的防御性医疗。
② Kessler D. P. and Mcclellan M., "Do Doctors Practice Defensive Medicine", *Quarterly Journal of Economics*, no. 2(1996), pp.353-390.
③ Kessler D. P. and Mcclellan M., "Malpractice law and health care reform: optimal liability policy in an era of managed care", *Journal of Public Economics*, no. 2(2002), pp.175-197.

决策,也没有对患者的健康状况产生影响。① 同样,美国国会预算办公室(Congressional Budget Office)将 KM 的研究方法应用于包括心脏病在内更广的疾病研究中,结论也没有发现防御性医疗存在的证据[拜德和哈根(Beider and Hagen, 2004)]。②

但阿夫拉罕和尚岑巴赫(Avraham and Schanzenbach, 2015)指出斯隆与沙德尔(Sloan and Shadle, 2009)的结论与 KM 不同,这主要是因为斯隆与沙德尔(Sloan and Shadle, 2009)的研究样本较 KM 的研究样本量要小,他们同样利用心脏病患者的样本再次研究了这一问题,结论发现存在防御性医疗,此外他们还发现政策也带来了医生的诱导需求动机,且对心脏病人的死亡率并没有显著影响。③

部分文献以产妇为研究对象也发现了防御性医疗,如卢卡里奥(Localio, 1993)利用美国纽约州的数据,研究了医疗事故索赔和剖腹产之间的关系,发现面临医疗事责任和剖腹产可能性之间存在显著的正向关系。④ 杜拜(Dubay)等人(1999)以医疗事故保险的价格来衡量医疗事故压力,结论发现医疗事故的压力越大,医生执行的剖腹产手术就越多,特别是对于那些社会经济地位较低的母亲而言。⑤

还有一些文献针对更一般的群体也发现了类似结论,拜克(Baicker)等人(2007)估算发现当医生医疗事故责任险价格增加 10%,老年人医保(Medicare)支出增加 1%,在医学影像检查的支出增加 2.2%。⑥ 拉克达瓦拉和西伯里(Lakdawalla and Seabury, 2012)利用美国不同地区法院对医疗事故裁定及奖惩的差异,研究发现过去十五年间,医疗事故支付的增长导致了医疗支出增长

---

① Sloan F. A. and Shadle J., "Is there empirical evidence for "Defensive Medicine"? A reassessment", *Journal of Health Economics*, no. 2(2009), pp.481-491.
② Beider P. and Hagen S. A., "Limiting tort liability for medical malpractice", *United States Congressional Budget Office*, 2004.
③ Avraham R. and Schanzenbach M., "The impact of tort reform on intensity of treatment: Evidence from heart patients", *Journal of Health Economics*, 2015, pp.273-288.
④ Localio A. R., Lawthers A. G., Bengtson J. M., Hebert L. E., Weaver S. L., Brennan T. A. and Landis J. R., "Relationship between malpractice claims and cesarean delivery", *Journal of the American Medical Association*, no. 3(1993), pp.366-373.
⑤ Dubay L., Kaestner R. and Waidmann T., "The impact of malpractice fears on cesarean section rates", *Journal of Health Economics*, no. 4(1999), pp.491-522.
⑥ Baicker K., Fisher E. S. and Chandra A., "Malpractice liability costs and the practice of medicine in the Medicare program", *Health Affairs*, no. 3(2007), pp.841-852.

约 5%。① 弗雷克斯和格鲁伯(Frakes and Gruber, 2019)利用军队医疗体系的医疗事故责任改革,发现责任豁免降低了住院患者支出约 5%,且对健康无影响。②

(二) 无相关证据或存在"负向"防御性医疗

早期的研究曾发现有先前诉讼经历的医生或医疗事故频发地区的医生和其他医生之间并无明显的行为差异。③ 斯隆(Sloan, 1997)发现被诉讼的可能性对一些产前的检查措施有影响,但并不影响是否执行剖腹产和产妇对护理的满意度。④ 弗雷克斯(Frakes, 2012)也几乎没有发现侵权法案和剖腹产概率之间有关系。⑤ 派克(Paik et al., 2017)发现减少医生压力的侵权法案改革对老年人医保支出没有显著的影响。⑥

少数文献也发现存在"负向"防御性医疗动机。其中杜拜(Dubay)等人(2001)发现医疗事故责任的风险越大,产前检查推迟的可能性也越大,产前检查次数较少,但是对母亲分娩的结果却无不利影响。⑦ 柯里和麦克劳德(Currie and MacLeod, 2008)发现对设定非经济损失上限,可以减轻医生的医疗事故责任压力,但却增加了剖腹产的概率。⑧

综上,基于国外的研究结论目前仍存在争议,而中国制度与国外相差较大,因此国际经验尚不能完全应用于我国,就目前作者所掌握的文献,关于中国防

---

① Lakdawalla D. N. and Seabury S. A. "The welfare effects of medical malpractice liability", *International Review of Law and Economics*, no. 4(2012), pp.356-369.

② Frakes M. and Gruber J., "Defensive medicine: Evidence from military immunity", *American Economic Journal: Economic Policy*, no. 3(2019), pp.197-231.

③ Baldwin L., Hart L. G., Lloyd M., Fordyce M. and Rosenblatt R. A., "Defensive medicine and obstetrics", *Journal of the American Medical Association*, no. 20(1995), pp.1606-1610.

④ Sloan F. A., Entman S. S., Reilly B. A., Glass C. A., Hickson G. B. and Zhang H. H., "Tort liability and obstetricians' care levels." *International Review of Law and Economics*, no. 2(1997), pp.245-260.

⑤ Frakes M., "Defensive medicine and obstetric practices", *Journal of Empirical Legal Studies*, no. 3(2012), pp.457-481.

⑥ Paik M., Black B. and Hyman D. A., "Damage caps and defensive medicine, revisited", *Journal of Health Economics*, 2017, pp.84-97.

⑦ Dubay L., Kaestner R. and Waidmann T., "Medical malpractice liability and its effect on prenatal care utilization and infant health", *Journal of Health Economics*, no. 4(2001), pp.591-611.

⑧ Currie J. and MacLeod W. B., "First do no harm? Tort reform and birth outcomes", *The Quarterly Journal of Economics*, no. 2(2008), pp.795-830.

御性医疗的定量估算尚未发现,本文以具有全国代表性患者实际就医数据,试图弥补这一空缺。

第二节 典型医闹事件和医闹指数

本节内容首先介绍数据来源,其次利用该数据刻画医闹事件和医闹指数的变动,最后根据研究目的选取特定的样本进行描述性统计。

一、数据来源及样本

本文所使用的数据是中国基本医疗保险参保人员医疗服务利用调查数据,该数据收集了 2013—2017 年五地的参加基本医保病人的就诊数据,五地数据涵盖了我国不同地理区位、不同经济发展程度的地区,在一定程度上具有全国代表性。该数据包括两部分信息,第一部分信息主要包括门诊或住院患者的个人基本信息,疾病信息、参保类型、医疗机构信息、医疗服务利用以及医疗费用支出等;第二部分记录了每位患者就诊过程的明细医疗信息,包括使用的药品、诊疗服务的详细信息及费用情况。这一数据的优势是准确记录了患者的就诊费用信息,并有详细的患者就诊明细信息。该数据是在过去一年享受医保待遇的样本中随机抽取 5% 的患者,并提取所抽患者本年度的全部就诊记录,形成最终样本,每一条观测值代表一次就诊记录,因此同一患者的就诊记录仅能在同一年度内追溯,是年度间的混合截面数据。

为衡量恶性医患冲突事件,我们选取医闹作为关键词,分别获取了五个地区日度的百度搜索指数(下文简称"医闹指数")。根据百度指数官方网站给出的说明,该指数的计算是以互联网用户在百度的搜索量为数据基础,针对关键词在百度网页搜索中搜索频次进行加权求和,而此处权重的选取主要是针对可能出现的作弊情况进行大幅降权处理;[①]根据其计算方法可知,百度指数基本反映了互联网用户主动搜索的次数,且包括了来自 PC 端和移动端的搜索,故可以衡量互联网对医闹事件或相关新闻的关注程度,反映了医闹事件影响程度的

---

① 关于关键词"医闹"的搜索,由于较少涉及商业行为,因此作弊的可能性较小,参见:http://index.baidu.com/v2/main/index.html#/help?anchor=nrmqa。

大小。①

首先,考虑到医患冲突事件多发生于二级及以上医院,故本文将研究样本限定在二级及以上医院就医的样本,同时删除在本地之外的就医样本,将部分在康复医院、老年护理院以及精神疾病护理院的样本删除,因为这些机构主要是康养功能而非治疗功能(约占总样本5%),整理得到个人层面就医数据。

其次,将各地区日度的"医闹指数"分别按地区、年份、周度进行加总,得到不同地区、不同周度的医闹搜索频次。最后,按照地区、年份、周度将个人就医数据和"医闹指数"进行匹配,得到最终的研究样本,其中住院记录共计有565 938条,门诊记录16 996 478条。

二、医闹事件和医闹指数

医闹指数随时间的变动主要反映了恶性医患冲突事件的发生。为了说明这一点,图50展示了全国以及样本五地的医闹指数(周度)的变动情况。我们从互联网新闻、报纸报道中手动收集总结了2013年以来全国各地区发生的医患冲突事件,并与医闹指数进行时期匹配。进一步,我们从中选取10件典型医闹事件,选取的标准是有人员伤亡或发生群体性事件,并将典型医闹事件发生的时间标注于图中。其中表中指数增幅是相对于医闹事件发生的上一周增幅,图中竖线与表46中事件序号一一对应,可以发现无论是全国还是五地的医闹指数与当期发生的恶性医患纠纷事件高度正相关,此外地区间医闹指数变动仍存在一定差异。

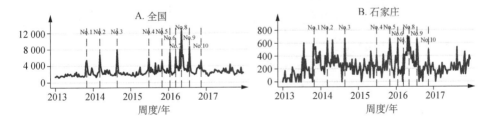

---

① 根据美国一家流量监测机构(StatCounter)的统计数据,2013年至2017年间,百度搜索占中国搜索引擎市场的份额约为70%左右,因此百度指数基本可以反映中国互联网搜索的情况。

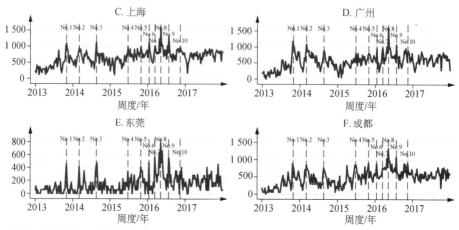

注释:数据来源于百度搜索指数,为周度加总数据。

图 50　医闹指数(周度)

表 46　典型医闹事件和医闹指数

序号	周度/年	地点	事件强度	指数增幅（全国）	事件详情
No.1	2013w44	浙江省温岭市	医生一死两伤	208.4%	2013年10月25日,温岭市第一人民医院3名医生在门诊为病人看病时被一名男子捅伤,其中耳鼻咽喉科主任医师王云杰因抢救无效死亡,成为轰动一时的"温岭杀医案"
No.2	2014w10	广东省潮州市	押着医生游行并侮辱	169.1%	2014年3月5日,潮州中心医院患者家属因对死者的死因有异议,与值班医生发生过激行为,并纠集百余人押着医生进行游行侮辱,持续约半个小时
		北京市	医生头部被砸伤		2014年3月7日,北大六院候诊患者闯入诊室,用锤子将一名医生的头部砸伤
No.3	2014w34	湖南省岳阳市	打伤医生并要求下跪;上百名医生静坐抗议	351.4%	2014年8月20日,岳阳市二人民医院患者因抢救无效死亡,现场十余名家属要求医生给尸体下跪,其间打伤医生并打砸急诊科办公室;此后,近200余名医生静坐抗议暴力伤医

（续表）

序号	周度/年	地点	事件强度	指数增幅（全国）	事件详情
No.4	2015w26	重庆市	医生被打伤；医生聚集抗议	105.6%	2015年6月24日，重庆医科大学附属儿童医院医生被患者家属打伤，全身多处软组织损伤，并诊断为脑震荡；25日该医院医护人员在医院门口聚集，并拉上"严惩医闹"等字样的横幅，表达抗议
No.5	2015w44	广东省广州市	护士被刺伤	84.3%	2015年10月23日，广州医科大学第三附属医院住院部八楼病区发生一名值班护士被患者刺伤
No.6	2016w3	北京市	医生被围攻并被要求天价赔偿	212.5%	2016年1月15日，北京大学第三医院产妇死亡，产科遭遇十几名不明人员围攻，患者家属提出高达1000万的索赔要求
No.7	2016w11	广东省深圳市	严重侮辱殴打医生	155.1%	2016年3月14日，深圳市龙岗区第五人民医院一患病儿童因转市儿童医院经抢救无效死亡，家属在医院大厅拉横幅、烧纸钱、胁迫、殴打医生等
No.8	2016w19	广东省广州市	医生被杀致死亡	267.9%	2016年5月7日，广东人民医院口腔科主任医师被砍至死亡，行凶者为其曾经的患者
No.9	2016w30	河北省衡水市	医生被杀致死亡	215.2%	2016年7月21日，衡水市第四人民医院骨科门诊医生在诊室被杀，被杀医生为中医骨伤主任，从事骨科工作已30余年
No.10	2016w46	河北省保定市	对医生进行打骂侮辱	56.7%	2016年11月11日，一坠井男童经抢救无效死亡，家属对医院、救护车等打骂，存在过激行为

注：事件序号与上图竖线一一对应，指数增幅是相对于医闹事件发生前上一周的增幅。

以2013年10月25日发生的"温岭杀医案"为例，对应图中竖线No.1，可以发现无论是全国，还是各地区的医闹指数都明显高于周围时期水平；且较事件发生前的医闹指数上升了 208.4%。此外其余九个典型医闹事件也呈现出同样的特征,并且存在地区间的差异,因此后文的主回归结论,我们使用各地区的医闹指数作为解释变量。

三、医闹事件和医闹指数

表 47 分别汇报了门诊和住院患者主要的医疗服务利用情况。其中门诊或住院患者费用主要包括两类费用,药品费用和诊疗费用;药品费用主要包括患者在中草药、中成药、西药等方面的支出,诊疗费用则包括诊疗服务费、医疗器械等方面的支出。[①] 为检验防御性医疗动机,主回归分析中主要考察医闹指数对个人门诊费用和日均住院费用的影响,日均住院费用指标可以剔除住院天数不同带来的干扰。

表 47 统计性描述

	观测值	均值/比例	方差	最小值	最大值
A. 门诊样本					
门诊费用	16 996 478	219.82	239.1	2.1	1 458.0
门诊药品费用	16 996 321	78.06	155.2	0.0	901.6
门诊诊疗费用	16 996 321	137.23	184.0	0.0	1 033.3
患者年龄	16 996 075	51.43	22.0	0.0	113.0
男性患者	16 996 478	0.56	0.5	0.0	1.0
职工保险	16 996 478	0.89	0.3	0.0	1.0
B. 住院样本					
住院费用	565 938	12 392.31	14 890.2	426.9	90 544.5
住院药品费用	565 937	7 668.76	10 888.4	0.0	68 341.4
住院诊疗费用	565 937	4 640.04	6 110.1	0.0	36 894.8
住院医保支付费用	565 938	8 709.56	10 162.3	0.0	60 987.3
三级医院住院天数	330 979	10.03	10.6	1.0	73.0
二级医院住院天数	234 959	10.92	10.5	1.0	73.0

① 数据中仍存在部分样本门诊或住院费用中除包括药品费用、诊疗费用外,还有其他未知种类的费用。

（续表）

	观测值	均值/比例	方差	最小值	最大值
患者年龄	565 901	56.76	20.6	0.0	116.0
男性患者	565 938	0.54	0.5	0.0	1.0
职工保险	565 938	0.84	0.4	0.0	1.0

第三节 医患矛盾对医疗服务利用及费用的影响

本章节将深入探讨我们所采用的实证研究方法，其核心在于运用医疗纠纷指数作为主要的解释变量。本研究旨在剖析该指数如何影响医疗服务的利用情况，具体包括门诊服务和住院治疗等方面。此外，我们还将对实证分析中可能存在的其他解释进行严格的检验，以确保研究结果的准确性和可靠性。

一、实证策略

为考察医闹事件对医疗服务利用的影响，本文所采用的实证模型如下：

$$\ln Y_{ijt} = \beta_0 + \beta_1 \ln Index_{jt} + \sum_{n=1}^{N} \beta_{n+1} \ln Index_{jt-n} + \mathbf{X}'_{it}\boldsymbol{\beta} + \theta_d + \gamma_{hy} + \delta_{hq} + \varepsilon_{ijt}$$

(8-1)

其中，i、j、t 分别表示患者、城市、就诊时间；Y_{ijt} 是患者医疗服务利用（包括门诊费用或日均住院费用等）；$Index_{jt}$ 是 j 地区 t 时期的医闹指数。本文所关注的系数为 β_1，由于是双对数模型，其经济学含义为弹性，即医闹指数每增加 1%，对应医疗费用增加的百分比。① 考虑到医闹事件会产生滞后影响，在主回归中我们会依次控制当期医闹指数和滞后期项，且主回归中仅考察短期（一个月内）的影响效果。

为了避免这一模型所可能面临的遗漏变量偏误，我们控制了患者的个人特

---

① 此处因变量采取 ln(值+1) 的形式，而根据原始数据可知，除门诊诊疗服务费和药品费用外，其他费用数据中零值较少，故由此造成的测量偏离影响较为有限。此外，后文利用绝对数值进行了稳健性检验。

征向量 X_{it}，包括年龄、性别、医疗保险、疾病种类（ICD一位码）；我们还控制了地区-医院层面随时间变化和不随时间变化的固定效应，具体说明如下：考虑到不同地区的政策差异，不同医院的特征差异，以及这些差异随时间变化有所不同，我们进一步控制了医院和年份交乘的固定效应 γ_{hy}；由于疾病呈现除季节性特征，并且不同医院所侧重的疾病类型不同，为了剔除医院-季度因素对医疗服务利用的影响，我们控制了医院和季度交乘的固定效应 δ_{hq}。此外由于不同周度法定假期天数的差异也会影响医疗服务利用，我们控制了法定假期（含双休日）的固定效应 θ_h；为了避免使用面板数据回归中标准误被低估的影响，此处标准误聚类（Cluster）至医院-年份层面。

需要特别说明的是，本文实证策略设计可能面临一定的内生性问题，例如，一家医院在某个时期管理较为混乱，其医疗费用可能有所变化，同时，也更容易发生医闹事件。虽然我们无法完全排除内生性问题，但是我们认为，这里所面临的挑战较小。第一，遗漏变量的来源在于，同时与患者医疗费用及医闹指数相关的其他因素，这些因素最可能的就是地区的医保控费制度，不同医院的考核制度，地区的法治、治安环境，以及不同地区的民风等，我们的模型已经控制三类固定效应，这里的绝大多数因素都可以通过以上的加以控制；第二，更为重要的是，在时间维度，医闹事件是较为外生的冲击，难以被提前预测到；第三，我们所研究的样本医院中不包括曾被媒体或新闻报道医闹事件的医院，这进一步缓解了医院层面可能的遗漏变量的影响。此外，本文在排除性检验中也提供了更多的证据以说明结果的稳健性。

二、实证结果

表48汇报了医闹指数对人均门诊费用的短期影响（一个月，下同）。列（1）至（4）分别加入医闹指数不同滞后期，同时控制了法定假期固定效应、医院-年份交乘效应、医院-季度交乘效应。回归结果表明医闹指数上升显著地增加了个人门诊费用，并且医闹事件的影响具有明显的滞后性，短期内影响效应逐渐增大。根据列（4），滞后2期和滞后3期的影响效应最为显著，当医闹指数上升1%，人均门诊费用最大增幅分别为0.0029%、0.0045%。这一结果意味着，医闹事件的发生会使得医生产生防御性医疗，增加了门诊医疗费用。

表 48 医闹指数和人均门诊费用对数

被解释变量	门诊费用对数			
	(1)	(2)	(3)	(4)
$\ln(index)$	0.001 9	0.002 2	0.002 2*	0.002 3*
	(0.001)	(0.001)	(0.001)	(0.001)
$Lag1.\ln(index)$		0.001 6	0.000 6	0.000 1
		(0.001)	(0.001)	(0.001)
$Lag2.\ln(index)$			0.003 6***	0.002 9***
			(0.001)	(0.001)
$Lag3.\ln(index)$				0.004 5***
				(0.001)
个人特征变量	是	是	是	是
假期固定效应	是	是	是	是
医院×年份效应	是	是	是	是
医院×季度效应	是	是	是	是
样本数量	16 996 075	16 929 255	16 840 512	16 753 296
R 平方	0.154	0.154	0.153	0.153

注:(1)被解释变量为个人门诊就诊费用的对数;(2)个人特征变量包括年龄、性别、保险状态(职工保险和居民医保)以及病种(ICD-10 的一位码);(3)圆括号中汇报的是医院*年份层面的聚类标准误,且*代表在 10%水平上显著,**代表在 5%水平上显著,***代表在 1%水平上显著。

医闹事件影响具有滞后性且效应不断增大,对此本文提供一个可能的解释:相关研究发现医生的治疗决策存在路径依赖,这就意味着医生的治疗风格具有一定的惯性,防御性医疗较医闹事件发生具有滞后性;随着事件不断发酵和医生群体间相互影响的同群效应(Peer effect),防御性医疗会不断增强。

此外若防御性医疗动机存在,医生为了降低误诊概率,必然会增加诊疗服务项目或医疗器械。为此,表 49 分别汇报了医闹指数对门诊中诊疗服务费用和药品费用的影响。正如预期,医闹指数使得门诊中诊疗服务费用的支出显著增加(列(2))。列(4)的结果表明,门诊药品的费用支出在减少。对此一个可能的解释是,与门诊药品相比,诊疗服务中医患不对称信息更强,因此防御性医疗体现在诊疗服务的增加,同时对药品费用支出产生了一定挤出。

表 49　医闹指数和门诊诊疗服务及药品费用对数

被解释变量	门诊诊疗服务费用对数		门诊药品费用对数	
	(1)	(2)	(3)	(4)
$\ln(index)$	−0.000 4	−0.000 5	0.002 2	0.002 8
	(0.002)	(0.003)	(0.002)	(0.002)
$Lag1.\ln(index)$		0.000 5		−0.001 4
		(0.002)		(0.001)
$Lag2.\ln(index)$		0.012 2***		−0.009 3***
		(0.001)		(0.001)
$Lag3.\ln(index)$		0.014 5***		−0.010 0***
		(0.001)		(0.001)
个人特征变量	是	是	是	是
假期固定效应	是	是	是	是
医院×年份效应	是	是	是	是
医院×季度效应	是	是	是	是
样本数量	16 995 918	16 753 142	16 995 918	16 753 142
R 平方	0.148	0.148	0.116	0.114

表 50 汇报了医闹指数对住院患者的日均费用的影响。依次控制医闹指数的滞后项可以发现，医闹事件将会显著增加患者的日均住院费用支出；与门诊费用结果相比，日均住院费用的影响系数在统计意义和经济意义上均更加显著，这主要是由于住院患者病情更为复杂，医生面临的医闹风险更大；与门诊类似，短期内防御性医疗会随着时间推移不断增强；列(4)结果表明医闹指数增加1%，日均住院费用最大增幅为 3 期(周)后，为 0.005 9%。这也说明医闹事件引起的防御性医疗主要体现在住院治疗，与直觉更为吻合。

表 50　医闹指数和日均住院费用对数

被解释变量	日均住院费用对数			
	(1)	(2)	(3)	(4)
$\ln(index)$	0.003 9***	0.003 6***	0.002 8**	0.002 5*
	(0.001)	(0.001)	(0.001)	(0.001)

(续表)

被解释变量	日均住院费用对数			
	(1)	(2)	(3)	(4)
$Lag1.\ln(index)$		0.003 8***	0.003 5***	0.002 7**
		(0.001)	(0.001)	(0.001)
$Lag2.\ln(index)$			0.005 5***	0.005 4***
			(0.001)	(0.001)
$Lag3.\ln(index)$				0.005 9***
				(0.001)
个人特征变量	是	是	是	是
假期固定效应	是	是	是	是
医院×年份效应	是	是	是	是
医院×季度效应	是	是	是	是
样本数量	565 872	563 882	561 636	559 449
R 平方	0.349	0.348	0.348	0.348

进一步我们同样考察了医闹指数对住院费用中的药品及诊疗服务费用的影响,表51的结果表明,医闹事件使得日均诊疗和药品的费用均上涨。与门诊相比,住院治疗是一个系统性、程序性的治疗过程,因此不对称信息较门诊更强,所以当预防性医疗动机存在时,不仅诊疗服务费会增加,同时临床用药的费用也会相应增加。

表51 医闹指数和住院诊疗服务及药品费用对数

被解释变量	住院日均诊疗服务费用对数		住院日均药品费用对数	
	(1)	(2)	(3)	(4)
$\ln(index)$	0.000 7	−0.000 7	0.005 9**	0.004 8**
	(0.003)	(0.002)	(0.002)	(0.002)
$Lag1.\ln(index)$		0.001 4		0.003 4
		(0.002)		(0.002)
$Lag2.\ln(index)$		0.004 8**		0.005 6**
		(0.002)		(0.002)

(续表)

被解释变量	住院日均诊疗服务费用对数		住院日均药品费用对数	
	(1)	(2)	(3)	(4)
$Lag3.\ln(index)$		0.005 0**		0.004 6**
		(0.002)		(0.002)
个人特征变量	是	是	是	是
假期固定效应	是	是	是	是
医院×年份效应	是	是	是	是
医院×季度效应	是	是	是	是
样本数量	565 871	559 448	565 871	559 448
R平方	0.279	0.279	0.276	0.275

三、排除性检验

上述主回归结论也可能是由防御性医疗之外的因素导致,为此我们一一进行排除性检验,以给出更可信的证据。

(一) 来自患者行为的干扰

当医闹事件发生后,病情较轻的患者预期到医生会产生防御性医疗动机或出于医患间不信任,可能会选择不去或延迟就医。若这一情况发生则也会导致主回归结论。为了排除这一干扰,我们进一步检验了医闹事件的发生对就医人数的影响。

我们仍基于相同的研究样本,将患者数据按照城市、年份、周度进行加总,从而可以得到每个城市在不同年份-周度时门诊或住院患者的数量,所使用的实证策略如下:

$$Y_{jt} = \beta_0 + \beta_1 Index_{jt} + \sum_{n=1}^{N} \beta_{n+1} \ln Index_{jt-n} + \theta_d + \gamma_{jy} + \delta_{jq} + \varepsilon_{jt} \quad (8-2)$$

此处 Y_{jt} 是 j 地区 t 时期的门诊或住院人数对数,同时主回归控制了地区-年份交乘的固定效应、地区-季度交乘的固定效应以及法定假期的固定效应,标准误聚类至城市-年份层面。

如表 52 所示为该检验的主要的结果。其中列(1)、(3)表明,医闹指数对门诊及住院患者的人数并没有产生显著的影响;列(2)、(4)以 60 岁以上老年患者的比例来指代病情较重患者的比例,结论进一步排除了,病情较轻的人选择不去医院的情况。

表 52 医闹指数和住院、门诊人数

被解释变量	住院人数对数	住院 60 岁以上占比	门诊人数对数	门诊 60 岁以上占比
	(1)	(2)	(3)	(4)
$\ln(index)$	−0.001 3	−0.189 5	−0.018 9	0.224 4
	(0.010)	(0.115)	(0.022)	(0.307)
$Lag1.\ln(index)$	−0.025 1	−0.120 3	−0.034 9	0.345 8
	(0.015)	(0.169)	(0.027)	(0.301)
$Lag2.\ln(index)$	−0.016 2	−0.174 1	−0.035 4	0.459 5
	(0.012)	(0.122)	(0.024)	(0.349)
$Lag3.\ln(index)$	−0.012 8	−0.003 3	−0.030 8	0.318 3
	(0.009)	(0.162)	(0.021)	(0.334)
假期固定效应	是	是	是	是
城市×年份效应	是	是	是	是
城市×季度效应	是	是	是	是
样本数量	1 232	1 236	1 156	1 156
R 平方	0.899	0.684	0.904	0.671

注:(1)60 岁以上占比均乘以 100,即以百分比为单位;(2)圆括号中汇报的是城市*年份层面的聚类标准误,且 * 代表在10%水平上显著,** 代表在5%水平上显著,*** 代表在1%水平上显著。

(二) 来自医院定价行为的干扰

医闹事件对于医院方来讲,无论是事后的赔偿,还是对自身声誉的影响,都会产生巨大的损失。因此医院方有动力在事前设置相应的预防机制(如设立医患调解办公室、医院安保措施等),在事后留有相应资金进行事故处理等,故对院方来讲有动力提高医疗服务的价格(在可允许的空间内),这也会导致主回归的结果。为此,我们以诊疗服务项目种数作为治疗强度指标进行考察,从而剔除价格因素的影响。①

回归结果如表 53 所示,列(2)、(4)表明医闹指数对住院或门诊的诊疗服务项目种数的影响具有滞后性。以住院为例,当医闹指数增加 1%,两周后的住院日均诊疗服务项目增加 0.004 1%,这表明医闹事件的冲击确实会带来医生诊疗强度的增加。②

表 53 医闹指数和诊疗服务项目种数

被解释变量	住院日均诊疗服务项目对数		门诊诊疗服务项目对数	
	(1)	(2)	(3)	(4)
$\ln(index)$	0.000 4	−0.000 2	−0.000 4	−0.000 4
	(0.002)	(0.002)	−0.001	(0.001)
$Lag1.\ln(index)$		0.002 0		0.000 0
		(0.002)		(0.001)
$Lag2.\ln(index)$		0.004 1***		0.003 1***
		(0.001)		(0.000)
$Lag3.\ln(index)$		0.000 5		0.003 6***
		(0.001)		(0.000)
个人特征变量	是	是	是	是
假期固定效应	是	是	是	是
医院×年份效应	是	是	是	是
医院×季度效应	是	是	是	是
样本数量	526 820	520 845	16 228 904	16 001 995
R 平方	0.434	0.433	0.157	0.156

(三) 科室差异的证据

为了进一步排除其他可能的干扰因素,此处针对患者的就诊科室进行异质

---

① 举例说明,若一患者接受了一次 CT 检测,一次血清蛋白测定和 24 次静脉注射,则诊疗服务项目种数量计为 3,该指标得到的结论将更为保守。

② 与住院、门诊的费用相比,诊疗服务项目的总体影响效应较小,这主要是因为所选取的指标较为保守导致。

性分析。科室分类标准参照国家统计局发布的《全国卫生资源与医疗服务调查制度》中给出的两位码科室分类目录,根据我们收集的2013—2017年医闹事件,选取其中发生医闹数最多的五个科室(分别是急诊科、妇产科、外科、内科、儿科)进行异质性检验。定义这五个科室为虚拟变量,与医闹指数进行交乘并加入主回归方程中。可以预料相对于其他科室,这五个科室的防御性医疗更强,回归结论如表54所示。根据列(2)、(4),交乘项系数为正,这表明相比于其他科室,医闹频发的科室在面临医闹事件冲击时,防御性医疗更强。

表54 科室异质性分析

被解释变量	日均住院费用对数		门诊费用对数	
	(1)	(2)	(3)	(4)
$\ln(index)$	0.001 6	0.003 6**	−0.000 8	0.001 0
	(0.002)	(0.002)	(0.002)	(0.002)
$Lag1.\ln(index)$		0.004 1**		−0.001 9
		(0.002)		(0.002)
$Lag2.\ln(index)$		0.005 9***		0.002 2
		(0.002)		(0.001)
$Lag3.\ln(index)$		0.007 1***		0.005 1***
		(0.002)		(0.001)
$Interaction$	0.029 0***	0.012 1***	0.006 7***	0.003 0
	(0.002)	(0.003)	(0.002)	(0.002)
$Lag1.Interaction$		0.004 7*		0.004 7**
		(0.003)		(0.002)
$Lag2.Interaction$		0.004 9		0.001 8
		(0.003)		(0.002)
$Lag3.Interaction$		0.007 7***		−0.002 8
		(0.003)		(0.002)
个人特征变量	是	是	是	是
假期固定效应	是	是	是	是
医院×年份效应	是	是	是	是

(续表)

被解释变量	日均住院费用对数		门诊费用对数	
	(1)	(2)	(3)	(4)
医院×季度效应	是	是	是	是
样本数量	492 776	487 489	14 332 924	14 124 691
R 平方	0.378	0.378	0.148	0.147

(四) 变换实证设定和费用形式

为了说明本文结论的稳健性,我们进一步使用医疗费用的绝对值作为因变量;同时控制更详细的疾病种类(ICD 三位码);考虑到医保控费主要以月度为周期,我们也使用医院×月份固定效应来替换原来主回归中医院×季度效应;为了捕捉在不同科室发生医闹事件带来的异质性影响,我们也进一步控制了科室×年份固定效应、科室×月份固定效应。将上述这些因素一一考虑后,我们可以得到如下表 55 的回归结论。根据回归结论可知,采用医疗费用绝对量并增加更为严格的控制后,所关心系数的正负方向及显著水平与主回归基本保持一致,从而表明本文结论稳健。

表 55 医闹指数和医疗费用(绝对值)

被解释变量	门诊费用	门诊诊疗服务费用	门诊药品费用	日均住院费用	住院日均诊疗服务费	住院日均药品费
	(1)	(2)	(3)	(4)	(5)	(6)
$\ln(index)$	0.494 5***	0.162 0	0.275 8***	0.412 7	0.492 2	0.360 4
	(0.128)	(0.147)	(0.093)	(0.753)	(0.523)	(0.685)
$Lag1.\ln(index)$	−0.025 1	0.001 6	0.024 2	0.736 2	0.543 5	−0.001 4
	(0.143)	(0.132)	(0.062)	(0.755)	(0.417)	(0.653)
$Lag2.\ln(index)$	0.325 0**	0.648 8***	−0.305 0***	2.189 5***	0.968 0**	0.875 9
	(0.127)	(0.129)	(0.094)	(0.734)	(0.433)	(0.620)
$Lag3.\ln(index)$	0.455 7***	0.692 2***	−0.243 3***	3.360 7***	1.360 5***	2.137 7***
	(0.117)	(0.104)	(0.056)	(0.720)	(0.432)	(0.579)
个人特征变量	是	是	是	是	是	是

(续表)

被解释变量	门诊费用	门诊诊疗服务费用	门诊药品费用	日均住院费用	住院日均诊疗服务费	住院日均药品费
	(1)	(2)	(3)	(4)	(5)	(6)
病种(ICD三位码)	是	是	是	是	是	是
假期固定效应	是	是	是	是	是	是
医院×年份效应	是	是	是	是	是	是
医院×月份效应	是	是	是	是	是	是
科室×年份效应	是	是	是	是	是	是
科室×月份效应	是	是	是	是	是	是
样本数量	15 090 714	15 090 560	15 090 560	446 795	447 363	446 655
R 平方	0.154	0.207	0.085	0.367	0.360	0.345

注:(1)被解释变量为不同类型医疗费用绝对数;(2)个人特征变量包括年龄、性别、保险状态(职工保险和居民医保)以及病种(ICD-10 的三位码);(3)圆括号中汇报的是医院*年份层面的聚类标准误,且*代表在10%水平上显著,** 代表在5%水平上显著,*** 代表在1%水平上显著。

(五) 医学检查费用的变化

为了进一步检验医患矛盾是否使得医生多做检查。此处我们使用诊疗服务费和医疗器械费用的加和去检验医患矛盾是否使得医生多做检查;这是由于在原数据中,医生多做检查以及检查过程中用到的材料,将会分别计入诊疗服务费和医疗器械费,因此这两个费用的加和可以有效衡量医生是否多做检查。进一步,回归结论如表56所示,可以发现防御性医疗动机将会使得医生多做医学检查和使用更多医疗耗材。

表56 医闹指数和医学检查费用

被解释变量	门诊诊疗服务和医疗器械费用对数	住院诊疗服务和医疗器械费用对数
	(1)	(2)
$\ln(index)$	0.001 9	0.000 8
	(0.003)	(0.003)

(续表)

被解释变量	门诊诊疗服务和医疗器械费用对数	住院诊疗服务和医疗器械费用对数
	(1)	(2)
$Lag1.\ln(index)$	−0.002 7	0.002 4
	(0.002)	(0.003)
$Lag2.\ln(index)$	0.008 6***	0.005 3**
	(0.001)	(0.002)
$Lag3.\ln(index)$	0.011 7***	0.001 6
	(0.001)	(0.002)
个人特征变量	是	是
假期固定效应	是	是
医院×年份效应	是	是
医院×季度效应	是	是
样本数量	7 712 312	250 464
R 平方	0.132	0.284

第四节 防御性医疗成本核算及政策讨论

上述分析揭示了防御性医疗现象的确凿存在。为了深入进行政策层面的分析,本节首先对防御性医疗的长期影响进行了全面审视,并对其引发的经济成本进行了详细核算。其次,我们进一步探讨了将医疗纠纷纳入刑法体系的潜在效果,特别是这一措施能否有效缓解防御性医疗的问题,从而为制定更为精准和有效的政策提供理论依据和实证支持。

一、 防御性医疗的成本核算

恶性医患纠纷事件对经济社会产生诸多负面成本,此处我们仅考察由防御性医疗带来的医疗费用和医保基金支出增加。为了考察成本,此处首先考察恶性医闹事件更长期的影响。

我们在主回归的基础之上,进一步使用月度加总的医闹指数及滞后期考察对医疗费用的影响。如表57所示,列(1)、(2)的结果表明,较长期内随着时间的推移恶性医闹事件的影响会逐渐减弱,且影响效应主要体现在前两个月;当医闹指数增加1%,门诊费用最大增幅为0.0181%,日均住院费用最大增幅为0.0226%。以"温岭杀医案"为例(表1序号No.1),该事件发生后当月的医闹指数较前期上涨了92.7%,对应当月日均住院费用增加了2.1%(=0.0226×0.927),次月日均住院费用增加1.42%(=0.0153×0.927);而门诊费用当月和次月分别增加0.76%、1.68%(计算方法类似)。

表57 防御性医疗的长期效应

被解释变量	门诊费用对数	日均住院费用对数
	(1)	(2)
$\ln(index)$	0.008 2**	0.022 6***
	(0.003)	(0.006)
$Lag1.\ln(index)$	0.018 1***	0.015 3***
	(0.003)	(0.006)
$Lag2.\ln(index)$	−0.000 1	0.003 8
	(0.003)	(0.005)
$Lag3.\ln(index)$	−0.002 0	0.006 6
	(0.004)	(0.007)
个人特征变量	是	是
假期固定效应	是	是
医院×年份效应	是	是
医院×季度效应	是	是
样本数量	15 888 109	537 395
R 平方	0.148	0.346

注:医闹指数为月度搜索指数的加总,滞后3期即为滞后3个月。

进一步根据表57得到的防御性医疗长期效应(主要是前两个月),估算本章列举的10个典型医闹事件的医疗费用成本。我们以2013年全国层面医疗费用作为基准,①将医闹事件导致的长期费用成本加总,最终可以得到每个事件造成的门诊和住院的成本,仍以"温岭杀医案"为例,医闹造成了门诊费用增加 10.15 亿元(=416.07×(0.76%+1.68%)),住院费用增加了 28.39 亿元(=806.52×(2.1%+1.42%)),②同样地,我们可以依次计算其余医闹事件的成本。最后可以得到,平均来看一个典型医闹事件的发生使得门诊费用多增加 7.81 亿元的支出,住院费用增加 21.81 亿元的支出,总的医疗费用成本为 29.62 亿元。

二、医闹入刑的政策效果分析

为遏制恶性医患冲突的发生,全国人大常委会审议通过了《中华人民共和国刑法修正案(九)》,将医闹等一系列扰乱社会公共秩序的行为加入刑法,并于 2015 年 11 月 1 日起正式执行。在"医闹入刑"的一年多时间里,因医闹获刑的案件中,判处有期徒刑 10 个月至 3 年不等,而对于极端恶劣案件则处以更为严重的刑罚,这对于恶意医闹、扰乱就医秩序的行为起到了震慑作用。但这一政策是否能够减少防御性医疗,则仍然未知。

为此,我们通过对比 2015 年 11 月前后两段时期医闹指数和医疗费用的关系,去检验医闹入刑的政策效果。定义政策时间虚拟变量 $Policy$,当就诊时间在 2015 年 11 月 1 日后定义为 1,否则为 0;与医闹指数进行交乘并加入主回归方程中,结果如表 58 所示。可以发现交乘项系数基本不显著,甚至为正,这表明医闹入刑之后,防御性医疗并没有发生明显减少。这表明医闹入刑政策并不能有效改善防御性医疗行为。

表 58 "医闹入刑"前后时期对比

被解释变量	门诊费用对数	日均住院费用对数
	(1)	(2)
$\ln(index)$	0.002 5*	−0.000 2
	(0.001)	(0.001)

---

① 由于我国整体的医疗费用随年份不断增加,此处以 2013 年作为基准费用,可以得到更为保守的估计。计算依据《中国卫生和计划生育统计年鉴(2014)》中给出的全国二、三级医院的门诊、住院总人次数,门诊、住院次均医疗费用计算平均每个月对应的总门诊费用或住院费用作为基准费用。
② 此处 416.07 亿元是 2013 年全国层面月平均总门诊费用,806.52 亿元是 2013 年全国层面月平均住院费用,来源于《中国卫生和计划生育统计年鉴(2014)》。

(续表)

被解释变量	门诊费用对数 (1)	日均住院费用对数 (2)
$Lag1.\ln(index)$	−0.000 2	0.002 1
	(0.001)	(0.002)
$Lag2.\ln(index)$	0.003 2***	0.004 6***
	(0.001)	(0.001)
$Lag3.\ln(index)$	0.004 3***	0.004 0***
	(0.001)	(0.001)
$Inter\_policy$	−0.001 2	0.012 3***
	(0.002)	(0.003)
$Lag1.Inter\_policy$	0.001 6	0.001 1
	(0.002)	(0.003)
$Lag2.Inter\_policy$	−0.001 5	0.000 3
	(0.001)	(0.003)
$Lag3.Inter\_policy$	0.001 3	0.005 0*
	(0.001)	(0.003)
个人特征变量	是	是
假期固定效应	是	是
医院×年份效应	是	是
医院×季度效应	是	是
样本数量	16 753 296	559 449
R 平方	0.153	0.348

进一步我们直接评估该政策的效果,以政策执行时间 2015 年 11 月 1 日来构建双重差分模型。首先在主回归样本的基础之上,进一步将样本就诊科室限制在 2013—2015 年 11 月间发生过 1 次及以上医闹事件的科室,且样本分析时间为 2015—2017 年。其次,选取发生医闹次数中位数以上的科室作为实验组,中位数以下的作为控制组。由此可以得到如下回归方程:

$$Y_{ist} = \beta_0 + \beta_1 Treat_s \times Post_t + \boldsymbol{X}'_{it}\boldsymbol{\beta} + T_s + \mu_s + \theta_d + \gamma_{hy} + \delta_{hq} + \varepsilon_{ist}$$

(8-3)

此处 Y_{ist} 是 i 患者 s 科室 t 期的门诊费用对数或住院日均费用对数，$Treat_s$ 取值为 1 时，代表该患者就诊的 s 科室在 2013—2015 年 11 月发生的医闹次数处于中位数水平之上，否则为 0[①]；$Post_t$ 取值为 1 时，代表该患者就诊时间为医闹入刑之后，否则为 0。个人层面的控制变量包括年龄、性别、医疗保险、疾病种类。固定效应除了控制假期固定效应、医院-年份交乘效应、医院-季度交乘效应外，进一步控制科室的时间趋势项，这主要是控制医闹事件对不同科室冲击的差异性，以及不同科室技术、医疗服务价格随时间变动的趋势不同的影响。回归标准误聚类至科室-时间层面。

从表 59 可以发现，医闹入刑对日均住院费用和门诊费用的影响在统计学意义均不显著，但是对门诊费用具有负向的影响，这表明尽管医闹入刑无法有效避免防御性医疗，但对门诊行为边际上具有改善的作用。

表 59 "医闹入刑"的效果分析（一）

被解释变量	门诊费用对数 (1)	日均住院费用对数 (2)
$Treat_s \times Post_t$	−0.020 1	0.055 9
	(0.071)	(0.037)
个人特征变量	是	是
科室时间趋势项	是	是
假期固定效应	是	是
医院×年份效应	是	是
医院×季度效应	是	是
样本数量	7 127 794	254 064
R 平方	0.261	0.227

注：(1) 个人特征变量包括年龄、性别、保险状态（职工保险和居民医保）以及病种（ICD-10 的一位码）；(2) 科室时间趋势项为科室与月度连续时间变量（1—36）的交乘项；(3) 圆括号中汇报的是科室 * 时期层面的聚类标准误，且 * 代表在 10% 水平上显著，** 代表在 5% 水平上显著，*** 代表在 1% 水平上显著。

在此基础上，我们也尝试选取医闹搜索指数在中位数以上的科室定义为实

---

① 中位数为 9 次，中位数以上科室（实验组）包括：外科、妇产科、急诊医学科；中位数以下科室包括：内科、儿科、耳鼻咽喉科、口腔科、皮肤科、医疗美容科、精神科、肿瘤科、重症医学科、医学影像科和中医科。

验组,中位数以下的定义为控制组,仍然利用上述方程检验医闹入刑政策对医疗费用的影响,所得到的回归结果如表60所示。可以发现与上表结论类似,即医闹入刑对日均住院费用和门诊费用的影响在统计学意义均不显著,但是对门诊费用具有负向的影响,故可能对门诊行为边际上存在改善作用。

表60 "医闹入刑"的效果分析(二)

被解释变量	门诊费用对数 (1)	日均住院费用对数 (2)
$Treat_s \times Post_t$	−0.043 3	0.063 3
	(0.078)	(0.039)
个人特征变量	是	是
科室时间趋势项	是	是
假期固定效应	是	是
医院×年份效应	是	是
医院×季度效应	是	是
样本数量	7 127 794	252 463
R 平方	0.261	0.277

第五节 结论与政策启示

在我国当前医患矛盾凸显的背景下,医闹带来的沉重社会成本已经不断被现实案例和相关研究证实。与之相关的,一个重要但是尚未被探索的问题是,医生为了自我保护免遭伤害,可能会存在防御性医疗动机;而防御性医疗将会导致医疗费用不断上涨并加剧看病贵问题,对我国医疗体系和医保基金造成沉重负担。

针对这一问题,目前尚无严谨的实证研究回答。本文利用具有全国代表性的五地患者实际就医数据,考察了全国性的医闹事件冲击对患者实际就医费用的影响并发现:第一,门诊和住院治疗中存在防御性医疗动机,且住院治疗更为明显;医闹事件的影响效应具有延续性,短期内(首月)表现为不断增强,较长期影响效应主要体现在前两个月内;第二,以本文选取的10个典型医闹事件为例测算,平均一次典型医闹事件导致门诊多增加 7.81 亿元的支出,住院增加 21.81 亿元的支出,总的医疗费用成本为 29.62 亿元;第三,针对我国出台的"医闹入刑"法律进行评估发现,仅在边际上可缓解防御性医疗,总体效果不大。

立足于本文发现我们有如下思考:我国日益严峻的医患矛盾已严重威胁医疗卫生事业的发展,而医患矛盾的根本原因在于医生和患者间社会信任机制的缺失,而这一机制的缺失根植于我国医疗卫生体制市场化改革的不完善(杜创和朱恒鹏,2016)。① 中国医疗体制不完善最直接的表现是"看病难、看病贵"问题,也是医患矛盾激化最直接的诱因,因此构建和谐医患关系和我国目前的"医改"目标具有内在一致性(朱恒鹏,2014)。② 从远期来看,核心是持续推进公立医院综合改革,根本原则是合理引导医疗资源向市场化配置机制转变,现阶段特别是推行公立医院政事分开和管办分离;与此同时,还需要注重培育基层医疗服务力量,利用市场化手段引导医疗资源下沉,建立良好的分级诊疗制度。

从短期来看,为缓解医患矛盾的负面影响,应该在公立医院综合改革过程中增加协调配套措施,可能的手段包括:第一,建立完备的多层次第三方医患协调机制,大力推行专业化审判,设立专门处理医患纠纷的法庭,以简化程序、提高效率;第二,健全我国医疗事故责任认定的客观标准,建立医疗意外和事故的风险分担机制,鼓励商业保险公司参与运行;第三,在法律层面规范就医秩序并进行普法宣传,包括将医院纳入《中华人民共和国治安管理处罚条例》、建立《中华人民共和国基本医疗卫生与健康促进法》等。

---

① 杜创、朱恒鹏:《中国城市医疗卫生体制的演变逻辑》,《中国社会科学》2016 年第 8 卷,第 66—89 页和 205—206 页。
② 朱恒鹏:《医患冲突恶化的根源及对策》,财新网,http://topics.caixin.com/2014-03-09/100648823_all.html#page3。

参考文献

[1] 薄海、张跃华:《商业补充医疗保险逆向选择问题研究——基于 Charls 数据的实证检验》,《保险研究》2015 年第 9 期,第 65—81 页。

[2] 陈钊、刘晓峰、汪汇:《服务价格市场化:中国医疗卫生体制改革的未尽之路》,《管理世界》2008 年第 8 期,第 52—58 页。

[3] 陈醉、宋泽、张川川:《医药分开改革的政策效果——基于医疗保险报销数据的经验分析》,《金融研究》2018 年第 10 期,第 72—88 页。

[4] 程令国、张晔:《"新农合":经济绩效还是健康绩效?》,《经济研究》2012 年第 1 期,第 120—133 页。

[5] 仇雨临:《中国医疗保障 70 年:回顾与解析》,《社会保障评论》2019 年第 1 期,第 89—101 页。

[6] 沓钰淇、傅虹桥、李玲:《患者成本分担变动对医疗费用和健康结果的影响——来自住院病案首页数据的经验分析》,《经济学(季刊)》2020 年第 4 期,第 1441—1466 页。

[7] 沓钰淇、黄炜、雷晓燕:《实物类转移支付的道德风险:以中国城职保个人账户为例》,《世界经济》2023 年第 5 期,第 201—230 页。

[8] 杜创、朱恒鹏:《中国城市医疗卫生体制的演变逻辑》,《中国社会科学》2016 年第 8 期,第 66—89 页。

[9] 杜创:《价格管制与过度医疗》,《世界经济》2013 年第 1 期,第 116—140 页。

[10] 樊卫东:《积极稳妥推进长期护理保险试点的思考》,《中国医疗保险》2017 年第 10 期,第 30—32 页。

[11] 封进、陈昕欣、胡博:《效率与公平统一的医疗保险水平——来自城乡居民医疗保险制度整合的证据》,《经济研究》2022 年第 6 期,第 154—172 页。

[12] 封进、韩旭:《退休年龄制度对家庭照料和劳动参与的影响》,《世界经济》2017 年第 6 期,第 145—166 页。

[13] 封进、刘芳、陈沁:《新型农村合作医疗对县村两级医疗价格的影响》,《经济研究》2010 年第 11 期,第 127—140 页。

[14] 封进、宋铮:《中国农村医疗保障制度:一项基于异质性个体决策行为的理论研究》,《经济学(季刊)》2007 年第 3 期,第 841—858 页。

[15] 封进、余央央、楼平易：《医疗需求与中国医疗费用增长——基于城乡老年医疗支出差异的视角》，《中国社会科学》2015年第3期，第85—103页。

[16] 封进、余央央：《医疗卫生体制改革：市场化、激励机制与政府的作用》，《世界经济文汇》2008年第1期，第1—13页。

[17] 付明卫、王普鹤、赵嘉珩等：《市级统筹、制度设计与医保控费》，《产业经济评论》2020年第6期，第53—69页。

[18] 高秋明、王天宇：《差异化报销比例设计能够助推分级诊疗吗？——来自住院赔付数据的证据》，《保险研究》2018年第7期，第89—103页。

[19] 何庆红、赵绍阳、刘国恩：《医药分开改革对医疗费用和医疗质量的影响》，《世界经济》2021年第12期，第178—200页。

[20] 黄枫、甘犁：《医疗保险中的道德风险研究——基于微观数据的分析》，《金融研究》2012年第5期，第193—206页。

[21] 黄炜、张子尧、刘安然：《从双重差分法到事件研究法》，《产业经济评论》2022年第2期，第17—36页。

[22] 寇宗来：《"以药养医"与"看病贵、看病难"》，《世界经济》2010年第1期，第49—68页。

[23] 雷晓燕、傅虹桥：《改革在路上：中国医疗保障体系建设的回顾与展望》，《经济资料译丛》2018年第2期，第1—6页。

[24] 雷晓燕、谭力、赵耀辉：《退休会影响健康吗？》，《经济学（季刊）》2010年第4期，第1539—1558页。

[25] 李常印、郝春彭、李静湖等：《基本医疗保险基金结余及动态平衡》，《中国医疗保险》2012年第6期，第35—38页。

[26] 李德成：《合作医疗与赤脚医生研究（1955—1983年）》，浙江大学，2007年。

[27] 李宏彬、施新政、吴斌珍：《中国居民退休前后的消费行为研究》，《经济学（季刊）》2015年第1期，第117—134页。

[28] 梁鸿、芦炜、姜宁等：《推进全科医师家庭责任制的医疗联合体协同服务机制案例分析》，《中国卫生政策研究》2013年第2期，第19—24页。

[29] 刘冬冬、刘国恩、林枫：《医疗个人账户"通道式"和"板块式"的积累作用——基于镇江和南京医保数据的分析》，《中国药物经济学》2009年第1期，第21—29页。

[30] 刘国恩、蔡春光、李林：《中国老人医疗保障与医疗服务需求的实证分析》，《经济研究》2011年第3期，第95—107页。

[31] 刘国恩、唐艳、刘立藏：《城镇职工医疗保险政策研究：个人账户与医疗支出》，《财经科学》2009年第1期，第45—53页。

[32] 刘宏、王俊：《中国居民医疗保险购买行为研究——基于商业健康保险的角度》，《经济学（季刊）》2012年第4期，第1525—1548页。

[33] 刘小鲁：《管制、市场结构与中国医药分离的改革绩效》，《世界经济》2011年第12期，第

53—75 页。

[34] 刘晓雪、钟仁耀:《长期护理保险的国际比较及对我国的启示》,《华东师范大学学报(哲学社会科学版)》2017 年第 4 期,第 93—101 页。

[35] 马超、赵广川、顾海:《城乡医保一体化制度对农村居民就医行为的影响》,《统计研究》2016 年第 4 期,第 78—85 页。

[36] 潘杰、雷晓燕、刘国恩:《医疗保险促进健康吗?——基于中国城镇居民基本医疗保险的实证分析》,《经济研究》2013 年第 4 期,第 130—142 页。

[37] 彭晓博、杜创:《医疗支出集中性与持续性研究:来自中国的微观经验证据》,《世界经济》2019 年第 12 期,第 51—76 页。

[38] 申曙光、张勃:《分级诊疗、基层首诊与基层医疗卫生机构建设》,《学海》2016 年第 2 期,第 48—57 页。

[39] 宋弘、孙雅洁、陈登科:《政府空气污染治理效应评估——来自中国"低碳城市"建设的经验研究》,《管理世界》2019 年第 6 期,第 95—108 页。

[40] 王晟、蔡明超:《中国居民风险厌恶系数测定及影响因素分析——基于中国居民投资行为数据的实证研究》,《金融研究》2011 年第 8 期,第 192—206 页。

[41] 王震、朱凤梅:《职工医保门诊保障模式改革基金收支情况测算》,《中国医疗保险》2020 年第 11 期,第 41—48 页。

[42] 向辉、杜创、彭晓博:《医疗保险的道德风险研究——基于补偿政策变动的经验证据》,《保险研究》2020 年第 6 期,第 110—127 页。

[43] 熊威、高灿、张莹等:《分级诊疗背景下大型公立医院发展策略思考》,《卫生软科学》2018 年第 8 期,第 37—39 页。

[44] 余央央、封进:《家庭照料对老年人医疗服务利用的影响》,《经济学(季刊)》2018 年第 3 期,第 923—948 页。

[45] 岳阳、祝嘉良:《医患关系与医学专业报考和录取》,《经济研究》2020 年第 4 期,第 184—200 页。

[46] 臧文斌、陈晨、赵绍阳:《社会医疗保险、疾病异质性和医疗费用》,《经济研究》2020 年第 12 期,第 64—79 页。

[47] 臧文斌、刘国恩、徐菲等:《中国城镇居民基本医疗保险对家庭消费的影响》,《经济研究》2012 年第 7 期,第 75—85 页。

[48] 臧文斌、赵绍阳、刘国恩:《城镇基本医疗保险中逆向选择的检验》,《经济学(季刊)》2013 年第 1 期,第 47—70 页。

[49] 张晏玮、孙健:《美国长期护理保险实践及其对我国的启示——基于美国长期护理保险定价视角的分析》,《价格理论与实践》2018 年第 2 期,第 111—114 页。

[50] 张颖熙:《医疗服务是必需品还是奢侈品?——基于中国城镇居民家庭医疗卫生支出弹性的实证研究》,《经济学动态》2015 年第 10 期,第 94—103 页。

[51] 赵曼、韩丽:《长期护理保险制度的选择:一个研究综述》,《中国人口科学》2015 年第 1 期,第 97—105 页。

[52] 赵绍阳、尹庆双、臧文斌:《医疗保险补偿与患者就诊选择——基于双重差分的实证分析》,《经济评论》2014 年第 1 期,第 3—11 页。

[53] 赵绍阳、臧文斌、尹庆双:《医疗保障水平的福利效果》,《经济研究》2015 年第 8 期,第 130—145 页。

[54] 钟仁耀:《提升长期护理服务质量的主体责任研究》,《社会保障评论》2017 年第 3 期,第 79—95 页。

[55] 钟玉英、程静:《商业保险机构参与长期护理保险经办模式比较——基于北京市海淀区、青岛市的分析》,《中国卫生政策研究》2018 年第 4 期,第 24—28 页。

[56] 周其仁:《病有所医当问谁——医改系列评论》,《中国医院院长》2008 年第 22 期,第 84 页。

[57] 周钦、田森、潘杰:《均等下的不公——城镇居民基本医疗保险受益公平性的理论与实证研究》,《经济研究》2016 年第 6 期,第 172—185 页。

[58] 周晓莹、黎莉、姚卫光:《基于广州市某三甲医院医生视角的医患关系及防御性医疗行为研究》,《医学与社会》2020 年第 4 期,第 109—113 页。

[59] 朱凤梅、张小娟、郝春鹏:《门诊保障制度改革:"以门诊换住院"的政策效应分析——基于中国职工医保抽样数据的实证检验》,《保险研究》2021 年第 1 期,第 73—90 页。

[60] 朱恒鹏、岳阳、续继:《政府财政投入模式对医疗费用的影响》,《经济研究》2021 年第 12 期,第 149—167 页。

[61] 朱恒鹏、昝馨、林绮晴:《医保如何助力建立分级诊疗体系》,《中国医疗保险》2015 年第 6 期,第 9—11 页。

[62] 朱恒鹏:《城乡居民基本医疗保险制度整合状况初步评估》,《中国医疗保险》2018 年第 2 期,第 8—12 页。

[63] 朱恒鹏:《医疗体制弊端与药品定价扭曲》,《中国社会科学》2007 年第 4 期,第 89—103 页。

[64] 朱铭来、郑先平:《关于建立健全职工医保门诊共济保障机制的思考》,《中国医疗保险》2020 年第 10 期,第 6—10 页。

[65] 朱信凯、彭廷军:《新型农村合作医疗中的"逆向选择"问题:理论研究与实证分析》,《管理世界》2009 年第 1 期,第 79—88 页。

[66] 邹红、喻开志:《退休与城镇家庭消费:基于断点回归设计的经验证据》,《经济研究》2015 年第 1 期,第 124—139 页。

[67] Abaluck, J., Gruber, J. and Swanson, A., "Prescription Drug Use Under Medicare Part D: A Linear Model of Nonlinear Budget Sets", *Journal of Public Economics*, Vol.164(2018), pp.106-138.

[68] Akerlof, G. A., "The Market for 'Lemons': Quality Uncertainty and the Market Mechanism", *Quarterly Journal of Economics*, Vol. 84, No. 3(1970), p. 488.

[69] Américo, P. and Rocha, R., "Subsidizing Access to Prescription Drugs and Health Outcomes: The Case of Diabetes", *Journal of Health Economics*, Vol. 72, No. prepublish(2020), p. 102347.

[70] Aron-Dine, A., Einav, L. and Finkelstein, A., "The Rand Health Insurance Experiment, Three Decades Later", *Journal of Economic Perspectives*, Vol. 27, No. 1 (2013), pp. 197-222.

[71] Aron-Dine, A., Einav, L., Finkelstein, A. and Cullen, M., "Moral Hazard in Health Insurance: Do Dynamic Incentives Matter?", *Review of Economics and Statistics*, Vol. 97, No. 4(2013), pp. 725-741.

[72] Arrow, K. J., "Uncertainty and the Welfare Economics of Medical Care", *American Economic Review*, Vol. 53(1963), pp. 941-973.

[73] Avraham, R. and Schanzenbach, M., "The Impact of Tort Reform on Intensity of Treatment: Evidence from Heart Patients", *Journal of Health Economics*, Vol. 39 (2015), pp. 273-288.

[74] Bai, C. and Wu, B., "Health Insurance and Consumption: Evidence from China's New Cooperative Medical Scheme", *Journal of Comparative Economics*, Vol. 42, No. 2 (2014), pp. 450-469.

[75] Baicker, K. and Levy, H., "Coordination Versus Competition in Health Care Reform", *The New England Journal of Medicine*, Vol. 369, No. 9(2013), pp. 789-791.

[76] Baicker, K., Fisher, E. S. and Chandra, A., "Malpractice Liability Costs and the Practice of Medicine in the Medicare Program.", *Health Affairs*, Vol. 26, No. 3 (2007), pp. 841-852.

[77] Baicker, K., Goldman, D., "Patient Cost-Sharing and Healthcare Spending Growth.", *The Journal of Economic Perspectives*, Vol. 25, No. 2(2011), pp. 47-68.

[78] Bailey, M. J. and Goodman-Bacon, A., "The War on Poverty's Experiment in Public Medicine: Community Health Centers and the Mortality of Older Americans", *American Economic Review*, Vol. 105, No. 3(2015), pp. 1067-1104.

[79] Baldwin, L. M., Hart, L. G., Lloyd, M., Fordyce, M. and Rosenblatt, R. A., "Defensive Medicine and Obstetrics", *Journal of the American Medical Association*, Vol. 274, No. 20(1995), pp. 1606-1610.

[80] Barreca, A. I., Lindo, J. M. and Waddell, G. R., "Heaping-Induced Bias in Regression-Discontinuity Designs", *Economic Inquiry*, Vol. 54, No. 1(2016), pp. 268-

293.

[81] Bernzweig, E. P., "Defensive Medicine", *Report of the Secretary's Commission On Medical Malpractice*, No. 38-40(1973).

[82] Bishop, T. F., Federman, A. D. and Keyhani, S., "Physicians' Views on Defensive Medicine: A National Survey", *Archives of Internal Medicine*, Vol. 170, No. 12 (2010), pp. 1081-1083.

[83] Bishop, T. F., Shortell, S. M., Ramsay, P. P., Copeland, K. R. and Casalino, L. P., "Trends in Hospital Ownership of Physician Practices and the Effect on Processes to Improve Quality", *The American Journal of Managed Care*, Vol. 22, No. 3 (2016), pp. 172-176.

[84] Bolin, K., Lindgren, B. and Lundborg, P., "Informal and Formal Care among Single-Living Elderly in Europe", *Health Economics*, Vol. 17, No. 3(2008), pp. 393-409.

[85] Bonsang, E., "Does Informal Care from Children to Their Elderly Parents Substitute for Formal Care in Europe?", *Journal of Health Economics*, Vol. 28, No. 1(2008), pp. 143-154.

[86] Boone, J. and Schottmüller, C., "Health Insurance without Single Crossing: Why Healthy People have High Coverage", *The Economic Journal*, Vol. 127, No. 599 (2017), pp. 84-105.

[87] Brennan, T. A., Leape, L. L., Laird, N. M., Hebert, L., Localio, A. R., Lawthers, A. G., Newhouse, J. P., Weiler, P. C. and Hiatt, H. H., "Incidence of Adverse Events and Negligence in Hospitalized Patients: Results of the Harvard Medical Practice Study I", *New England Journal of Medicine*, Vol. 324, No. 6 (1991), pp. 370-376.

[88] Brot-Goldberg, Z. C., Chandra, A., Handel, B. R. and Kolstad, J. T., "What Does a Deductible Do? The Impact of Cost-Sharing On Health Care Prices, Quantities, and Spending Dynamics", *Quarterly Journal of Economics*, Vol. 132, No. 3(2017), pp. 1261-1318.

[89] Browning, E. K., "The Marginal Cost of Public Funds", *Journal of Political Economy*, Vol. 84, No. 2(1976), pp. 283-298.

[90] Bundorf, M. K., Levin, J. and Mahoney, N., "Pricing and Welfare in Health Plan Choice", *American Economic Review*, Vol. 102, No. 7(2012), pp. 3214-3248.

[91] Cannon, E., Cipriani, G. P. and Bazar-Rosen, K., "More for Less? Puzzling Selection Effects in the Insurance Market", *Oxford Economic Papers*, Vol. 68, No. 4(2016), pp. 879-897.

[92] Card, D., Dobkin, C. and Maestas, N., "The Impact of Nearly Universal Insurance

Coverage on Health Care Utilization: Evidence from Medicare", *American Economic Review*, Vol. 98, No. 5(2008), pp. 2242-2258.

[93] Card, D., Dobkin, C. and Maestas, N., "Does Medicare Save Lives?", *Quarterly Journal of Economics*, Vol. 124, No. 2(2009), pp. 597-636.

[94] Cardon, J. H., Hendel, I., "Asymmetric Information in Health Insurance: Evidence from the National Medical Expenditure Survey", *Rand Journal of Economics*, Vol. 32, No. 3(2001), pp. 408-427.

[95] Catino, M., "Why Do Doctors Practice Defensive Medicine? The Side-Effects of Medical Litigation", *Safety Science Monitor*, Vol. 15, No. 1(2011), pp. 1-12.

[96] Chan, M. K. and Zeng, G., "Unintended Consequences of Supply-Side Cost Control? Evidence from China's New Cooperative Medical Scheme", *Journal of Health Economics*, Vol. 61(2018), pp. 27-46.

[97] Chandra, A., Gruber, J. and Mcknight, R., "Patient Cost-Sharing and Hospitalization Offsets in the Elderly", *American Economic Review*, Vol. 100, No. 1(2010), pp. 193-213.

[98] Chandra, A., Gruber, J. and Mcknight, R., "The Impact of Patient Cost-Sharing on Low-Income Populations: Evidence from Massachusetts", *Journal of Health Economics*, Vol. 33(2014), pp. 57-66.

[99] Charlton M. E., Levy B. T., High R. R., et al., "Effects of Health Savings Account-Eligible Plans On Utilization and Expenditures", *The American Journal of Managed Care*, Vol. 17, No. 1(2011), pp. 79-86.

[100] Cheng, L., Liu, H., Zhang, Y., Shen, K. and Zeng, Y., "The Impact of Health Insurance On Health Outcomes and Spending of the Elderly: Evidence from China's New Cooperative Medical Scheme", *Health Economics*, Vol. 24, No. 6(2015), pp. 672-691.

[101] Chetty, R. and Finkelstein, A., "Social Insurance: Connecting Theory to Data", *Handbook of Public Economics*, Vol. 5(2013), pp. 111-193.

[102] Chetty, R., Friedman, J. N., Olsen, T. and Pistaferri, L., "Adjustment Costs, Firm Responses, and Micro Vs. Macro Labor Supply Elasticities: Evidence from Danish Tax Records", *Quarterly Journal of Economics*, Vol. 126, No. 2(2011), pp. 749-804.

[103] Chiappori, P. A. and Salanie, B., "Testing for Asymmetric Information in Insurance Markets", *Journal of Political Economy*, Vol. 108, No. 1(2000), pp. 56-78.

[104] Chiappori, P. and Salanié, B., "Empirical Contract Theory: The Case of Insurance Data", *European Economic Review*, Vol. 41, No. 3-5(1997), pp. 943-950.

[105] Chiappori, P., "Econometric Models of Insurance under Asymmetric Information", *Handbook of Insurance*(2000), pp.365-393.

[106] Chiappori, P., Jullien, B., Salanié, B. and Salanié, F., "Asymmetric Information in Insurance: General Testable Implications", *Rand Journal of Economics*, Vol.37, No.4(2006), pp.783-798.

[107] Cohen, A. and Siegelman, P., "Testing for Adverse Selection in Insurance Markets", *Journal of Risk and Insurance*, Vol.77, No.1(2010), pp.39-84.

[108] Cremer, H., Lozachmeur, J. and Pestieau, P., "The Design of Long Term Care Insurance Contracts", *Journal of Health Economics*, Vol.50(2016), pp.330-339.

[109] Currie, J. and Macleod, W. B., "First Do No Harm? Tort Reform and Birth Outcomes", *Quarterly Journal of Economics*, Vol.123, No.2(2008), pp.795-830.

[110] Cutler, D. M. and Reber, S. J., "Paying for Health Insurance: The Trade-Off Between Competition and Adverse Selection", *Quarterly Journal of Economics*, Vol.113, No.2(1998), pp.433-466.

[111] Dalton, C. M., Gowrisankaran, G. and Town, R. J., "Salience, Myopia, and Complex Dynamic Incentives: Evidence from Medicare Part D", *Review of Economic Studies*, Vol.87, No.2(2020), pp.822-869.

[112] De Meza, D. and Webb, D. C., "Advantageous Selection in Insurance Markets", *Rand Journal of Economics*, Vol.32, No.2(2001), pp.249-262.

[113] De Meza, D. and Webb, D. C., W. D., "False Diagnoses: Pitfalls of Testing for Asymmetric Information in Insurance Markets", *The Economic Journal*, Vol.127, No.606(2017), pp.2358-2377.

[114] Deb, P. and Trivedi, P. K., "Specification and Simulated Likelihood Estimation of a Non-Normal Treatment-Outcome Model with Selection: Application to Health Care Utilization", *The Econometrics Journal*, Vol.9, No.2(2006), pp.307-331.

[115] Dionne, G., St-Amour, P. and Vencatachellum, D., "Asymmetric Information and Adverse Selection in Mauritian Slave Auctions", *Review of Economic Studies*, Vol.76, No.4(2009), pp.1269-1295.

[116] Dobkin, C., Finkelstein, A., Kluender, R. and Notowidigdo, M. J., "The Economic Consequences of Hospital Admissions", *American Economic Review*, Vol.102, No.2 (2018), pp.308-352.

[117] Dolton, P. and Pathania, V., "Can Increased Primary Care Access Reduce Demand for Emergency Care? Evidence from England's 7-Day GP Opening", *Journal of Health Economics*, Vol.49(2016), pp.193-208.

[118] Dranove, D., Ramanarayanan, S. and Watanabe, Y., "Delivering Bad News: Market

Responses to Negligence", *Journal of Law & Economics*, Vol. 55, No. 1(2012), pp. 1-25.

[119] Duan, N., "Smearing Estimate: A Nonparametric Retransformation Method", *Journal of the American Statistical Association*, Vol. 78, No. 383(1983), pp. 605-610.

[120] Duan, N., Manning, W. G., Morris, C. N. and Newhouse, J. P., "A Comparison of Alternative Models for the Demand for Medical Care", *Journal of Business & Economic Statistics*, Vol. 1, No. 2(2012), pp. 115-126.

[121] Dubay, L., Kaestner, R. and Waidmann, T., "The Impact of Malpractice Fears on Cesarean Section Rates", *Journal of Health Economics*, Vol. 18, No. 4(1999), pp. 491-522.

[122] Dubay, L., Kaestner, R. and Waidmann, T., "Medical Malpractice Liability and its Effect on Prenatal Care Utilization and Infant Health", *Journal of Health Economics*, Vol. 20, No. 4(2001), pp. 591-611.

[123] Dusheiko, M., Gravelle, H., Jacobs, R. and Smith, P., "The Effect of Financial Incentives On Gatekeeping Doctors: Evidence from a Natural Experiment.", *Journal of Health Economics*, Vol. 25, No. 3(2006), pp. 449-478.

[124] Eibich, P., "Understanding the Effect of Retirement on Health: Mechanisms and Heterogeneity", *Journal of Health Economics*, Vol. 43(2015), pp. 1-12.

[125] Einav, L., Finkelstein, A. and Cullen, M. R., "Estimating Welfare in Insurance Markets Using Variation in Prices.", *Quarterly Journal of Economics*, Vol. 125, No. 3(2010), pp. 877-921.

[126] Einav, L., Finkelstein, A. and Mahoney, N., "Long-Term Care Hospitals: A Case Study in Waste", *Review of Economics and Statistics*, Vol. 105, No. 4(2023), pp. 745-765.

[127] Einav, L., Finkelstein, A. and Polyakova, M., "Private Provision of Social Insurance: Drug-Specific Price Elasticities and Cost Sharing in Medicare Part D.", *American Economic Journal. Economic Policy*, Vol. 10, No. 3(2018), pp. 122-153.

[128] Einav, L., Finkelstein, A. and Schrimpf, P., "The Response of Drug Expenditure to Non-Linear Contract Design: Evidence from Medicare Part D.", *Quarterly Journal of Economics*, Vol. 130, No. 2(2015), pp. 841-899.

[129] Einav, L., Finkelstein, A. and Schrimpf, P., "Bunching at the Kink: Implications for Spending Responses to Health Insurance Contracts", *Journal of Public Economics*, Vol. 146(2017), pp. 27-40.

[130] Einav, L., Finkelstein, A., Ryan, S. P., et al., "Selection on Moral Hazard in Health Insurance.", *American Economic Review*, Vol. 103, No. 1(2013), pp. 178-

219.

[131] Engelhardt, G. V. and Gruber, J., "Medicare Part D and the Financial Protection of the Elderly", *American Economic Journal: Economic Policy*, Vol. 3, No. 4(2011), pp. 77-102.

[132] Ettner, S. L., "Adverse Selection and the Purchase of Medigap Insurance by the Elderly", *Journal of Health Economics*, Vol. 16, No. 5(1997), pp. 543-562.

[133] Fang, H., Keane, M. P. and Silverman, D., "Sources of Advantageous Selection: Evidence from the Medigap Insurance Market", *Journal of Political Economy*, Vol. 116, No. 2(2008), pp. 303-350.

[134] Feldstein, M. S., "Hospital Cost Inflation: A Study of Nonprofit Price Dynamics", *American Economic Review*, Vol. 61, No. 5(1971), pp. 853-872.

[135] Finkelstein, A. and Mcknight, R., "What Did Medicare Do? The Initial Impact of Medicare on Mortality and Out of Pocket Medical Spending", *Journal of Public Economics*, Vol. 92, No. 7(2007), pp. 1644-1668.

[136] Finkelstein, A. and Poterba, J., "Adverse Selection in Insurance Markets: Policyholder Evidence from the U.K. Annuity Market", *Journal of Political Economy*, Vol. 112, No. 1(2004), pp. 183-208.

[137] Finkelstein, A., "The Aggregate Effects of Health Insurance: Evidence from the Introduction of Medicare", *Quarterly Journal of Economics*, Vol. 122, No. 1(2007), pp. 1-37.

[138] Finkelstein, A., Taubman, S., Wright, B., Bernstein, M., Gruber, J., Newhouse, J. P., Allen, H., Baicker, K. and Oregon Health Study Group, T., "The Oregon Health Insurance Experiment: Evidence from the First Year", *Quarterly Journal of Economics*, Vol. 127, No. 3(2012), pp. 1057-1106.

[139] Forder, J., "Long-Term Care and Hospital Utilisation by Older People: An Analysis of Substitution Rates", *Health Economics*, Vol. 18, No. 11(2009), pp. 1322-1338.

[140] Frakes, M. and Gruber, J., "Defensive Medicine: Evidence From Military Immunity", *American Economic Journal. Economic Policy*, Vol. 11, No. 3(2019), pp. 197-231.

[141] Frakes, M. D., Frank, M. B. and Seabury, S. A., "The Effect of Malpractice Law On Physician Supply: Evidence from Negligence-Standard Reforms", *Journal of Health Economics*, Vol. 70(2020), p. 102272.

[142] Frakes, M., "Defensive Medicine and Obstetric Practices", *Journal of Empirical Legal Studies*, Vol. 9, No. 3(2012), pp. 457-481.

[143] French, E. and Jones, J. B., "On the Distribution and Dynamics of Health Care Costs", *Journal of Applied Econometrics*, Vol. 19, No. 6(2004), pp. 705-721.

[144] Fu, H., Li, L. and Yip, W., "Intended and Unintended Impacts of Price Changes for Drugs and Medical Services: Evidence from China", *Social Science & Medicine*, Vol. 211(2018), pp.114-122.

[145] Gao, F., Powers, M. R. and Wang, J., "Adverse Selection or Advantageous Selection? Risk and Underwriting in China's Health-Insurance Market", *Insurance Mathematics and Economics*, Vol.44, No.3(2009), pp.505-510.

[146] Gaynor, M., Li, J. and Vogt, W. B., "Substitution, Spending Offsets, and Prescription Drug Benefit Design", *Forum for Health Economics & Policy*, Vol.10, No.2(2011), p.1084.

[147] Gelman, A. and Imbens, G., "Why High-Order Polynomials Should not be Used in Regression Discontinuity Designs", *Journal of Business & Economic Statistics*, Vol. 37, No.3(2019), pp.447-456.

[148] Glied, S., "Chapter 13 Managed Care", *Handbook of Health Economics*, Vol.1 (2000), pp.707-753.

[149] Goda, G. S., "The Impact of State Tax Subsidies for Private Long-Term Care Insurance On Coverage and Medicaid Expenditures", *Journal of Public Economics*, Vol.95, No.7(2010), pp.744-757.

[150] Goldman, D. P., Joyce, G. F., Escarce, J. J., Pace, J. E., Solomon, M. D., Laouri, M., Landsman, P. B. and Teutsch, S. M., "Pharmacy Benefits and the Use of Drugs by the Chronically Ill", *Journal of the American Medical Association*, Vol. 291, No.19(2004), pp.2344-2350.

[151] Miller, G., Pinto, D. and Vera-Hernández, M., "Risk Protection, Service Use, and Health Outcomes Under Colombia's Health Insurance Program for the Poor", *American Economic Journal. Applied Economics*, Vol.5, No.4(2013), pp.61-91.

[152] Grembi, V., Nannicini, T. and Troiano, U., "Do Fiscal Rules Matter?", *American Economic Journal: Applied Economics*, Vol.8, No.3(2016), pp.1-30.

[153] Grossman, M., "On the Concept of Health Capital and the Demand for Health", *Journal of Political Economy*, Vol.80(1972), pp.223-255.

[154] Guo, A. and Zhang, J., "What to Expect When You are Expecting: Are Health Care Consumers Forward-Looking?", *Journal of Health Economics*, Vol.67(2019), p.102216.

[155] Hanaoka, C. and Norton, E. C., "Informal and Formal Care for Elderly Persons: How Adult Children's Characteristics Affect the Use of Formal Care in Japan", *Social Science & Medicine*, Vol.67, No.6(2008), pp.1002-1008.

[156] Handel, B. R., "Adverse Selection and Inertia in Health Insurance Markets: When

Nudging Hurts", *American Economic Review*, Vol. 103, No. 7(2013), pp. 2643-2682.

[157] Handel, B., Hendel, I. and Whinston, M. D., "Equilibria in Health Exchanges: Adverse Selection Versus Reclassification Risk", *Econometrica*, Vol. 83, No. 4 (2015), pp. 1261-1313.

[158] Haviland, A. M., Eisenberg, M. D., Mehrotra, A., Huckfeldt, P. J. and Sood, N., "Do 'Consumer-Directed' Health Plans Bend the Cost Curve Over Time?", *Journal of Health Economics*, Vol. 46(2016), pp. 33-51.

[159] Haviland, A. M., Marquis, M. S., Mcdevitt, R. D., et al., "Growth of Consumer-Directed Health Plans to One-Half of All Employer-Sponsored Insurance Could Save $57 Billion Annually.", *Health Affairs (Project Hope)*, Vol. 31, No. 5(2012), pp. 1009-1015.

[160] He, A. J., "The Doctor-Patient Relationship, Defensive Medicine and Overprescription in Chinese Public Hospitals: Evidence from a Cross-Sectional Survey in Shenzhen City", *Social Science & Medicine*, Vol. 123(2014), pp. 64-71.

[161] Hershey, N., "The Defensive Practice of Medicine: Myth or Reality", *The Milbank Memorial Fund Quarterly*, Vol. 50, No. 1(1972), pp. 69-97.

[162] Hirano, K., Imbens, G. W., Rubin, D. B., et al., "Assessing the Effect of an Influenza Vaccine in an Encouragement Design", *Biostatistics*, Vol. 1, No. 1(2000), pp. 69-88.

[163] Hong, L. and Mommaerts, C., "Time Aggregation in Health Insurance Deductibles", *American Economic Journal: Economic Policy*, Vol. 16, No. 2(2024), pp. 270-299.

[164] Hossein, Z. and Gerard, A., "Trends in Cost Sharing Among Selected High Income Countries—2000-2010", *Health Policy*, Vol. 112, No. 1-2(2013), pp. 35-44.

[165] Huang, F. and Gan, L., "The Impacts of China's Urban Employee Basic Medical Insurance On Healthcare Expenditures and Health Outcomes", *Health Economics*, Vol. 26, No. 2(2017), pp. 149-163.

[166] Hughes, S. L., Manheim, L. M., Edelman, P. L. and Conrad, K. J., "Impact of Long-Term Home Care On Hospital and Nursing Home Use and Cost", *Health Services Research*, Vol. 22, No. 1(1987), p. 19.

[167] Jacobson, L. S., Lalonde, R. J. and Sullivan, D. G., "Earnings Losses of Displaced Workers", *American Economic Review*(1993), pp. 685-709.

[168] Gaughan, J., Gravelle, H and Siciliani, L., "Testing the Bed-Blocking Hypothesis: Does Nursing and Care Home Supply Reduce Delayed Hospital Discharges?", *Health Economics*, Vol. 24 Suppl 1, No. s1(2015), pp. 32-44.

[169] Jiang, S., Gu, Y., Yang, F., Wu, T., Wang, H., Cutler, H. and Zhang, L., "Tertiary Hospitals Or Community Clinics? An Enquiry Into the Factors Affecting Patients' Choice for Healthcare Facilities in Urban China", *China Economic Review*, Vol. 63(2020).

[170] Hsu, J., Price, M., Huang, J., Brand, R., Fung, V., Hui, R., Fireman, B., Newhouse, J. P. and Selby, J. V., "Unintended Consequences of Caps on Medicare Drug Benefits", *The New England Journal of Medicine*, Vol. 354, No. 22(2006), pp. 2349-2359.

[171] Johnson, W. G., Brennan, T. A., Newhouse, J. P., Leape, L. L., Lawthers, A. G., Hiatt, H. H. and Weiler, P. C., "The Economic Consequences of Medical Injuries: Implications for a No-Fault Insurance Plan", *Journal of the American Medical Association*, Vol. 267, No. 18(1992), pp. 2487-2492.

[172] Jullien, B., Salanié, B. and Salanié, F., "Screening Risk-Averse Agents Under Moral Hazard: Single-Crossing and the Cara Case", *Economic Theory*, Vol. 30, No. 1 (2007), pp. 151-169.

[173] Kaestner, R., Schiman, C. and Alexander, G. C., "Effects of Prescription Drug Insurance on Hospitalization and Mortality: Evidence from Medicare Part D", *Journal of Risk and Insurance*, Vol. 86, No. 3(2019), pp. 595-628.

[174] Kahn, J. M., Werner, R. M., Guy, D., et al., "Effectiveness of Long-Term Acute Care Hospitalization in Elderly Patients with Chronic Critical Illness.", *Medical Care*, Vol. 51, No. 1(2013), pp. 4-10.

[175] Kessler, D. and Mcclellan, M., "Do Doctors Practice Defensive Medicine?", *Quarterly Journal of Economics*, Vol. 111, No. 2(1996), pp. 353-390.

[176] Kessler, D. and Mcclellan, M., "Malpractice Law and Health Care Reform: Optimal Liability Policy in an Era of Managed Care", *Journal of Public Economics*, Vol. 84, No. 2(2002), pp. 175-197.

[177] Kessler, D. P. and Mcclellan, M. B., "How Liability Law Affects Medical Productivity", *Journal of Health Economics*, Vol. 21, No. 6(2002), pp. 931-955.

[178] Kessler, D. P., Summerton, N. and Graham, J. R., "Effects of the Medical Liability System in Australia, the UK, and the USA", *The Lancet*, Vol. 368, No. 9531 (2006), pp. 240-246.

[179] Kim, B., "The Impact of Malpractice Risk On the Use of Obstetrics Procedures", *The Journal of Legal Studies*, Vol. 36, No. S2(2007), pp. S79-S119.

[180] Kim, H. B. and Lim, W., "Long-Term Care Insurance, Informal Care, and Medical Expenditures", *Journal of Public Economics*, Vol. 125(2015), pp. 128-142.

[181] King, G., Gakidou, E., Imai, K., Lakin, J., Moore, R. T., Nall, C., Ravishankar, N., Vargas, M., Téllez-Rojo, M. M., ávila, J. E. H., ávila, M. H. and Llamas, H. H., "Public Policy for the Poor? A Randomised Assessment of the Mexican Universal Health Insurance Programme", *The Lancet*, Vol. 373, No. 9673(2009), pp. 1447–1454.

[182] Lakdawalla, D. N. and Seabury, S. A., "The Welfare Effects of Medical Malpractice Liability", *International Review of Law & Economics*, Vol. 32, No. 4(2012), pp. 356–369.

[183] Layton, T., Maestas, N., Prinz, D. and Boris, V., "Health Care Rationing in Public Insurance Programs: Evidence from Medicaid", *American Economic Journal: Economic Policy*, Vol. 14, No. 4(2022), pp. 397–431.

[184] Leape, L. L., Brennan, T. A., Laird, N., Lawthers, A. G., Localio, A. R., Barnes, B. A., Hebert, L., Newhouse, J. P., Weiler, P. C. and Hiatt, H., "The Nature of Adverse Events in Hospitalized Patients: Results of the Harvard Medical Practice Study Ii", *New England Journal of Medicine*, Vol. 324, No. 6(1991), pp. 377–384.

[185] Lee, D. S. and Lemieux, T., "Regression Discontinuity Designs in Economics", *Journal of Economic Literature*, Vol. 48, No. 2(2010), pp. 281–355.

[186] Lei, X. and Lin, W., "The New Cooperative Medical Scheme in Rural China: Does More Coverage Mean More Service and Better Health?", *Health Economics*, Vol. 18 Suppl 2, No. S2(2009), pp. S25–S46.

[187] Levine, D., Polimeni, R. and Ramage, I., "Insuring Health or Insuring Wealth? An Experimental Evaluation of Health Insurance in Rural Cambodia", *Journal of Development Economics*, Vol. 119(2016), pp. 1–15.

[188] Li, X., Lu, J., Hu, S., Cheng, K. K., De Maeseneer, J., Meng, Q., Mossialos, E., Xu, D. R., Yip, W., Zhang, H., Krumholz, H. M., Jiang, L. and Hu, S., "The Primary Health-Care System in China", *The Lancet*, Vol. 390, No. 10112 (2017), pp. 2584–2594.

[189] Limwattananon, S., Neelsen, S., O, O., Donnell, Prakongsai, P., Tangcharoensathien, V., van Doorslaer, E. and Vongmongkol, V., "Universal Coverage with Supply-Side Reform: The Impact on Medical Expenditure Risk and Utilization in Thailand", *Journal of Public Economics*, Vol. 121, No. Jan. (2015), pp. 79–94.

[190] Liu, G. G. and Zhao, Z., "Urban Employee Health Insurance Reform and the Impact On Out-of-Pocket Payment in China", *The International Journal of Health Planning and Management*, Vol. 21, No. 3(2006), pp. 211–228.

[191] Liu, H. and Zhao, Z., "Does Health Insurance Matter? Evidence from China's Urban

Resident Basic Medical Insurance", *Journal of Comparative Economics*, Vol. 42, No. 4(2014), pp. 1007-1020.

[192] Localio, A. R., Lawthers, A. G., Bengtson, J. M., Hebert, L. E., Weaver, S. L., Brennan, T. A. and Landis, J. R., "Relationship Between Malpractice Claims and Cesarean Delivery", *Journal of the American Medical Association*, Vol. 269, No. 3(1993), pp. 366-373.

[193] Lu, Y., Shi, J. and Yang, W., "Expenditure Response to Health Insurance Policies: Evidence from Kinks in Rural China", *Journal of Public Economics*, Vol. 178, No. C (2019), p. 104049.

[194] Manning, W. G., Newhouse, J. P., Duan, N., Keeler, E. B. and Leibowitz, A., "Health Insurance and the Demand for Medical Care: Evidence from a Randomized Experiment", *American Economic Review*(1987), pp. 251-277.

[195] Mccrary, J., "Manipulation of the Running Variable in the Regression Discontinuity Design: A Density Test", *Journal of Econometrics*, Vol. 142, No. 2(2007), pp. 698-714.

[196] Mcknight, R., "Home Care Reimbursement, Long-Term Care Utilization, and Health Outcomes", *Journal of Public Economics*, Vol. 90, No. 1(2004), pp. 293-323.

[197] Beeuwkes, M. B., Haviland, A. M., Mcdevitt, R., et al., "Healthcare Spending and Preventive Care in High-Deductible and Consumer-Directed Health Plans.", *The American Journal of Managed Care*, Vol. 17, No. 3(2011), pp. 222-230.

[198] Mello, M. M., Chandra, A., Gawande, A. A. and Studdert, D. M., "National Costs of the Medical Liability System.", *Health Affairs (Project Hope)*, Vol. 29, No. 9(2010), pp. 1569-1577.

[199] Moghtaderi, A., Farmer, S. and Black, B., "Damage Caps and Defensive Medicine: Reexamination with Patient-Level Data", *Journal of Empirical Legal Studies*, Vol. 16, No. 1(2019), pp. 26-68.

[200] Moosazadeh, M., Movahednia, M., Movahednia, N., Amiresmaili, M. and Aghaei, I., "Determining the Frequency of Defensive Medicine Among General Practitioners in Southeast Iran", *International Journal of Health Policy and Management*, Vol. 2, No. 3(2014), pp. 119-123.

[201] Moses, M. W., Pedroza, P., Baral, R., Bloom, S., Brown, J., Chapin, A., Compton, K., Eldrenkamp, E., Fullman, N., Mumford, J. E., Nandakumar, V., Rosettie, K., Sadat, N., Shonka, T., Flaxman, A., Vos, T., Murray, C. J. L. and Weaver, M. R., "Funding and Services Needed to Achieve Universal Health Coverage: Applications of Global, Regional, and National Estimates of Utilisation of

Outpatient Visits and Inpatient Admissions from 1990 to 2016, and Unit Costs From 1995 to 2016", *The Lancet Public Health*, Vol. 4, No. 1(2019), pp. e49-e73.

[202] Newhouse, J. P., "Free for All? Lessons from the Rand Health Insurance Experiment", Harvard University Press, 1993.

[203] Ortashi, O., Virdee, J., Hassan, R., Mutrynowski, T. and Abu-Zidan, F., "The Practice of Defensive Medicine Among Hospital Doctors in the United Kingdom.", BMC *Medical Ethics*, Vol. 14, No. 2-3(2013), p. 42.

[204] Paik, M., Black, B. and Hyman, D., "Damage Caps and Defensive Medicine, Revisited", *Journal of Health Economics*, Vol. 51(2016), pp. 84-97.

[205] Parente, S. T., Feldman, R. and Chen, S., "Effects of a Consumer Driven Health Plan On Pharmaceutical Spending and Utilization.", *Health Services Research*, Vol. 43, No. 5 Pt 1(2008), pp. 1542-1556.

[206] Paul, F., Martin-J, S. and Christopher, R. M., "Medication Utilization and Adherence in a Health Savings Account-Eligible Plan.", *The American Journal of Managed Care*, Vol. 19, No. 12(2013), pp. e400-e407.

[207] Pope, D. G., "Reacting to Rankings: Evidence from 'America's Best Hospitals'", *Journal of Health Economics*, Vol. 28, No. 6(2009), pp. 1154-1165.

[208] Rahman, M., Norton, E. C. and Grabowski, D. C., "Do Hospital-Owned Skilled Nursing Facilities Provide Better Post-Acute Care Quality?", *Journal of Health Economics*, Vol. 50(2016), pp. 36-46.

[209] Remmerswaal, M., Boone, J., Bijlsma, M. and Douven, R., "Cost-Sharing Design Matters: A Comparison of the Rebate and Deductible in Healthcare", *Journal of Public Economics*, Vol. 170(2019), pp. 83-97.

[210] Rosett, R. N. and Huang, L., "The Effect of Health Insurance on the Demand for Medical Care", *Journal of Political Economy*, Vol. 81, No. 2, Part 1(1973), pp. 281-305.

[211] Rothschild, M. and Stiglitz, J., "Equilibrium in Competitive Insurance Markets: An Essay on the Economics of Imperfect Information", In *Uncertainty in economics*, 1978, pp. 257-280.

[212] Sasso, A. T. L., Helmchen, L. A. and Kaestner, R., "The Effects of Consumer-Directed Health Plans on Health Care Spending", *The Journal of Risk and Insurance*, Vol. 77, No. 1(2010), pp. 85-103.

[213] Seeman T. E., Merkin, S. S., Crimmins, E. M., et al., "Disability Trends Among Older Americans: National Health and Nutrition Examination Surveys, 1988-1994 and 1999-2004", *American Journal of Public Health*, Vol. 100, No. 1(2010), pp.

100-107.

[214] Shi, L., Starfield, B., Politzer, R. and Regan, J., "Primary Care, Self-Rated Health, and Reductions in Social Disparities in Health", *Health Services Research*, Vol. 37, No. 3(2002), pp. 529-550.

[215] Shigeoka H., "The Effect of Patient Cost Sharing on Utilization, Health, and Risk Protection", *American Economic Review*, Vol. 104, No. 7(2014), pp. 2152-2184.

[216] Shurtz, I., "Malpractice Law, Physicians' Financial Incentives, and Medical Treatment: How do they Interact?", *The Journal of Law & Economics*, Vol. 57, No. 1(2014), pp. 1-29.

[217] Sloan, F. A. and Shadle, J. H., "Is there Empirical Evidence for "Defensive Medicine"? A Reassessment", *Journal of Health Economics*, Vol. 28, No. 2(2008), pp. 481-491.

[218] Sloan, F. A., Entman, S. S., Reilly, B. A., Glass, C. A., Hickson, G. B. and Zhang, H. H., "Tort Liability and Obstetricians' Care Levels", *International Review of Law and Economics*, Vol. 17, No. 2(1997), pp. 245-260.

[219] Stéphane, V., Ramanan, L. and T, J. D., "Universal Public Finance of Tuberculosis Treatment in India: An Extended Cost-Effectiveness Analysis.", *Health Economics*, Vol. 24, No. 3(2015), pp. 318-332.

[220] Studdert, D. M., Mello, M. M., Sage, W. M., Desroches, C. M., Peugh, J., Zapert, K. and Brennan, T. A., "Defensive Medicine Among High-Risk Specialist Physicians in a Volatile Malpractice Environment", *Journal of the American Medical Association*, Vol. 293, No. 21(2005), pp. 2609-2617.

[221] Summerton, N., "Positive and Negative Factors in Defensive Medicine: A Questionnaire Study of General Practitioners", *BMJ*, Vol. 310, No. 6971(1995), pp. 27-29.

[222] Teutsch, S. M. and Berger, M. L., "Impact of 3-Tier Pharmacy Benefit Design and Increased Consumer Cost-Sharing On Drug Utilization", *American Journal of Management Care*, Vol. 11, No. 10(2005), pp. 621-628.

[223] Thornton, R. L., Hatt, L. E., Field, E. M., et al., "Social Security Health Insurance for the Informal Sector in Nicaragua: A Randomized Evaluation.", *Health Economics*, Vol. 19 Suppl, No. Suppl. 1(2010), pp. 181-206.

[224] Hiyama, T., Yoshihara, M., Tanaka, S., Urabe, Y., Ikegami, Y., Fukuhara, T. and Chayama, K., "Defensive Medicine Practices Among Gastroenterologists in Japan.", *World Journal of Gastroenterology*, Vol. 12, No. 47(2006), pp. 7671-7675.

[225] Trivedi, A. N., Moloo, H. and Mor, V., "Increased Ambulatory Care Copayments and Hospitalizations Among the Elderly.", *The New England Journal of Medicine*, Vol. 362, No. 4(2010), pp. 320-328.

[226] Van Houtven, C. H. and Norton, E. C., "Informal Care and Health Care Use of Older Adults", *Journal of Health Economics*, Vol. 23, No. 6(2004), pp. 1159-1180.

[227] Van Houtven, C. H. and Norton, E. C., "Informal Care and Medicare Expenditures: Testing for Heterogeneous Treatment Effects", *Journal of Health Economics*, Vol. 27, No. 1(2008), pp. 134-156.

[228] Varkevisser, M., van der Geest, S. A. and Schut, F. T., "Do Patients Choose Hospitals with High Quality Ratings? Empirical Evidence from the Market for Angioplasty in the Netherlands", *Journal of Health Economics*, Vol. 31, No. 2 (2012), pp. 371-378.

[229] Vera-Hernandez, M., "Structural Estimation of a Principal-Agent Model: Moral Hazard in Medical Insurance.", *Rand Journal of Economics*, Vol. 34, No. 4(2003), pp. 670-693.

[230] Verguet, S., Laxminarayan, R. and Jamison, D. T., "Universal Public Finance of Tuberculosis Treatment in India: An Extended Cost-Effectiveness Analysis", *Health Economics*, Vol. 24, No. 3(2015), pp. 318-332.

[231] Wagstaff, A. and Lindelow, M., "Can Insurance Increase Financial Risk?", *Journal of Health Economics*, Vol. 27, No. 4(2008), pp. 990-1005.

[232] Wagstaff, A., Lindelow, M., Jun, G., Ling, X. and Juncheng, Q., "Extending Health Insurance to the Rural Population: An Impact Evaluation of China's New Cooperative Medical Scheme", *Journal of Health Economics*, Vol. 28, No. 1(2008), pp. 1-19.

[233] Wang, C., Li, Q., Sweetman, A. and Hurley, J., "Mandatory Universal Drug Plan, Access to Health Care and Health: Evidence from Canada", *Journal of Health Economics*, Vol. 44(2015), pp. 80-96.

[234] Wang, H., Zhang, L., Yip, W. and Hsiao, W., "Adverse Selection in a Voluntary Rural Mutual Health Care Health Insurance Scheme in China", *Social Science & Medicine*, Vol. 63, No. 5(2006), pp. 1236-1245.

[235] Wang, J., Hockenberry, J., Chou, S. and Yang, M., "Do Bad Report Cards Have Consequences? Impacts of Publicly Reported Provider Quality Information On the CABG Market in Pennsylvania", *Journal of Health Economics*, Vol. 30, No. 2 (2010), pp. 392-407.

[236] Weaver, F. M. and Weaver, B. A., "Does Availability of Informal Care within the Household Impact Hospitalisation?", *Health Economics, Policy and Law*, Vol. 9, No. 1(2013), pp. 71-93.

[237] Weiler, P. C., Newhouse, J. P. and Hiatt, H. H., "Proposal for Medical Liability Reform", *Journal of the American Medical Association*, Vol. 267, No. 17(1992), pp. 2355-2358.

[238] Werner, R. M., Norton, E. C., Konetzka, R. T. and Polsky, D., "Do Consumers Respond to Publicly Reported Quality Information? Evidence from Nursing Homes", *Journal of Health Economics*, Vol. 31, No. 1(2012), pp. 50-61.

[239] Wilson, C., "A Model of Insurance Markets with Incomplete Information", *Journal of Economic Theory*, Vol. 16, No. 2(1977), pp. 167-207.

[240] Wu, B., "Physician Agency in China: Evidence from a Drug-Percentage Incentive Scheme", *Journal of Development Economics*, Vol. 140, No. C(2019), pp. 72-89.

[241] Yip, W. C., Hsiao, W., Meng, Q., Chen, W. and Sun, X., "Realignment of Incentives for Health-Care Providers in China", *The Lancet*, Vol. 375, No. 9720 (2010), pp. 1120-1130.

[242] Yip, W., Fu, H., Chen, A. T., Zhai, T., Jian, W., Xu, R., Pan, J., Hu, M., Zhou, Z. and Chen, Q., "10 Years of Health-Care Reform in China: Progress and Gaps in Universal Health Coverage", *The Lancet*, Vol. 394, No. 10204(2019), pp. 1192-1204.

[243] Zhang, L. and Wang, H., "Dynamic Process of Adverse Selection: Evidence from a Subsidized Community-Based Health Insurance in Rural China", *Social Science & Medicine*, Vol. 67, No. 7(2008), pp. 1173-1182.

[244] Zhang, Y., Ma, Q., Chen, Y. and Gao, H., "Effects of Public Hospital Reform On Inpatient Expenditures in Rural China", *Health Economics*, Vol. 26, No. 4(2017), pp. 421-430.

后　　记

　　自攻读博士期间起,我便开始探索医疗健康领域的研究。彼时,国内经济学界关注这一领域的学者相对较少,这一方向在当时较为小众。我与这个方向的结缘始于一个关于医疗保险的研究课题。在进行课题的过程中,我逐渐发现,基本医疗保险制度的建设中存在很多可以用经济学理论来回答的问题。起初,我感到医疗保险问题的研究极富趣味——许多现象和问题都能用经济学的方法去探讨和分析。然而,随着研究的深入,我逐渐认识到,医疗保险问题其实与整个医疗服务体系密不可分,其背后存在着许多复杂的因素,远比我最初想象的更为复杂。

　　2018年,国家医保局成立,我国医疗保险和医疗服务领域的改革进入了一个新的阶段,一系列改革措施密集出台,在取得显著成效的同时,也带来了新的挑战和问题。在此背景下,我更加意识到,经济学的理论和方法在回答政策相关问题方面具有独特的视角和优势。本书汇集了我过去十年来围绕中国医疗保险制度所做的思考和研究。作为一名学者,我始终希望我的研究能够加深对现实问题的理解,并为政策制定者提供更多有益的参考。

　　本书的主体部分源自我的博士学位论文,因此许多章节得到了我博士生导师封进教授的大力支持和悉心指导。封进教授是国内从经济学视角研究社会保障领域的开创者之一,她始终以"学以治世"的家国情怀审视自己的研究工作。在她的影响下,我选择了医疗健康作为我的研究方向。封进教授特别强调做研究时务必要深入实地调研,了解实际情况,而不能在书斋里空想。因此,几乎每一个寒暑假,她都会带领团队成员到全国各地进行调研。我们的足迹踏遍了祖国的大江南北,深入了解现实使我的研究更为贴近实际,也更加关注中国的现实问题。同时,这些调研之路上的欢声笑语也成为了我人生中难忘的回忆。

　　本书的成稿还离不开我众多合作者的帮助和支持。复旦大学的宋弘教授是我在学术路上的良师益友。她总能在纷繁复杂的事务中迅速抓住问题的核心要点，其超高效率常常令人叹服。在与宋老师的交流中，她的鼓励和认可一直是我信心的源泉。北京大学的黄炜教授以其极快的"脑力转速"和对科研之外广泛的兴趣爱好，展现了"黄氏快乐学术"的独特魅力。他对论文精益求精、如艺术品般的要求，彻底改变了我对学术研究的惯有认知。

此外，我要感谢在本书修订过程中给予帮助的几位学生。刘一恒目前在香港科技大学攻读博士学位，他与我共同撰写了部分章节内容；申雨涵目前是复旦大学本科在读学生，她协助我进行了全书的校稿和核对工作。同时，我也要感谢国家自然科学基金项目（72003039）、上海市晨光计划、中国博士后科学基金面上项目（2019M661382）、上海市"超级博士后"激励计划（2019242）对本研究的资助。

特别感谢我的家人。感谢我的妻子吴嘉璐，她在我最艰难的时候，选择了与我相伴终生，每次与她相聚都是我生活中的一抹亮色。她的包容和理解让我能够专注于自己的研究工作，她的乐观和豁达总是能够驱散我的紧张和焦虑。她还经常以"局外人"的身份为我的研究提供新颖的建议。我也要感谢我的父母和岳父母，他们对我全心投入学术的理解和支持让我能够保持更加平和的心态，即便在工作中遇到挑战和困难，也能从容应对。

最后，特别感谢复旦大学出版社的郭峰老师。本书的顺利出版离不开他的辛勤付出，他的专业精神和认真负责的态度无疑大大提升了本书的质量。

图书在版编目(CIP)数据

转轨体制下的全民医疗保险之路:经济学视角的分析/王贞著. --上海:复旦大学出版社,2024.10.
ISBN 978-7-309-17630-8
Ⅰ. F842.613
中国国家版本馆 CIP 数据核字第 2024J09A71 号

转轨体制下的全民医疗保险之路:经济学视角的分析
王　贞　著
责任编辑/郭　峰

复旦大学出版社有限公司出版发行
上海市国权路 579 号　邮编:200433
网址:fupnet@fudanpress.com　http://www.fudanpress.com
门市零售:86-21-65102580　团体订购:86-21-65104505
出版部电话:86-21-65642845
上海华业装潢印刷厂有限公司

开本 787 毫米×960 毫米　1/16　印张 14.75　字数 224 千字
2024 年 10 月第 1 版
2024 年 10 月第 1 版第 1 次印刷

ISBN 978-7-309-17630-8/F·3067
定价:69.00 元

如有印装质量问题,请向复旦大学出版社有限公司出版部调换。
版权所有　侵权必究